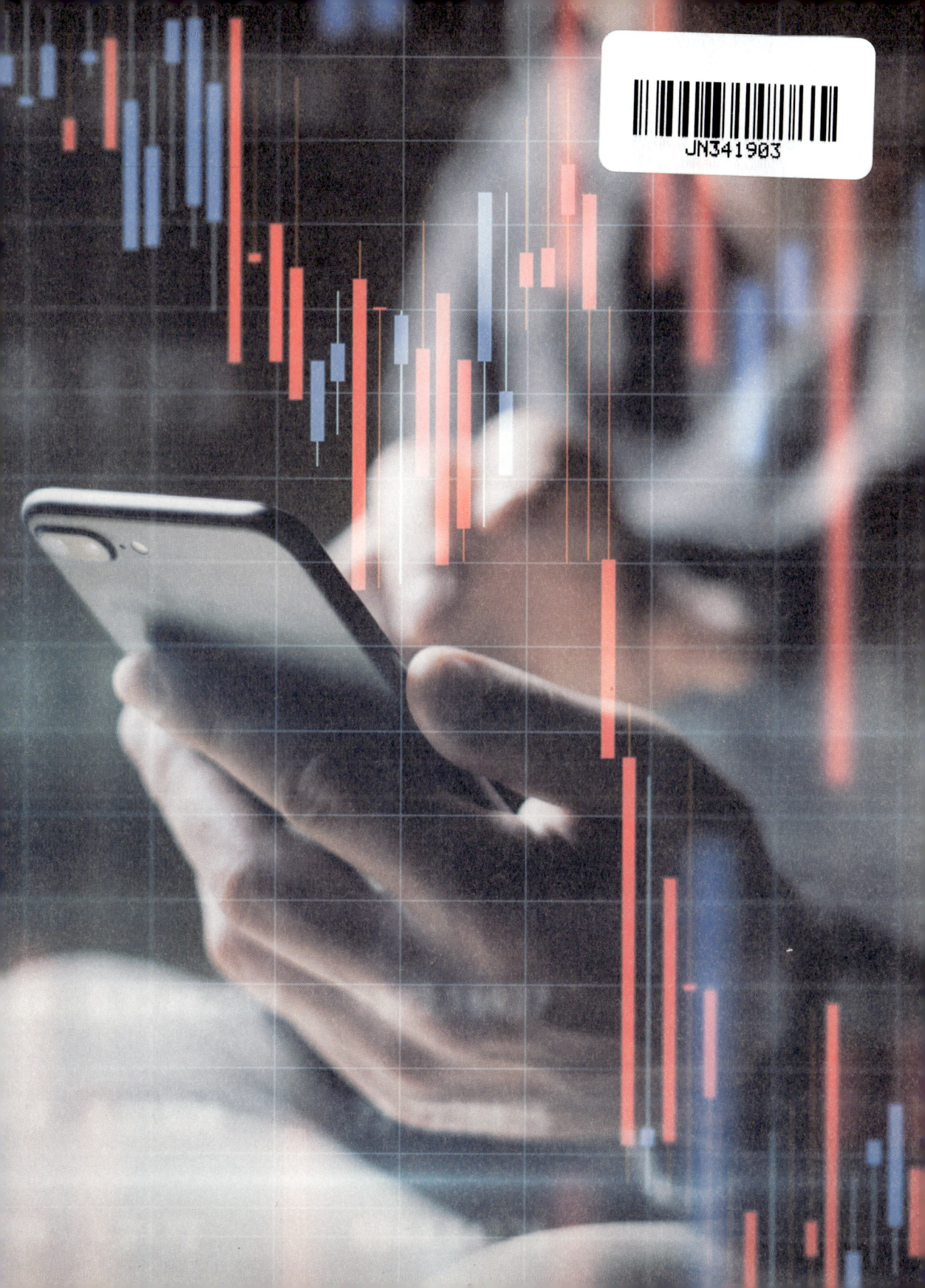

한경 MOOK

한경MOOK는 빠르게 변화하는 사회 흐름에 발맞춰 시시각각 현상을 분석하고 새로운 대안과 인사이트를 제시하기 위한 무크 형태 단행본을 발행하는 한국경제신문사의 새 브랜드입니다.

한경 MOOK

제2의 테슬라를 찾아라
똑똑한 주식투자

PROLOGUE

결국, 기본부터 챙기는 것이 지름길입니다

주변에 주식 투자를 안 하는 사람이 없을 정도로 많습니다.
그 중에는 돈을 벌었다는 사람도 있고, 주가가 3000을 넘었지만 손실을 봤다는 이상한(?) 투자자도 있습니다. 벌었어도 친구보다 수익률이 낮아 배 아프다는 사람도 심심치 않게 볼 수 있습니다.

증권부 기자라니까 종목을 찍어달라는 사람도 수도 없이 만났습니다. 그때마다 종목을 추천해줬습니다.
어떤 종목이냐고요? 기자들이 취재해 이미 기사로 쓴 종목들입니다. 작년부터 LG화학·LG전자·SK하이닉스·카카오·현대차·기아차·SK이노베이션 등 시총 상위 종목뿐 아니라 SK머티리얼즈·이마트·효성·HMM·롯데관광개발 등 수많은 종목이 추천 리스트에 올랐습니다. 하지만 실제로 추천 주식을 산 사람은 별로 없었던 것 같습니다. 매수한 사람도 오를 때까지 기다리지 못하고 팔아치웠습니다.

이유를 알아봤더니 그들이 원하는 것은 누구나 다 아는 종목이 아니었습니다. 젊은 친구들은 더더욱 이런 지루한 주식에 관심이 없는 듯했습니다. 몇 달 만에 두세 배 급등할 주식을 찾고 있었습니다.
이런 투자를 하면 수익률이 낮다는 것은 한 대형 증권사의 고객 수익률 통계만 봐도 알 수 있습니다. 작년 10월부터 올 1월 말까지 조사한 결과입니다. 60대와 70대는 3개월간 13~14%의 평균 수익률을 기록했습니다. 20대는 8.8%로 전 연령대를 통틀어 꼴찌였습니다. 삼성전자보다 신풍제약을 더 많이 거래했다는 그들입니다. 샀다 팔았다를 반복하는 회전율도 높았습니다. 20대, 30대는 절반 정도가 이 기간 손실을 봤다는 통계도 있습니다.

이건 아니다 싶었습니다. 주식을 주제로 책을 내기로 한 이유입니다. 유치원 때부터 학원을 다니며 치열한 경쟁을 해야 했던 2030. 대학을 졸업해도 좁은 취업문 때문에 수십 장의 입사지원서를 쓰며 쓴맛을 봐야 했던 2030. 이들이 어렵게 취업해 상사와 선배의 구박을 견디며 힘겹게 모은 돈을 투기로 날리는 것을 막는 데 조금이라도 도움이 되지 않을까 생각했습니다.

*by_* **김용준** 한국경제신문 증권부장

하루가 멀다 하고 주식 관련 신간이 쏟아집니다. '이런 책들과 다르게 만들 수 있을까' 하는 회의도 있었습니다. 주식 투자로 세상에 이름을 알린 대가들의 책 앞에서 움츠러든 것도 사실입니다. 하지만 결론은 "기존 책과는 다르게 만들자"는 것이었습니다.

그래서 찾은 몇 가지 포인트를 소개합니다.
우선 생생한 투자 일기를 **첫 번째 섹션**에 담았습니다. 주변의 투자 사례를 모아 10가지 유형으로 나눠봤습니다. "이 주식 괜찮대"라는 말만 들으면 귀가 솔깃해 매수 버튼을 누르는 '경이로운 소문형'부터, 주식을 팔면 오르고 사면 떨어지는 '호구형'까지. 가볍게 나는 어떤 유형인지 한번 살펴보는 것으로 책을 시작해 보시길 권합니다.

두 번째 섹션에는 고수, 전문가 10명의 노하우를 담았습니다. "당신이 종목을 고르는 노하우를 알려달라"고 청했습니다. 전문가 한 명이 쓴 책과 차별화하고 싶었습니다. 다양한 노하우를 듣고 자신과 맞는 스타일을 고르거나, 벤치마킹할 수 있도록 하고 싶었습니다.

세 번째 섹션은 코로나19 이후 변화된 투자환경에 대한 얘기를 담았습니다.

네 번째 섹션은 '제2의 테슬라를 찾아라'라는 책의 부제에 맞게 구성했습니다. 2021년 증시를 이끌 혁신산업, 혁신 기업에 대한 얘기입니다. 이 섹션은 미래에셋증권 애널리스트들이 맡아 집필했습니다.

다섯 번째 섹션은 '주린이'들이 꼭 알아야 할 기초 정보를 담았습니다.
'주식의 시대'라고들 합니다. 한경 무크가 이 시대를 살아가는 투자자들에게 작은 도움이 되기를 기대합니다.

CONTENTS

004 **PROLOGUE**
결국, 기본부터 챙기는 것이
지름길입니다

: Opening

008 **RESEARCH**
2030에게 물었습니다
주식투자, 어떻게 하고 있나요?

012 **TYPE TEST**
주식투자 MBTI,
당신의 투자 유형은?

14

: Section 01
for BEGINNER

016 **CASE LOOK**
Who am I?

018 **CASE TYPE1**
경이로운 소문형

022 **CASE TYPE2**
뒷북 치는 FOMO형

026 **CASE TYPE3**
겸손한 마이웨이형

030 **CASE TYPE4**
개미는 뚠뚠 새싹형

034 **CASE TYPE5**
모든 걸 수집하는 콜렉터형

038 **CASE TYPE6**
방구석 매니저형

042 **CASE TYPE7**
멘탈 관리 필요한 '존버'형

046 **CASE TYPE8**
취미가 곧 투자, 덕투일치형

050 **CASE TYPE9**
한방 노리는 주식 카지노형

054 **CASE TYPE10**
팔고 나면 오르는 호구형

58

: Section 02
GREAT INVESTORS

060 박현주 미래에셋금융그룹 회장
한국 자본 시장의 혁신가

064 CEO에서 여의도 스타 매니저까지
투자 고수 9인에게 듣는다
HOW TO LESSON 1
여의도 불패 신화, 김태우
'이기는 산업'의 '이기는 기업'을 찾아라

068 **HOW TO LESSON 2**
투자업계 승부사, 김태홍
시장 지배력 유지할 혁신기업에 투자하라

072 **HOW TO LESSON 3**
증권계 심폐소생사, 안정환
시장보다 반 발짝만 앞서 투자하라

076 **HOW TO LESSON 4**
여의도 애널리스트의 전설, 정우철
거래정지 해제 턴어라운드 기업
유심히 살펴야

080 **HOW TO LESSON 5**
혁신기업 발굴 귀재, 정성한
단기 수확과 장기 씨 뿌리기를 병행하라

084 **HOW TO LESSON 6**
헤지펀드 업계 진주, 이한영
종목 발굴보다 성장 산업 파악이 우선

088 **HOW TO LESSON 7**
미래 산업 투자의 리더, 황우택
나의 관심사를 투자 아이디어로 활용하라

092 **HOW TO LESSON 8**
우량주 장기투자 고수, 서범진
생활의 일부가 변할 때를 포착하라

096 **HOW TO LESSON 9**
2020년 펀드 신화의 주역, 오화영
시장이 좋은 면만 볼 때 변곡점이
아닌지 의심해라

100

: Section 03
NEW NORMAL

- 102 **MARKET HISTORY INFORGRAPIC**
  우상향의 역사
- 104 **NEW NORMAL Point 1**
  코스피 3000시대
- 106 **NEW NORMAL Point 2**
  '머니 무브' 종착지는 글로벌 혁신株
- 108 **NEW NORMAL Point 3**
  달라진 '좋은 주식' 눈높이
- 110 **NEW NORMAL Point 4**
  게임체인저가 바뀌었다
- 112 **NEW NORMAL Issue 1**
  팬데믹이 몰고온 쌍방향 혁신 웨이브
- 114 **NEW NORMAL Issue 2**
  되풀이하는 혁신기업의 승자독식
- 118 **NEW NORMAL Issue 3**
  혁신기업의 5가지 요건

122

: Section 04
INNOVATION is NEW NORMAL

- 124 **THEME Mobility 1**
  가속 붙은 전기차 혁신
- 130 **THEME Mobility 2**
  상상이 현실이 된 플라잉카

- 136 **THEME Green New Deal 1**
  인류 생존을 위한 탄소와의 전쟁
- 140 **THEME Green New Deal 2**
  재생에너지의 그리드 패리티
- 146 **THEME Digital Transformation**
  디지털 대전환의 인프라 '클라우드'
- 152 **THEME Digital Industy**
  게임 넘어선 메타버스
- 158 **THEME Digital Health Care**
  원격의료 플랫폼 전쟁은 시작됐다

164

: Section 05
HOW to WIN

- 166 **KNOW HOW** – 경제 뉴스 읽기 1
  주가지수와 시장 흐름
- 168 **KNOW HOW** – 경제 뉴스 읽기 2
  국면 전환을 파악하라
- 170 **KNOW HOW** – 경제 뉴스 읽기 3
  금리변동에 담긴 신호
- 172 **KNOW HOW** – 공시 읽기 1
  공시 따라 주가 출렁
- 174 **KNOW HOW** – 공시 읽기 2
  CB · BW 공시는 악재일까
- 176 **KNOW HOW** – 공시 읽기 3
  기업 사들이고 나누는 마법
- 178 **KNOW HOW** – 사업보고서 읽기 1
  기업 분석의 첫 출발점
- 180 **KNOW HOW** – 사업보고서 읽기 2
  배당률 높은 '배당주' 찾기
- 182 **KNOW HOW** – 사업보고서 읽기 3
  최대주주와 CEO 주가
- 184 **KNOW HOW** – 재무제표 읽기 1
  지속 가능성의 가늠자
- 186 **KNOW HOW** – 재무제표 읽기 2
  알짜 기업을 찾아라
- 188 **KNOW HOW** – 재무제표 읽기 3
  현금 흐름과 성장동력
- 190 **KNOW HOW** – 애널리스트 리포트 읽기 1
  리포트 한곳에서 보는 법
- 192 **KNOW HOW** – 애널리스트 리포트 읽기 2
  목표 주가 확인은 필수
- 194 **KNOW HOW** – 애널리스트 리포트 읽기 3
  신뢰할 만한 리포트 고르기

- 196 **SPECIALIST...**
  똑똑한 주식투자를 만든 스페셜리스트

RESEARCH

2030에게 물었습니다
주식투자, 어떻게 하고 있나요?

WHO

응답자 직업
331명
직장인
응답자 중 절반 이상인 66.2%가 직장인이었다. 직업은 사무·기술직, 자유·전문직, 판매 및 영업 서비스직 등의 순이다. 사회생활을 시작한 대다수 2030세대가 주식 투자에 관심을 두고 있다는 말이다.

거주지
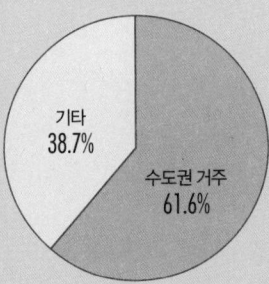
기타 38.7%
수도권 거주 61.6%

61.6%
수도권 거주자
응답자 중 32.6%가 서울, 29.0%가 경기 지역 거주자다. 전체 100% 중 61.6%가 서울·경기 등 수도권 거주 2030세대다. 남녀 비율은 동일하다.

응답자 중 대학 및 대학원생 비중
15.8%

남녀 구성
♂ **50:50** ♀

WHY

61.0%

투자목적
주식 투자 목적을 묻는 질문에 61%가 종잣돈 마련이라고 답했다. 그다음은 노후 자산을 모으겠다는 답변이 45.8%로 많았고 뒤를 이어 비상금, 주택 마련을 위해 주식 투자를 한다 순이었다. 사회 기반을 닦는 가장 유용한 수단이 주식 투자라는 인식이 강하다.

왜 주식 투자를 시작했습니까?

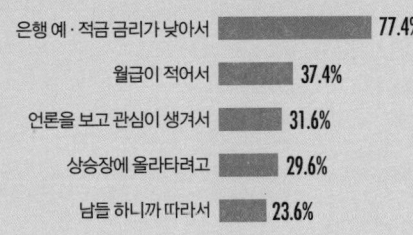

은행 예·적금 금리가 낮아서 77.4%
월급이 적어서 37.4%
언론을 보고 관심이 생겨서 31.6%
상승장에 올라타려고 29.6%
남들 하니까 따라서 23.6%

HOW TO

전국 2030세대 주식투자자 500명을 대상으로 2021년 3월 설문조사를 했습니다. 왜 주식 투자를 시작했는지, 수익률은 얼마나 났는지. 25문항에 걸쳐 '동학개미' '서학개미'라는 신조어를 낳은 그들의 생각과 투자 현실을 들여다봤습니다.

(기관 오픈서베이 **표본오차** ±4.38%포인트)

HOW

투자 시간

2 hours

하루 중 주식 분석에 쏟는 시간을 묻는 질문에 51.8%가 30분 이상~2시간 미만이라고 답했다. 오후 6시 '칼퇴근'을 하고 집에 가서 식사를 마치고 나면, 아무리 빨라도 대략 8시, 10시에 잠자리에 든다고 치면 여가시간 상당 부분을 '주식 투자 정보 찾아 삼매경'에 쓴다는 말이다. 5시간 미만이라고 응답한 사람도 8.8%나 된다.

투자 방식

43.6%

젊은 투자자 대부분은 단타를 노리는 투기적 성향보다 목돈 마련을 위한 알뜰살뜰 착실한 이들이 많다. 우량주를 사놓고 장기 투자하며 배당금을 받는다는 성향의 투자자가 전체의 43.6%. 매달 적립식으로 투자하는 안정 투자형이 그 뒤를 이어 21.8%로 나타났다.

하루 동안 앱 확인하는 횟수

5 times

증권거래앱에 하루평균 접속하는 빈도

5회 미만이 39.6%로 많았지만 그다음은 10번 미만으로 20.4%나 된다. 장 열리고 오후 3시 마감까지, 1시간에 한 번꼴, 아니면 30분에 한 번꼴로 주식앱에 접속하는 셈. 주가 흐름이 궁금하니 어쩔 수 없는 노릇이기는 하다.

FUTURE

MZ세대가 돈 벌 길은 주식 투자밖에 없다?

59.6% 매우, 혹은 동의한다!

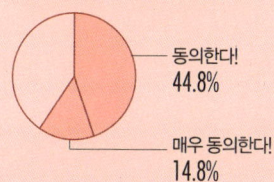

- 동의한다! 44.8%
- 매우 동의한다! 14.8%

투자 기간은?

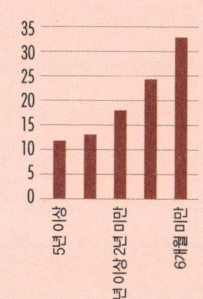

누적 투자금은?

5,000,000원

가장 많은 응답이 500만원 미만, 28.6%를 차지했다. 그다음은 500만원 이상~1000만원 미만이 16.4%, 1000만원 이상~3000만원 미만이 16.2% 순이다. 1억원 이상 투자한다고 답한 MZ세대 큰손도 5.6%를 차지했다.

➤ 대출은 안 받아요 **92.6%**

RESEARCH

HOW MUCH

투자 수익 얻고 있나요

73.6 Yes
VS
26.4 No

500만원 미만으로 우량주에 투자하거나 한 달에 일정 금액을 적립식으로 투자한다는 착실한 2030 투자자들, 다행히 70% 이상이 수익을 거두고 있다. 한국경제신문 보도에 따르면 2030 투자자들의 기세가 거침없어 지난해 9월 기준 신규 개설한 2030 세대는 등락폭이 큰 바이오주와 중소형 테마주에 투자해 짭짤한 수익을 봤다고 한다.

얼마나 벌었나요?

30%

70% 이상의 MZ세대 투자자의 누적수익률 중 상당수가 10~30%에 속한다. 꾸준히 투자금액을 늘려나간다면 나쁘지 않은 성적이다. 지난해 신종 코로나바이러스 감염증(코로나19) 사태 후 가파른 'V자 반등'이 펼쳐지면서 2030 투자자들이 대거 증시에 뛰어들었다. 단기간에 큰 수익을 맛본 이들 중에는 자극적인 종목을 찾는 '수익률 중독' 현상도 나타났다.

투자 종목 수는?

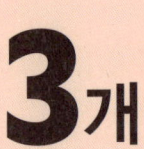 

3개

3개 종목에 투자한다는 응답자가 전체의 17.8%로 가장 많았다. 그다음은 5개 종목이라는 답변이 16.0%를 차지. 일부 '영끌' '빚투' 하는 젊은 층도 있지만 상당수는 종목 선정에 신중한 모습이다.

투자 분야

반도체 57%

반도체에 투자하고 있다는 응답자가 57.0%다. 그다음은 전기전자, 가전 분야로 56.0%를 차지했다. 4차 산업혁명주가 주목받는 흐름은 젊은 세대들에서 고스란히 드러난다. 여기에서 한발 더 나아가 미래 패러다임을 뒤바꿔 놓을 혁신 기업을 찾는 분위기도 시장 곳곳에서 감지된다. 이른바 '게임체인저' 찾기에 2030세대까지 나선 것이다.

투자 기간은?

6개월 미만
51.2%

올해 투자를 처음 시작한 초보 투자자가 절반을 넘는다. 6개월~1년 미만이라는 응답도 22.6%나 되니 1년 미만 투자자가 전체의 70%를 넘는다. 한국경제신문이 미래에셋대우·NH투자증권·한국투자증권·삼성증권·KB증권·키움증권 등 6개 증권사에서 새로 개설된 420만 개 주식계좌를 분석한 결과, 2030세대 비중이 57%에 달했다.

기대 수익률

30%

대박을 꿈꾸기보다 안정적인 수익률을 기대하는 투자자가 많았다. 10% 이상, 30% 미만이라고 답한 응답자가 52.2%를 차지했다. 물론 막상 큰 수익이 나면 고수익을 좇는 수익률 중독 현상이 나타나기도 하지만, 생각보다 요즘 MZ세대가 그리 호락호락하지 않다. 종목 선정 등을 묻는 주관식 질문에 상당수 응답자가 산업 전망과 기업 공시 내용을 찾아본다고 답했다.

NOTE

설문에 응한 2030의 절반 이상이 올해 처음 투자를 시작했다고 한다. 작년에 이어 MZ세대의 주식시장 진출이 이어지고 있다는 것을 보여준다.
응답자의 60%는 MZ세대가 돈벌 수 있는 방법은 주식밖에 없다는 데 동의했다. 그들이 주식시장에 뛰어든 이유를 알 수 있다.
이번 설문에 응한 응답자의 70% 정도는 이익을 보고 있다고 답했다는 점은 긍정적이다.
하지만 여전히 높은 수익률을 좇아 단타 종목을 찾는 응답자도 적지 않았다.

해외 주식투자?

55.8%

절반 이상은 해외 주식에 투자하는 중이다. 테슬라, 애플 같은 개별 종목 투자도 하지만 최근에는 해외 ETF나 ETN 투자에 관심 갖는 '공부 좀 한' 초보 투자자도 상당수다. 서학개미란 말이 괜히 생겨난 게 아니다.
한국경제신문이 NH투자증권 자료를 토대로 조사한 결과 지난 3~8월 미국 반도체 설계기업 AMD를 매수한 사람의 71.5%는 20~30대였다.

해외 주식 투자 이유

48.2% ➡ 유명 기업
47.6% ➡ 더 오를 가능성
42.0% ➡ 국내보다 높은 수익률

글로벌 산업 패러다임을 바꾸는 많은 기업이 해외에 있으니, 사실 당연한 일이다. 좋은 걸 몰라서 안 한 게 아니라 엄두가 안 났을 뿐인데 그 벽을 2030세대는 손쉽게 오르는 중이다. 그래서 증권사들은 젊은 세대를 위한 해외 주식 투자 서비스를 대폭 늘리고 있다. 한국투자증권 온라인 주식거래 서비스인 '뱅키스' 개설 계좌만 해도 2019년 한 해 동안 135만 개 늘었다.

주로 정보는 어디에서?

유튜브 **27%**
⬇
언론 **22%**

영상 세대는 역시 다르다. 유튜브를 주된 정보 채널로 활용하는 응답자가 전체의 27%. 2위는 언론이다. 최근 국내 경제신문 구독자도 꾸준히 늘고 있다. 반면 '짭짤한 주식 정보'가 많다는 텔레그램이나 전문가 분석으로 무장한 증권사 리포트 등은 상대적으로 선호도에서 많이 밀린다.

신뢰도는 언론!

22.0%

신뢰도 측면에서 언론이 유튜브보다 높다는 것은 주목할 만한 사실. 언론을 신뢰한다는 응답이 22.0%로 1위다. 유튜브는 16.0%, 금융사 리포트(19.8%)보다 순위가 밀린다. 일명 '낚시성' 정보도 많은 유튜브는 잠시 관심을 끌기에는 적당해도 주택 구입과 미래의 노후자금이 걸린 결정의 순간이 되면 신뢰도가 떨어진다는 의미다.

궁금한 정보?

41.2%

앞으로 시장이 어떻게 될지 궁금하다는 응답자가 41.2%를 차지했다. 물론 세상에 정답은 없다. 그러니 계속 공부하고 미래를 전망하고 어떤 산업이 부각할지 관심 갖고 지켜볼 수밖에. 그래서 자신만의 투자 철학과 목표를 정하고 일정한 방향성을 갖는 장기 투자가 중요하다고 전문가들이 입이 닳도록 말하는 이유다. 참고로 궁금한 정보 2위는 '전문가의 종목 추천', 12.2%다.

향후 투자계획

기존종목 추가매수 **38.8**
&
신규종목 추가매수 **37.4**

기존 투자 종목을 추가 매수하겠다는 답변 38.8%, 새로운 종목을 매수하겠다는 답변 37.4%. 거의 80% 가까운 응답자가 추가 매수할 계획이다. 연초 증시가 장중 한때 지수 3000 아래로 떨어지며 출렁이는 모습을 보이긴 했지만 '증시는 우상향한다'는 오래된 증시 명언은 하나의 신념처럼 굳어졌다.

TYPE TEST

주식투자 MBTI 당신의 투자 유형은?

주식투자 유형 테스트
바로 해보기

HOW TO
다음 20가지 질문에 솔직하게 답하고 점수를 더합니다. 점수에 따라 여섯 가지 유형 중 어디에 해당하는지 확인할 수 있습니다. 자신의 투자 유형을 알면 조심해야 할 투자 습관과 더 나은 수익률을 얻을 수 있는 투자 철학도 세울 수 있습니다.

당신이 주식에 뛰어든 이유는?
(Ⓐ 1점, Ⓑ 2점, Ⓒ 3점, Ⓓ 4점, Ⓔ 5점)
- Ⓐ 다들 한다고 하니 경험 삼아!
- Ⓑ 여유자금으로 금리보다 높은 수익률을 거두기 위해
- Ⓒ 주식은 포트폴리오의 일부…적극 투자로 노후 대비
- Ⓓ 주식만이 살길: 집도 사고 차도 사자
- Ⓔ 빚투도 OK, 한탕 해서 큰돈을 벌어보자!

주식 시작하기 딱 좋은 나이는?
(Ⓐ 5점, Ⓑ 4점, Ⓒ 1점, Ⓓ 2점, Ⓔ 3점)
- Ⓐ 0~20세 미만
- Ⓑ 20세 이상~30세 미만
- Ⓒ 30세 이상~40세 미만
- Ⓓ 40세 이상~50세 미만
- Ⓔ 50세 이상

현재 나의 월평균 소득은?
(Ⓐ 5점, Ⓑ 4점, Ⓒ 3점, Ⓓ 2점, Ⓔ 1점)
- Ⓐ 200만원 미만
- Ⓑ 200만원 이상~400만원 미만
- Ⓒ 400만원 이상~600만원 미만
- Ⓓ 600만원 이상~800만원 미만
- Ⓔ 800만원 이상

나의 주식투자 기간은?
(Ⓐ 5점, Ⓑ 4점, Ⓒ 3점, Ⓓ 2점, Ⓔ 1점)
- Ⓐ 6개월 내외
- Ⓑ 7개월 이상~1년 미만
- Ⓒ 1년 이상~5년 미만
- Ⓓ 5년 이상~10년 미만
- Ⓔ 10년 이상

"너 자신을 알라" 나의 주식 투자 수준은?
(Ⓐ 5점, Ⓑ 4점, Ⓒ 점, Ⓓ 2점, Ⓔ 1점)
- Ⓐ 아는 거 없는 주린이
- Ⓑ 걸음마는 뗀 주식 초보
- Ⓒ 손해는 안 보는 중수
- Ⓓ 내 주변에선 내가 1등
- Ⓔ "초고수인 내 앞에서 주식을 논하지 말라"

가장 선호하는 투자 방식은?
(Ⓐ 5점, Ⓑ 4점, Ⓒ 3점, Ⓓ 2점, Ⓔ 1점)
- Ⓐ 레버리지도 OK…돈 되는 건 다 한다
- Ⓑ "남한테는 못 맡긴다" 직접투자족
- Ⓒ 대세는 ETF
- Ⓓ 스트레스 덜한 펀드가 정답
- Ⓔ "위험관리도 필요해" 주식·채권 혼합형

내가 추구하는 주식 투자 기간은?
(Ⓐ 5점, Ⓑ 4점, Ⓒ 3점, Ⓓ 2점, Ⓔ 1점)
- Ⓐ 초단타
- Ⓑ 1주일은 지켜봐야지
- Ⓒ 한 달만 보면 답이 나온다
- Ⓓ 분기, 연간 실적은 보고 판단
- Ⓔ 주식은 묵혀야 제맛

전체 금융자산 중 주식투자 비중은?
(Ⓐ 1점, Ⓑ 2점, Ⓒ 3점, Ⓓ 4점, Ⓔ 5점)
- Ⓐ 0~20%
- Ⓑ 20~40%
- Ⓒ 40~60%
- Ⓓ 60~80%
- Ⓔ 80~100%

내가 보유하고 있는 주식은?
(Ⓐ 5점, Ⓑ 4점, Ⓒ 점, Ⓓ 2점, Ⓔ 1점)
- Ⓐ 신풍제약부터 박셀바이오까지 바이오가 필수
- Ⓑ '테슬라는 필수' 혁신 테마주
- Ⓒ 망할 일 없는 대형주
- Ⓓ 믿고 기다리는 가치주
- Ⓔ "배당만 다오" 배당주

'나도 원정개미다'…전체 주식 중 해외 주식 비중은?
(Ⓐ 1점, Ⓑ 2점, Ⓒ 3점, Ⓓ 4점, Ⓔ 5점)
- Ⓐ 0~20%
- Ⓑ 21~40%
- Ⓒ 41~60%
- Ⓓ 61~80%
- Ⓔ 81~100%

TYPE

75점 이상	70점 이상	65점 이상	60점 이상	55점 이상	55점 미만
'한 방이 필요해' 주식 카지노형	'꼼꼼치밀' 펀드매니저형	'혁신이 최고' 내가 캐시우드형	'안전한 듯 스릴있게' 트렌디한 모범생형	'겸손한' 마이웨이형	'개미는 뚠뚠' 자라나는 새싹형
당신은 한 방을 노리는 주식 카지노형이네요. 대형주든 중소형주든 중국 주식이든 고수익을 낸다면 거침없이 달려들 가능성이 높습니다.	증권사 보고서와 유튜브 투자 채널 구독은 기본. 시간외 거래와 실시간 공시도 신경 쓰는 당신은 스스로 꽤 '투자 전문가'라고 믿는군요.	당신은 '파괴적 혁신' 기업을 발굴해 투자하는 것으로 유명한 캐시 우드 아크인베스트 CEO를 닮았네요	주식 투자를 위해 경제 관련 뉴스를 빠짐없이 챙겨보고, 나름의 포트폴리오를 구성해 분산투자를 하려고 노력합니다.	망하지 않을 기업에 투자하는 당신. 삼성전자 종목이 포트폴리오의 대부분을 차지할 확률이 높습니다.	낮은 적금 수익률에 주식시장으로 눈을 돌렸거나, 1등 기업은 망하지 않을 거란 생각에 첫 월급으로 삼성전자를 매수한 당신. 새싹입니다.

당신의 1년 목표 수익률은?
(Ⓐ 1점, Ⓑ 2점, Ⓒ 3점, Ⓓ 4점, Ⓔ 5점)
Ⓐ 예금 금리만 넘기는 수준이라면 만족
Ⓑ 코스피지수만 이겨도 선방
Ⓒ 1년에 10%는 돼야지
Ⓓ 위험을 감수했으니 50%도 기대
Ⓔ 다들 2~3배 벌었다는데 100% 고수익만 원해

주식 투자에 있어 가장 중요한 덕목은 OO이다.
(Ⓐ 1점, Ⓑ 2점, Ⓒ 3점, Ⓓ 4점, Ⓔ 5점)
Ⓐ 돈을 잃지 않는 것
Ⓑ 기다림의 미덕
Ⓒ 남들만큼 좋은 성적을 올리는 것
Ⓓ 세상의 트렌드를 읽어내는 인사이트
Ⓔ 수익의 기회를 맡는 야성적인 감각

주식 투자를 시작하려는 당신…투자 가능 금액은?
(Ⓐ 1점, Ⓑ 2점, Ⓒ 3점, Ⓓ 4점, Ⓔ 5점)
Ⓐ 일단 삼성전자 한 주부터
Ⓑ 모아둔 용돈 수십만원으로 나만의 포트폴리오를 짠다
Ⓒ 적금 만기가 눈앞. 여유 있는 목돈 투입
Ⓓ 집도 못 사는 내게 지금이 기회. 보유 자산 절반도 OK
Ⓔ 마이너스통장까지 풀베팅

믿고 산 종목이 하락하고 있다. 당신의 선택은?
(Ⓐ 1점, Ⓑ 2점, Ⓒ 3점, Ⓓ 4점, Ⓔ 5점)
Ⓐ "안된다면 자식들이라도 수익을 올리겠지" 끝까지 기다린다
Ⓑ 1년은 기다릴 수 있다
Ⓒ 20% 이상 조정받지 않는다면 반년은 기다릴 수 있다
Ⓓ 한 달 내에 포트폴리오를 조정한다
Ⓔ 내 생각이 시장과 다르다면 당일이라도 매도한다

내가 감내할 수 있는 손실 수준은?
(Ⓐ 1점, Ⓑ 2점, Ⓒ 3점, Ⓓ 4점, Ⓔ 5점)
Ⓐ 원금의 10% 이내
Ⓑ 원금의 10~20%
Ⓒ 원금의 20~30%
Ⓓ 원금의 30~40%
Ⓔ 원금의 40% 이상

평소 눈여겨보던 종목이 갑자기 오른다면?
(Ⓐ 1점, Ⓑ 2점, Ⓒ 3점, Ⓓ 4점, Ⓔ 5점)
Ⓐ 다음 매수 기회를 노린다
Ⓑ 빨리 사놓지 않은 것을 후회하며 다른 종목을 찾는다
Ⓒ "100원만 떨어져라" 소폭 조정에 곧장 추격매수
Ⓓ 더 오르기 전에 당장 베팅
Ⓔ 연일 오르는 후회막심…조바심에 뒤늦게 따라잡기

ETF, 유상증자, PER, 골든크로스 뜻을 묻는다면?
(Ⓐ 5점, Ⓑ 4점, Ⓒ 3점, Ⓓ 2점, Ⓔ 1점)
Ⓐ 전부 모른다
Ⓑ 하나 정도는 알 것 같다
Ⓒ 두 개 이상 대충 뜻을 알고 있다
Ⓓ 대부분 정확히 알고 있다
Ⓔ 질문 자체가 짜증 난다

내가 가장 좋아하는 유형의 기업은 OO이다.
(Ⓐ 1점, Ⓑ 2점, Ⓒ 3점, Ⓓ 4점, Ⓔ 5점)
Ⓐ 시가총액 대비 보유한 자산이 많아 언젠가 제값을 할 기업
Ⓑ 실적도 배당도 good! 견실한 우량주
Ⓒ 누구나 알 법한 대기업
Ⓓ '미래에 베팅' 혁신 트렌드에 부합하는 기업
Ⓔ 기업과 주식은 다르다. 급등할 기업이 최고

나는 이익을 못 내는 기업엔 결코 투자할 수 없다.
(Ⓐ 1점, Ⓑ 2점, Ⓒ 3점, Ⓓ 4점, Ⓔ 5점)
Ⓐ 매우 그렇다
Ⓑ 그렇다
Ⓒ 보통이다
Ⓓ 그렇지 않다
Ⓔ 매우 그렇지 않다

종목을 선별하는 나만의 방법은?
(Ⓐ 1점, Ⓑ 2점, Ⓒ 3점, Ⓓ 4점, Ⓔ 5점)
Ⓐ "공부만이 살길이다" 차트까지 섭렵
Ⓑ 재무제표 정도는 기본…실적을 보고 밸류에이션을 평가한다
Ⓒ 주식시장은 미래를 반영하는 곳, 트렌드를 따라간다
Ⓓ 유튜브가 유일한 선생
Ⓔ 지인 추천에 베팅, 뭐하는 회사인지 몰라도 오르기만 하면 된다

주린이 1단계
계좌개설

주식 투자의 시작은 계좌 개설. 요즘은 증권사 주식거래 앱을 통해 비대면 가입이 가능해 은행이나 증권사 창구를 방문하지 않아도 신분증, 본인 명의 휴대폰, 은행 계좌만 있으면 1시간 안에 증권계좌의 주인이 될 수 있다.

tip 국내주식 증권사별 수수료와 가입혜택

증권사	수수료	혜택
키움증권	0.015%	1만~4만원 지급
NH투자증권	0.0043%	수수료 평생우대
미래에셋대우	0.0036%	수수료 평생우대
삼성증권	0.0036%	수수료 평생우대
한국투자증권	100만원당 36원	코스피200 1주 랜덤제공

*2021.3.5 기준

SECTION 01

for

tip 해외주식 증권사별 수수료와 가입혜택

증권사	수수료	혜택
키움증권	0.1%	환율 95% 우대, 40달러 지급
NH투자증권	0.09%	환율 100% 우대, 20달러 지급
미래에셋대우	0.07%	추첨 통해 상품권 등 경품 지급
삼성증권	0.09%	환율 95% 우대, 최대100달러지급
한국투자증권	0.1%	환율 80% 우대, DHY 1주 지급

*2021.3.5기준

주린이 2단계
매매 테스트

주식은 매도한다고 바로 현금화가 되진 않는다. 2거래일이 지나야 출금할 수 있다. 금요일에 주식을 팔았다면 그 다음주 화요일 오전 9시부터 돈을 찾을 수 있다는 얘기다.

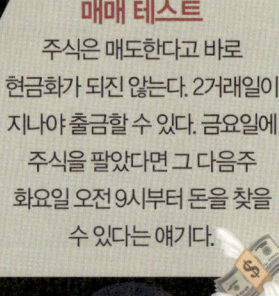
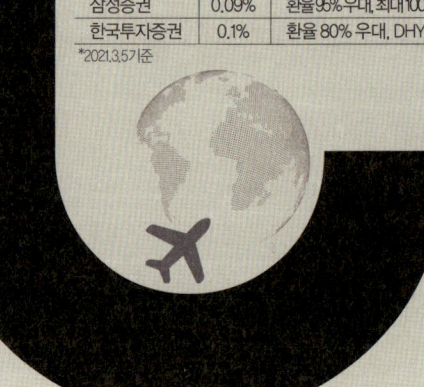

BEGINNER

주린이 3단계
공시 보기
주식 투자의 기본은 정보 습득. 기업들은 공시를 통해 실적, 경영상황, 투자 유치 등의 소식을 알리고 있다.

🌐 **유용한 사이트**
- **금감원 DART** 기업 관련 모든 공시
- **금투협 프리시스** 신용, 예탁금 등 증시 추이
- **네이버 금융** 종목 토론 게시판
- **한경컨센서스** 증권사 보고서 무료 열람
- **한경 '해주라'** 해외주식 뉴스와 정보

💡 **해외투자 시 알아두면 좋아요**
중국과 홍콩 주식은 100단위로 매수해야 해서 소액 투자가 어렵다. 이럴 땐 미국에 상장된 중국 종목을 사도 된다. 미국에는 200여 개 중국 기업이 상장돼 있다.

주린이들이 반드시 알아야 할 격언, 그건 바로 '너 자신을 알라'. 주식 투자의 유형별 케이스와 전문가들의 투자 조언을 통해 성공 투자의 기본부터 생각해보자.

주린이 4단계
실시간 투자 정보 '업뎃'은 필수!
앱에서 '관심기업'을 추가하면 실시간으로 공시를 받아볼 수 있다.

📱 **유용한 앱**
- **금감원 DART** 관심기업 알림설정
- **인베스팅닷컴** 해외주식 정보
- **텔레그램** 애널리스트 주식채널
- **Webull** 종목 시세, 증권사 평가 조회
- **Dividend Tracker** 배당 일정과 정보

💡 **주요국 주식거래 시간**
- 🇰🇷 09:00~15:30
- 🇺🇸 23:30~06:00
- 🇨🇳 10:30~12:30, 14:00~16:00
- 🇭🇰 10:30~13:00, 14:00~17:00
- 🇯🇵 09:00~11:30, 12:30~15:00

*한국시간 기준

CASE look

Who am I?

: '너 자신을 알라'는 말을 투자할 때도 깊이 새겨야 합니다. 내가 어떤 유형의 투자자인지 알아야 딱 맞는 투자법도 찾을 수 있으니까요.

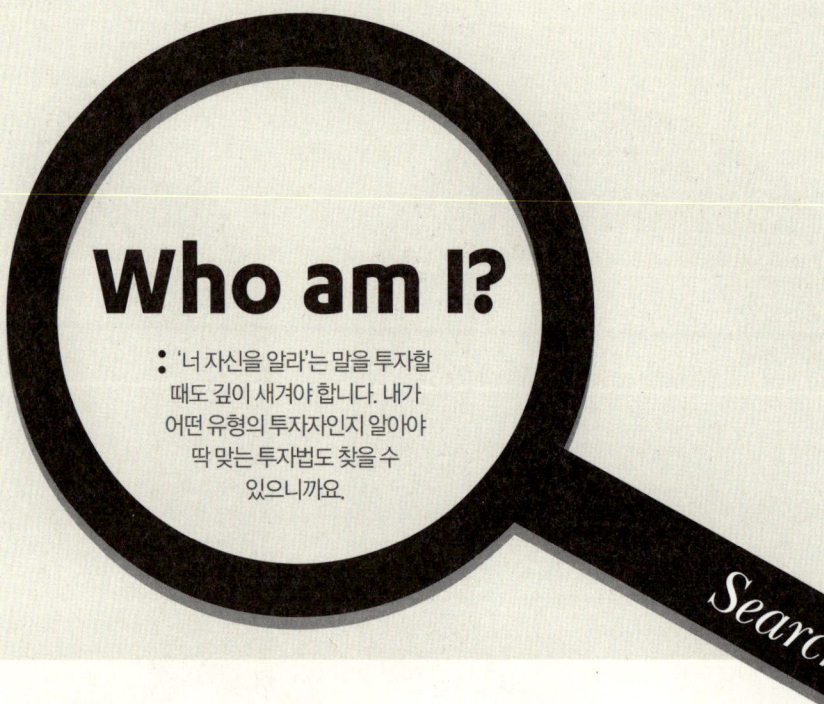

Search

01 경이로운 소문형

주변 사람 말에 쉽게 흔들리는 투자 유형. 일반 투자자 가운데 상당수가 이 유형에 해당한다. 매수·매도 시점도 소문에 의존할 가능성이 높다. 때론 큰 수익을 내는 경우도 있지만 확률은 낮다. 주식 유튜버나 전문가들이 방송에서 꼽는 유망 종목을 일단 사고 본다. 어쩌다 맞힌 우연이 실력이라고 생각한다.

02 뒷북치는 FOMO형

뒤처지는 것을 싫어하는 '모범생'에 가깝다. 기업 관련 뉴스 등을 보며 꾸준히 공부하고, 시장 트렌드에 민감하다. 손실을 최소화하기 위한 다양한 투자법을 선호하기도 한다. 전문가들을 맹신하는 성향도 있다. 뒷북을 치거나 남의 얘길 듣고 크게 실패하는 '웃픈' 상황도 더러 발생한다.

03 겸손한 마이웨이형

주식은 '도박'이라는 생각에서 벗어나 '꼭 필요한 재테크'라는 확신을 갖게 됐을 가능성이 높다. 방향이 정해지면 일단 꾸준히 돌진하는 실천파다. 손실이 나더라도 침착함을 잃지 않는다. 고수익을 올려도 긴장의 끈을 놓지 않는다. 꾸준한 공부로 시장을 바라보는 넓은 시각까지 갖췄다.

04 개미는 뚠뚠 새싹형

안전을 최고의 덕목으로 여긴다. 어딘가에서 배운 대로 리스크를 줄이기 위해 분산투자를 하고 있다. '트렌드에 투자하라'는 말을 실천하기 위해 부지런히 성장 산업을 찾아 다닌다. 때론 과감하게 투자하기 위해 투자금을 늘려보기도 한다. 하지만 결국 선택은 적립식 펀드나 삼성전자다.

05 모든 걸 수집하는 콜렉터형

목표는 장기·분산 투자였다. 하지만 시간이 지나고 보니 주식 수집꾼이 돼버렸다. 좋다는 주식과 상장지수펀드(ETF)가 보유종목에 가득 담겨 있다. 무슨 주식을 갖고 있는지 자신도 모르는 백화점식 투자자다. 종목별 투자금은 크지 않다. 큰 수익을 원하지만 베팅엔 자신이 없다.

'대기업 공채는 사라진다는데 제대로 취직은 할 수 있을까? 집값은 계속 오른다는데 월급 받아서 내 집 한 채 마련하는 건 이제 불가능한 일 아닐까?'
암담한 미래에 대한 걱정에 사로잡혀 있을 때쯤 주변에서 누군가 말합니다. "나 OOOO로 두 배 먹었어, 너도 시작해 빨리! 주식밖에 답이 없어 이제."
뒤늦게 뛰어든 주식의 세계도 내 맘 같지 않습니다. 주식으로 돈을 벌었다는 사람은 많은데 내 얘기는 아닐 확률이 높으니까요. 내가 팔고 나면 오르고 내가 사면 바로 떨어지는 '마법'이 매번 일어나니 말입니다.
1457.64(작년 3월 19일)로 주저앉았던 코스피지수를 3000까지 밀어올린 반전 드라마도 이젠 끝난 것 같아 걱정에 빠진 이들이 상당합니다.
작년엔 수익이 짭짤했는데 올해는 만족스럽지 않아 싫증을 느끼는 이들도 늘고 있습니다. 그래도 여전히 주식은 해야 할 것 같습니다. 내 자산을 불려줄 뚜렷한 대안이 보이지 않아서죠.
하지만 놀랍게도 투자를 해봤다는 사람은 많은데 공부를 해봤다는 사람은 찾아보기 힘듭니다. 사면 오르던 환상에서 벗어나 제대로 된 투자가 필요한 이유입니다.
주식시장의 대세가 된 'MZ세대'의 투자는 달라야 합니다. 우선 나를 알아가는 과정이 필요하겠죠. 나의 투자 유형은 어떤 부류에 속할까요? 나에게 맞는 투자법은 어떤 것이 있을까요?
한국경제신문이 만든 흥미롭고 간단한 '주식 MBTI'가 궁금증을 해소해 줄 하나의 방법이 될 수 있습니다. 앞선 진단 테스트에서 대략적인 자신의 투자 스타일을 확인했다면 나에게 맞는 투자법을 찾아나설 수 있는 기회입니다.
총 10가지 유형으로 세분화한 뒤 유형별 투자법과 전문가들의 꼼꼼한 조언까지 더했습니다. 주식에 갓 입문한 '개미는 뚠뚠 새싹형'부터 이미 고수 반열에 오른 '방구석 펀드매니저'까지 … 나는 누구일까요?

방구석 매니저형
좋은 정보들을 빠르게 접하지만 그 정보에 너무 많이 흔들린 탓에 손실을 보곤 한다. 투자 전문가를 꿈꾸고 있지만 결국엔 방구석 매니저에 불과하다. 주변에 지식을 뽐내다 수익률을 공개하기 민망한 경우도 있다. 대신 오를 종목을 보는 감각과 지식을 갖췄다.

멘탈 관리 필요한 '존버'형
지인의 권유로 시작한 투자. 시작은 '단타형'이었지만 '존버형'으로 바뀌어 있다. 투자 직후 주가가 오르던 달콤했던 순간 한번 더 욕심을 낸 게 화근. 손절 없이 끝까지 버티겠다고 결심했지만 하루하루가 괴롭다. 그래도 다시 기회가 온다면 같은 실수를 하지 않을 거란 자신이 있다.

덕투일치형
편식형 투자자다. 관심 없는 업종과 종목에는 결코 투자하지 않는다. 내가 '덕질'을 할 수 있는 종목을 원한다. 당연히 분산투자도 어렵다. 포트폴리오에 담겨 있는 종목은 단순하다. 다른 업종을 공부하고 투자해볼까도 고민하지만 늘 생각에만 그친다. 성장하는 느림보 투자인 당신은 덕투일치형.

한방 노리는 주식 카지노형
누구보다 과감하다. 남들이 하는 이야기를 흘려듣지 않는다. 내 생각에 고급 정보라고 여기면 거침없이 추격 매수를 감행한다. 목표는 오직 '대박', 믿는 건 나의 '촉'이다. 한방 크게 벌어 차도 바꾸고, 집도 사고 싶다. 꾸준히 장기투자를 할 수 있는 인내심은 충분치 않을 가능성이 높다.

팔고 나면 오르는 호구형
내가 팔고 나면 오를 것 같은 슬픈 예감은 틀린 적이 없다. 종목 선구안은 나쁘지 않지만 장기보다는 단타로 수익을 내고 싶어 한다. 타이밍을 맞힌 투자를 하려다 보니 성공 확률은 크게 떨어진다. 주변사람들은 말한다. "너 팔 때 얘기해줘."

CASE *Type 1*

경이로운 소문형

지인의 말이나 찌라시 등 소문을 듣고 바로 주식을 사고, 손실이 나기 시작하면 바로 되팔아버리므로 안정적인 수익을 보지 못하는 유형이다. 정보를 취득한 것으로 끝내지 말고 나름대로 공부하고 분석해 계획을 짜는 과정이 필요할 것.

Character

1.
일반적 특징
평소에 귀가 얇다는 소리를 종종 듣는다.

2.
정보 획득 과정
체계적인 주식 투자 공부는 하지 않고 수익률 좋다는 사람들에게 정보를 얻길 원한다.

3.
가까운 미래엔?
큰 손실률을 경험하고 시장을 떠난다.

변호사 A(30·여). 그는 경제와 재테크에 관심을 가져본 적이 없었다. 머리만 아프다고 생각했다. 주식 투자는 남의 일이려니 했다.

A가 변화의 순간을 맞은 것은 작년 3월. 주가가 코로나19 충격으로 1900, 1800, 1700…, 추락에 추락을 거듭하고 있을 때였다. 처음엔 "주식 산 사람들 안됐네. 누가 그런 거 하래" 하고 무시했다. 그러던 어느날 친구들이 모인 단체카톡방이 갑자기 시끄러워지기 시작했다. "지금이 돈 벌 기회일지도 모른다"는 얘기가 나왔다. 어떤 친구는 "그래서 나도 삼성전자를 조금 샀다"며 마치 대단한 투자자가 된 양 자랑질을 하기도 했다. "뭐지?" 하는 생각이 들었지만 참았다.

악마의 속삭임

이 와중에 운명(?)을 바꿔놓을 다른 친구 하나가 등장했다. 기자 일을 하는 친구였다. 그는 단톡방에 "이런 시장을 평생 몇 번이나 보겠냐. 지금 주식 사면 나라가 망하지 않는 이상 무조건 오르지 않겠냐"고 했다.

A는 흔들리기 시작했다. 마침 그 친구가 증권부 기자로 있다는 것을 깨닫고 "한번 해볼까" 하는 생각을 했다. 그리고 며칠 뒤 삼성전자 주가가 5만원 밑으로 떨어졌다는 뉴스를 봤다. 5만원이 왜 중요한 숫자인지는 몰랐다.

하지만 "아 진짜 드문 기회일 수 있겠구나"라

는 생각이 스쳤다. 그리고 결심했다. 삼성전자 주식을 사기로. '설마 삼성전자가 망하겠어' 싶기도 했다. 있는 돈을 모조리 긁어 모았다. 어려서부터 모아둔 용돈, 학창시절 받은 장학금 등. 4000만원이란 거금(?)이 A의 종잣돈이 됐다.

2020년 3월 16일. 드디어 처음으로 4만 9000원에 삼성전자 주식 60주를 매수했다. A의 나름 '파란만장한' 투자의 시작이었다.

"곧 공시 뜬대"라는 말에

계좌를 개설해 주식을 매수하고 나니 세상이 달라졌다. 주변에 온통 주식 투자하는 사람들 뿐이라는 생각이 들기 시작했다. 주식으로 돈 벌었다는 사람은 왜 이리 많은지. 삼성전자 주식을 사고 남은 돈으로 다른 거 뭐 살 게 없을까 하고 두리번거리기 시작했다. 어느날 회사 동료 B가 조심스럽게 속삭였다. 종목 추천이었다. 코스닥 상장 종목 알테오젠을 얘기했다. "조만간 기술 수출 공시를 할 예정인데 너만 알고 있어"라고 했다. 당장 사라고는 하지 않았다. 그는 친절하게도 "공시는 하겠지만 지금은 너무 많이 올랐으니 좀 기다려"라고 코치까지 해줬다. 작년 4월 초 당시 주가는 7만원 선(무상증자 이전 기준)이었다. B는 평소 주식 투자로 억대 수익을 냈다고 말하고 다니는 사람이었다. A는 알테오젠이라는 회사를 처음 들어봤다. 이후 알테오젠을 계속 째려봤다. 야속한 알테오젠은 기다려주지 않았다. 주가가 계속 올랐다. A는 초조해지기 시작했다. 며칠 뒤 알테오젠 주가가 8만5000원을 찍었다. 더 이상 기다릴 수가 없었다. 일단 300만원어치를 샀다. 이후에도 주가는 꾸물꾸물 계속 올랐다. '매수 유령'이 머릿속에서 어른거렸다. "지금 안 사면 더 오를 텐데 언제 사려고 머뭇거리냐." 손이 무언가에 이끌린듯 매수 버튼을 눌렀다. 300만원씩 4번을 추가로 매수했다. 알테오젠 투자금액은 1500만원이 됐다.

알테오젠 주가는 5월 들어서도 계속 올라 26만8000원까지 치솟았다. A는 참을 수가 없었다. 20만원 선에 1000만원어치를 한번에 사버렸다. 8만원이 20만원이 된 것을 본 A는 24만원에도 주식을 계속 매수해 결국 3000만원어치를 샀다.

빚투의 슬픈 결말

B의 말대로 6월 초 알테오젠의 기술 수출 공시가 떴다. B에 대한 믿음은 더 강해졌다. 주가는 달랐다. 20% 폭락했다. 처음 겪는 일이라 당황했지만 다시 오를 것으로 기대하며 참고 기다렸다. 하지만 계속 떨어졌다. 결국 A는 22만원에 3000만원어치 주식을 전량 처분했다. 최고가에서 팔진 못했지만 첫 바이오주 투자에서 1000만원을 버는 성과를 거뒀다.

이만하면 알테오젠에선 손을 떼야지 했는데 이번엔 B가 이 주식으로 2억5000만원을 벌었다는 얘기를 들었다. 즉시 "나도 더 사야겠다"는 생각이 밀려들었다. 다시 300만원을 집어넣었다. 때마침 무상증자 공시가 나왔다. 24만원에 산 주식이 38만원까지 뛰었다. 돈을 벌었다는 기쁨도 잠시 무상증자를 마치고 나니 다시 22만원으로 떨어졌다. 일단 버티기로 했다.

12월이 됐다. B가 또 새로운 소식을 들고 왔다. 이번엔 '빚을 내서라도 무조건 투자하라'는 말도 했다. '대박' 기술 수출 건이라고 했다. "쟤는 어디서 저런 정보를 얻을까" 하는 생각을 했다. 그동안 B가 한 말은 어느 정도 맞았기 때문에 믿음이 갔다. 이번엔 제대로 해보자는 생각이 들었다. 처음으로 마이너스통장을 개설했다. 6000만원을 대출받았다.

이 돈을 모조리 쏟아부어 16만원대에 주식을 샀다. B가 말한 대로 1주일 뒤 기술 수출 공시가 떴다. 그러나 한때 18만7000원을 찍었던 주가는 5분도 안 돼 폭락하기 시작했다. 6000만원을 투자한 A의 현재 잔액은 4800만원이다.

경이로운 소문형은…

주변 사람 말에 귀 기울여 투자하는 성향이 강한 유형이다. 일반 투자자의 50%가 거의 이 유형에 해당한다. 매수 매도 시점도 소문에 의존하기 때문에 큰 수익을 내는 경우도 상당히 적다. 요즘 유행한다는 투자 유튜버나 주식 방송을 보면서 다른 정보를 더 찾기보다 일단 사고 보는 경향도 강하다.

CASE Type1

용어설명
뇌동매매

투자자가 시세에 대한 독자적이고 확실한 예측없이 시장 전체의 인기나 남을 따라 매매에 나서는 것을 말한다.

용어설명
무상증자

주식대금을 받지 않고 기존 주식보유자, 즉 주주에게 주식을 나눠주는 것. 무상증자를 하면 발행주식 수가 증가하고 그만큼 자본금이 늘어나게 된다.

"전기차 시대 온다"는 말에 LG화학 매수

A가 주식 투자를 할 때 정보를 얻는 또 다른 창구는 한국경제TV다. 주식을 시작하고 매일 퇴근한 뒤 지친 몸을 뉘고 방송을 보는 게 낙이 됐다. 요새 주린이들은 유튜브 보면서 주식을 배운다고 하는데 A는 유튜브보다 증권방송이 훨씬 유익하고 재밌는 것 같다.

"지금은 전기차 비중이 3%밖에 안 되는데 앞으로 30%까지 늘어날 것이다."

하루는 한국경제TV를 보는데 한 전문가가 전기차 비중이 크게 늘어날 것이란 얘기를 했다. A는 벌떡 일어났다. 그럴듯했다. 다음날 바로 LG화학을 5주 샀다. 58만원에 산 주식은 70만원까지 잘 올랐다. 흐뭇하게 지켜보다가 1500만원어치를 추가로 매수했다. 평균 매수가는 67만원 수준이 됐다.

그러던 중 LG화학이 2차전지사업(LG에너지솔루션)을 물적분할한다는 소식이 전해졌다. 주가는 고꾸라지기 시작했다. 불안한 마음에 68만원으로 떨어졌을 때 보유하고 있던 주식을 모두 팔았다. 아쉽긴 했지만 손해보고 판 것은 아니라는 걸 위안 삼았다. 그런데 이 주식이 어느날부터 반등하기 시작했다. 아쉬운 마음이 들어 64만원에 5주를 매수했다. 이후 99만원까지 올라 현재 수익률은 54%에 달한다.

"웬만하면 믿는다…원칙은 없다"

A는 이 밖에 애플카 관련 공시가 뜨기 전 B로부터 정보를 전해 듣고 매수한 현대차 현대모비스를 비롯해 코스닥 중소형주를 단타로 매매해 하루 만에 100만원을 벌기도 했다. A는 주식이 "카지노 도박하듯 스릴 있는 게 매력"이라고 했다. 수익이 나면 백화점에 가서 비싼 옷을 사는 등 기분도 내는 편이다. 월급은 생활비를 제외하고 모두 주식 계좌로 처음부터 옮겨 넣는다. 언제든지 사고 싶은 주식이 있으면 사기 위해서다.

이렇게 주식을 사면서도 그는 주식 공부는 하지 않는다. 가장 믿고 따르는 정보는 B가 전해주는 찌라시와 증권방송이다. 종목을 고르는 원칙이 뭐냐고 물었더니 그는 당당히 답했다. "그런 거 없어. 웬만하면 남의 말을 믿고 사는 편이지."

A는 요즘 고민이 생겼다. 원금만 회복하면 알테오젠을 팔 예정인데 그 돈이 들어오면 어디에 투자할지 모르겠다는 것이다. 펀드 가입은 생각해본 적도 없고, 노후를 대비할 수 있는 퇴직연금은 뭔지도 모른다. 그래도 자랑거리는 있다. 처음 산 삼성전자 주식은 그대로 보유하고 있다. 현재 수익률은 70%를 웃돈다. 소액이지만.

> Comment 박성욱 부장(NH투자증권 삼성동금융센터)의 조언

투자의 첫 단추는 '소문'이 아니라 '공부'다

❶ 어떻게 관리하느냐가 관건

A가 투자한 기업은 각각 소속된 유가증권시장과 코스닥시장에서 시가총액 최상위권을 차지하는 우량한 회사임은 어느 누구도 반박하지 못할 것이라고 생각됩니다. 그래서 꼭 드리고 싶은 조언이 있습니다. 투자를 할 때 필연적인 부분이기도 하지만 특히 주식투자는 실행 및 관리를 어떻게 하느냐에 따라 나중에 큰 격차가 발생한다는 점입니다.

❷ 투자의 3단계는?

일반적으로 투자 단계는 크게 세 가지로, 첫째 다양한 루트로 정보를 취득하는 단계, 둘째 투자 시도 단계, 마지막으로 투자의 지속적 실행 및 관리 단계입니다. 두 번째 단계의 시도는 좋았으나 첫째와 마지막 단계에 문제가 있었다고 생각됩니다. 첫 단추가 잘못 끼워졌다고도 볼 수 있습니다. 친구들로부터 정보를 취득하는 것까지는 좋았으나 그 내용을 바탕으로 스스로 해당 사항을 공부하고 투자에 확신을 가질 수 있는 판단 과정을 거치지 않았습니다.

❸ 소신이 필요해

소위 '묻지마 투자'와 이에 따른 '뇌동매매'로 이어진 것이죠. 쉽게 말해 소신을 가지지 못하게 된 것이고요. 외부 정보에만 의존하면 당연히 소신이 생기기 어렵습니다. 여러 정보를 습득해 자기 자신을 설득할 수 있는 타당한 투자 방향성을 설정해야 합니다.

❹ 투자는 운이 아니다

본인이 투자하는 기업에 한해서 내가 얼마까지의 한도로

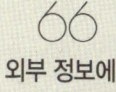
외부 정보에만 의존하면 당연히 소신이 생기기 어렵습니다

투자할지와 매수 및 매도의 시기, 정량적인 실행 계획이 구체적으로 있어야 하는데 이런 내용이 전혀 없었습니다.
이 또한 향후에 뇌동매매로 이어질 수밖에 없는 상황입니다. 뇌동매매가 언제나 실패하지는 않겠지요. 때에 따라서는 큰 수익을 가져다 줄 수도 있을지 모릅니다. 하지만 자신이 주도적으로 관리하고 계획하지 않는 투자는 종국에는 손해로 끝나고 말 겁니다. 투자란 운에 맡기는 것이 아니니까요.

❺ 공부하고 계획하라

앞으로는 투자할 때 일련의 정보 취득 후에는 철저하게 공부하세요. 실행 계획을 확립해 두고 투자할 것을 권해드립니다.
지금까지 그래온 것처럼 정보(한낱 소문일지라도)에 귀기울이면서, 주식시장에 꾸준한 흥미를 갖고, 자산을 키우고자 시도하는 것은 좋습니다. 다만 해당 산업과 주식 시장에 대한 공부를 깊이 있게 하는 것이 꼭 필요해보입니다.
특히 소문을 듣고 투자하는 것에 주의해야 합니다. 증권가에선 소위 '찌라시'로 불리는 사설정보지가 활발하게 유통되고 있습니다. 여의도에는 적지 않은 '정보모임'이 가동되기도 했습니다. 기업이나 유관 기관 정보담당 직원, 국회의원 보좌관 등 멤버 구성도 다양했습니다. 주가에 영향을 미칠 만한 찌라시는 메신저나 카카오톡을 타고 빠르게 확산됩니다. "OO제약, 기술수출 발표 임박"과 같은 소식입니다. 하지만 이런 메세지를 보면 진위를 꼭 확인해야 합니다. 주가 부양을 노리고 찌라시를 의도적으로 뿌리는 이들도 있습니다.

CASE *Type2*

뒷북 치는 FOMO형

: 'fear of missing out'. 꾸준한 시장 공부와 탁월한 실행력으로 순항하다가도, '나만 이 종목 없어?'라는 생각에 무리한 양의 주식을 덜컥 사버리는 이들을 도울 방법은?

Character

1.
일반적 특징
경쟁심이 강해 남보다 더 열심히 공부하고 분석하고 실행한다. 때로는 과한 경쟁심이 조급함을 부르기도 한다.

2.
정보 획득 과정
기업뉴스를 챙겨보면서 시장 상황과 트렌드를 파악하는 데 능하다.

3.
가까운 미래엔?
트렌드에 너무 예민하게 반응한 나머지 중요한 순간에 자신의 투자 패턴을 잃고 흔들린다.

20대 중반 직장인 Y는 작년 9월 말 주식 투자를 처음 시작했다. 코로나19 폭락장에 1400대까지 곤두박질쳤던 코스피지수가 2300선에서 왔다갔다 할 때다. 주식 전문가 중 일부는 시장이 조정받을 것이란 얘기를 하고 있었다. 그래도 다들 주식 투자를 하는데 혼자만 뒤처질 것 같은 불안감에 주식을 하기로 했다.

그래도 기업뉴스는 챙겨보던 터라 돌아가는 상황은 꽤 잘 알고 있었다. 투자를 결심하고 처음 산 주식은 LG화학이었다.

배터리 자회사 LG에너지솔루션 분사 소식에 LG화학 주가가 66만9000원까지 하락했을 때다. 두 가지 생각이 교차했다. '주식 한 주에 60만원이 넘다니…'와 '회사 관계자나 애널리스트는 호재라니 오르겠지…'. 떨리는 손으로 매수 버튼을 눌렀다.

뒤처지지 않기 위해 시작한 투자 모범생

Y는 주식을 시작한 이후 나름의 스타일도 찾았다. '모범생처럼 투자하자.' 이런 생각에 가장 큰 영향을 미친 사람은 존 리 메리츠자산운용 대표다. "주식은 투자하는 게 아니라 적금처럼 사 모으는 것"이라는 그의 말에 전적으로 동의했다. 남들보다 좀 늦게 주식을 시작한 자신을 합리화해줄 수 있다는 생각도 영향을 미쳤다.

그는 사 놓고 묻어둔다는 마음으로 다른 우량주도 사들이기 시작했다. 그나마 덜 오른 종목인 자동차주를 선택했다. 전기·수소차 시대에는 현대차가 글로벌 시장에서 지금의 도요타 수준의 위상을 얻을 수 있을 것이라고 믿었다. 또 급등한 배터리 기업에 비해 지나치게 저평가됐다고 판단했다. 작년 9월 말부터 11월 초까지 현대차를 꾸준히 매수했다. 생각 날 때마다 1~2주씩 샀다. 가격은 16만~17만원대를 오갔다.

부지런한 시장 분석과 실행력까지 겸비

11월 말, 다른 종목으로 눈을 돌려보기로 했다. BBIG(바이오·배터리·인터넷·게임) 종목은 뒤늦게 사려니 손이 가지 않았다. 2021년에는 코로나19로 주춤했던 메모리 반도체 판매가 늘어날 것이란 분석이 눈에 띄었다. Y의 눈에는 삼성전자가 반도체와 5G(5세대) 이동통신 장비까지 다양한 스토리를 가지고 있는 팔방미인처럼 보였다.

문제는 가격이었다. '50층대(5만원대)에 주식을 산 사람들도 비싸게 산 것처럼 얘기하던데…'. '6만원대 중후반에 이 주식을 사도 되는 걸까'라는 생각이 머리를 떠나지 않았다. 한국에 삼성전자를 대체할 만한 기업이 없다는 것은 익히 들어 잘 알고 있었지만, 주식 투자를 시작한 후 한 번도 삼성전자 주식이 급등하는 모습을 본 적이 없었기 때문이다. '시가총액 1위 종목은 원래 이런 것인가'라는 생각도 들었다.

하지만 단순하게 생각해도 실적을 고려하면 주가수익비율(PER)이 지나치게 낮아보였다. 애플, TSMC 등과 비교하면 그 격차가 실감 났다. 아직 외국인 투자자들이 한국 시장에 돌아오지 않았다는 점도 투자 결정의 결정적인 근거가 됐다. 외국인 투자자가 돌아오면 가장 먼저 살 종목은 삼성전자라고 생각했기 때문이다.

'삼성전자 없이 장기 투자를 논하는 것은 불가능하지'라는 생각으로 삼성전자를 사기 시작했다. 메모리 반도체 사이클이 시작되면 삼성전자보다 SK하이닉스가 더 혜택을 볼 수 있을 거란 얘기에 SK하이닉스도 샀다.

다음 타자는 LG전자였다. 주가순자산비율(PBR)은 1배가 되지 않는데, 2021년 전장사업본부가 흑자전환할 것이라는 보고서도 나왔다. 코로나19에도 사상 최대 실적을 낼 정도로 탄탄한 회사에 전장 부품이라는 스토리가 붙으면 전기차 테마에 올라탈 수 있겠다는 생각이 들었다. 8만원일 때부터 LG전자 주식을 조금씩 사 모았다.

뒷북 치는 FOMO형은…

뒤처지는 것을 싫어하는 '모범생' 유형이다. 그래서 기업뉴스 등을 보며 꾸준히 공부하고 시장 트렌드에 민감하며 여러 투자 방법을 통해 안정적인 수익을 내는 경우가 많다. 다만 뒤처지지 않으려 성공한 이들을 따라하려는 경향이 있다. 이 때문에 뒷북을 치게 되는 상황, 즉 어이없는 손실을 입는 상황이 발생하기도 한다.

용어설명 PBR

기업의 주가가 싼지 비싼지를 판단하기 위해서는 가치 평가를 위한 기준이 필요하다. 먼저 기업의 순자산을 기준으로 주가를 평가하는 지표가 주가순자산비율(PBR·Price to Book-value Ratio)이다. 기업의 시가총액(price)을 순자산(book-value)으로 나눴을 때 몇 배가 되는지를 계산한다. 순자산가치는 전체 자산에서 부채를 뺀 값이다.

CASE Type2

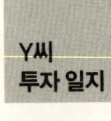

Y씨 투자 일지

수익률
20%

- 9월
  LG화학
  66만9000원에 매수

- 9~11월
  현대차
  16만~17만원에 매수

- 10월
  LG전자
  8만원대에 매수

- 11월
  삼성전자,
  SK하이닉스 매수

- 12월
  마이크로소프트(MS),
  위즈덤트리 플랫폼
  ETF(PLAT) 매수

(2020년 기준)

안정적인 투자를 위한 펀드의 시작

안정적인 투자를 추구하는 성향상 펀드를 통한 분산투자가 필요하다고 생각했다. 10월부터 NH아문디 100년기업그린코리아펀드, KB통중국4차산업펀드, 피델리티글로벌테크놀로지펀드 등에 적립식 투자를 시작했다.

조 바이든이 미국 대통령에 당선되면 친환경이 장기 테마가 될 수 있다는 생각에 그린코리아펀드에 투자했다. KB통중국펀드는 분산투자를 위해 시작했는데, 11월 바이든 시대 개막 후 신흥국으로 돈이 몰리기 시작할 때 비중을 늘렸다.

장기 경제 성장에 대한 믿음에 미국 기술주가 빠질 수는 없었다. 12월에는 마이크로소프트(MS)와 위즈덤트리 플랫폼 ETF(PLAT)를 매수했다. 이미 한참 늦은 감은 있었지만 약달러 시대에 사 놓고 묻어둔다는 생각으로 투자했다.

손실 없이 순항하는 투자 일지

2020년 말 전체 투자 수익률은 20%대 초반을 오갔다. 물론 실현 수익률은 아니다. 장기 투자자답게 한 번도 주식을 매도하지 않았기 때문이다. 코로나19 폭락장에 투자를 시작한 투자자와 비교하면 높은 수익률도 아니다. 고점이라고 판단했을 때 수익을 실현한 뒤 더 유망한 종목으로 갈아타야 한다는 주변 고수들의 조언도 이어졌다.

그럼에도 Y는 만족했다. 자신에게 매수 매도 타이밍을 맞출 능력도, 시간도 없다고 생각했다. 나름의 자부심도 있었다. 투자 기간이 3개월밖에 되지 않았는데 손실을 보는 종목이 한 개도 없었기 때문이다. 올해의 가장 큰 투자 테마가 '그린'이 될 것이라고 판단해 올해 초 삼성SDI와 기아차, 현대모비스 등을 매수한 것도 결과가 나쁘지 않았다. 경기 회복으로 원자재 사이클이 시작될 것이라는 뉴스에 글로벌X 리튬&배터리 테크 ETF(LIT)에도 투자했다.

"조금 씁쓸하네."

모범생 투자자는 결국

이렇듯 안정적인 길만을 좇던 Y에게도 위기는 찾아왔다. 주가가 떨어져서가 아니라 오른 게 문제였다. 1월 둘째주부터 삼성전자 주가가 급등했다. 6만원대부터 투자를 시작하긴 했지만 포트폴리오에서 삼성전자가 차지하는 비중은 미미했다. 언제 사도 된다는 생각에 투자를 미룬 탓이다. '나만 삼성전자 없어!'라는 위기감이 엄습했다. 1월 12일 8만4000원일 때 삼성전자를 매수하기 시작해 13일 9만3700원이 될 때까지 여러 차례에 걸쳐 삼성전자를 추격 매수했다.

'삼성전자 하루 만에 1.7조원어치 순매수한 FOMO(fear of missing out)족.'(한국경제신문 2021년 1월 12일자) Y는 졸지에 신문 기사 속 주인공이 됐다. 나 혼자 이런 건 아니라는 생각에 안심이 됐다. 이후 삼성전자 주가는 제자리 찾기에 들어갔다. Y는 삼성전자가 8만원대 초반에 이르기까지 끊임없이 물타기를 시도 중이다.

보유한 여러 종목 중 한 곳에 처음으로 파란불이 들어왔다. '파란불의 주인공이 삼성전자라니….' 씁쓸했다. 5년 후, 아니 10년 후의 나 자신이 '90층에라도 들어가서 다행이었어'라며 그때의 결정을 고마워할 것이라고 믿으며….

| Comment | 조혜진 이사(NH투자증권 Premier Blue 강남센터)의 조언 |

좋은 투자 방법에 좋은 투자 원칙까지 갖추자

❶ 침착하게 실행했던 역발상 투자
모두가 늦었다고 한 시기에 사 놓고 묻어둔다는 마음으로 우량주를 매수한 것은 역발상 투자의 좋은 예입니다. 주변 동료들의 말을 곧이 곧대로 듣고 따라가는 것이 아니라 나름대로 목표와 방향성을 지닌 현명한 투자자라는 것을 증명하고 있습니다.

❷ 미래를 위한 탁월한 포트폴리오 구성
현대차, 삼성전자, LG전자 등 밸류에이션 매력과 미래 성장 가능성이 있는 종목 위주로 포트폴리오를 구성하는 것은 탁월하다고 할 수 있습니다. 분산 투자를 위해 그린코리아, 중국 4차산업, 글로벌테크 펀드, 미국 주식, ETF 등을 활용한 투자 자산 다변화는 적절한 판단이었던 것 같습니다.

❸ 조급함은 대부분 좋지 않은 결과로 끝난다
보완할 점도 있습니다. 삼성전자 주가가 급등할 때 추격매수한 것은 이후 좋은 교훈으로 남아야 합니다. 경험적으로 주식시장에서 조급함은 대부분 좋지 않은 결과로 이어졌습니다. 물론 적절한 포트폴리오 구성을 갖추고 안정적인 분산 투자를 실행하고 있음에도 들리는 시장 소식 하나에 조급함을 느낄 수 있습니다. 그러나 그러한 조급함으로 한 투자는 결국 자신의 원래 페이스를 잃은 채로 실행한 투자일 가능성이 큽니다.

❹ 원칙의 중요성
매수와 매도 판단을 할 때 원칙을 가지고 투자에 임할 필요가 있습니다. 자신만의 투자를 위해 정해놓은 원칙을 계속 되새긴다면 순간의 조급함을 억누르고 다시 제 투자 패턴

원칙을 계속 되새긴다면 순간의 조급함을 억누르고 다시 제 투자 패턴을 찾을 수 있을 겁니다

을 찾을 수 있을 겁니다.

❺ 배당주와 공모주 펀드 상품 추천
또 안정적인 투자 성향을 감안해 꾸준히 배당이 나오는 배당주와 공모주 펀드 등을 권유하고 싶습니다. 좋은 주식을 적금처럼 사 모으는 것도 괜찮은 투자 방법이지만, 보유 주식에 대한 정기적인 점검 및 리밸런싱도 필요합니다. 우리나라는 수출 비중이 높은 경제구조라서 글로벌 경기 사이클에 따라 기업 이익과 주가가 변동하기 때문입니다.

❻ 확증편향에 빠지지 말아야
추격 매수는 심리학적으로 확증편향과 관련돼 있다는 게 전문가들의 분석입니다. 주가가 이미 많이 오른 상태임에도 이를 정상적 가격으로 합리화함으로써 더 올라갈 것이라고 믿게 만드는 심리입니다.
예를 들면 삼성바이오로직스가 40만원대에서 88만원까지 급등한 지난 1월, 100만원은 넘을 것이란 예상이 확산됐습니다. 200만원을 말하는 사람도 있었습니다. 88만원이란 가격은 확증이 됐고, 급등세는 더 올라갈 것이라는 잘못된 믿음을 형성하게 됐다는 얘기입니다.
추격 매수는 주식 투자에만 국한되지 않습니다. 부동산, 비트코인 등에서 광범위하게 나타납니다. 부동산시장에서 '영끌'이란 신조어가 만들어진 것도 이런 맥락입니다. 지금 아파트를 사지 못하면 영원히 못 살 것 같은 심리가 퍼졌습니다. 그 결과 젊은 세대가 부동산 취득에 나섰고, 이는 공급 부족이라는 상황과 맞물려 아파트 가격 급등으로 이어졌습니다.

CASE Type3

겸손한 마이웨이형

: 자신의 실력을 과신하지 않으면서도 자신만의 스타일로 차분히
투자해나가는 마이웨이형을 통해 올바른 투자법을 배워보자.

Character

1.
일반적 특징
좋은 일이라도 일단
경계와 의심부터 한다.

2.
정보 획득 과정
처음에는 일반 상식을
통해 막연한 판단을
내렸지만 후엔
책, 증권사 보고서,
신문 기사 등을 통해
체계적으로 정보를
습득한다.

3.
가까운 미래엔?
중요한 갈림길에서
결정을 내릴 수 있는
판단력이 쌓일 것이다.

30대 중반 직장인 C는 "주식 투자는 도박"이라고 생각했다. 근로소득으로 재산을 쌓아올리는 성실한 삶을 살아야 한다고 믿었다. 평생 직장에서 월급을 받아 가족을 뒷바라지한 부모님을 보며 자란 영향도 있었다.

지난해 C의 생각은 완전히 바뀌었다. 코로나19 사태로 증시가 저점을 찍은 뒤 스멀스멀 올라오던 지난해 4월께였다. C는 서울 강남에 있는 한 증권사 프라이빗뱅커를 지인 소개로 만났다. 사적인 자리였다. PB는 지나가는 말로 "지점 회원 자산가들에게 주식을 매수하라고 강력하게 권했다"고 했다. 코로나19 사태가 아직 한창이지만 최악은 지났고, 사태가 극단으로 치달을 가능성은 낮다는 근거를 댔다. 주식 투자에 관심이 없던 C는 이 말도 가볍게 넘겼다.

그러나 이후에도 주변에서 주식 투자에 대한 얘기를 자꾸 듣다 보니 C도 호기심이 생기는 걸 어쩔 수 없었다. 코스피지수가 계속 오르고 있다는 소식도 들렸다. 어느날 TV를 보는데 "코스피지수가 2000을 넘었다"는 뉴스가 나왔다. C의 생각은 'PB를 찾는 자산가들은 주식 투자를 해서 더 부자가 되고 있는데, 부자도 아닌 내가 이렇게 투자에 무관심해도 될까'라는 데까지 미쳤다. 주식 투자를 도박이라고 여기는 게 성실함이 아니라 안일함의 발로일 수 있다는 생각도 들었다.

결국 C는 '잃어도 괜찮은 소액으로 투자를 해보자'고 마음먹었다.

은행주로 시작한 첫 투자

그는 증권사 계좌를 개설한 뒤 KB금융, 신한지주, 하나금융지주, 우리금융지주 등 대표적 은행주 4개를 50만원어치씩 매수했다. 금융주를 고른 이유는 단순했다. "은행에는 우수 인력이 많을 테고, 경제가 어려워져도 망하지는 않을 것"이라는 막연한 기대 때문이었다. 당시 "외국인이 한국 증시에 돌아오면 은행주가 반등한다"는 신문 기사를 본 것도 이들 종목을 선택한 이유 가운데 하나였다.

기대와 달리 은행주는 오르지 않았다. 다른 종목은 연일 상승했지만 그의 계좌에는 손실을 나타내는 파란색 숫자만 찍혀 있었다. 그는 약 한 달을 지켜보다가 종목을 바꿔야겠다고 마음먹었다. 이때 "막연한 기대와 느낌으로 주식 투자를 하는 건 잘못"이라는 것도 깨달았다. C는 이때부터 책, 증권사 보고서, 신문 기사를 읽으며 주식 투자 공부를 했다. 주가수익비율(PER), 실적 컨센서스(증권사 추정치 평균) 같은 용어도 하나하나 익혔다.

공부 후 터득한 자신만의 원칙

C는 공부를 통해 다음과 같은 결론에 도달했다. 첫째, 당면한 기업 실적은 주가 하락 가능성을 낮춰주는 보험이다. 실적이 좋다고 주가가 마냥 오르는 건 아니지만, 실적이 좋은 기업은 주가가 곤두박질치지 않는다. 둘째, 성장에 대한 청사진은 주가 상승 가능성을 높여주는 촉매다. 주가는 희망을 양분 삼아 상승하기 때문이다. C는 실적과 성장 청사진을 모두 갖춘 종목을 찾으면 '리스크 회피형' 투자를 할 수 있다고 생각했다.

현대차와 기아차로 수익률 30%

이런 기준에 맞는 종목이 뭐가 있는지를 살폈다. 현대차와 기아차가 그의 눈에 들어왔다. 그는 은행주를 판 돈으로 현대차와 기아차를 매수했다. 이들 종목을 고른 이유는 다음과 같다. 첫째, 현대자동차그룹은 미래 교통수단으로 주목받는 수소차 분야에서 글로벌 1위 경쟁력을 자랑하고 있었다. 2021년부터는 전기차 시장에도 본격 진출할 계획이었다. 둘째, 현대차그룹은 내연기관차 판매로 이미 양호한 실적을 내고 있었다.

C는 이들 종목을 매수하고 며칠 기다렸다. 타이밍이 좋았다. 매수 직후 주가가 거짓말처럼 오르기 시작했다. 하루에 10% 이상 오른 날도 있었다. C는 여윳돈으로 현대차와 기아차를 추가 매수했다. 그리고 다른 종목도 유망한 게 뭐가 있는지 살폈다. 이후 C의 포트폴리오에는 만도, 대한유화 등이 추가됐다. 모두 실적이 잘 나오면서도 미래 산업 기대감이 있는 '양 날개를 갖춘' 종목이었다. 약 8개월 동안의 투자를 통해 그는 지금까지 약 30%의 수익률을 올렸다.

실적 좋은 기업이 아니면 안돼

연말께 생긴 여유자금으로 잠깐 KT&G를 사기도 했다. 주가가 많이 떨어져 예상 시가배당률(배당금/주가)이 높았기 때문이다. 그러나 오래 갖고 있지는 않았다. C는 KT&G를 배당락(배당받을 권리가 사라진 뒤 첫 번째 거래일) 직전에 매도했다. 담배 산업이 미래 산업과 거리가 있다는 생각 때문이었다. 아니나 다를까, KT&G는 배당락 당일 5.98% 하락했다. 배당수익률보다 하락폭이 더 컸다. 결과적으로 C가 배당락 직전 이 종목을 매도한 게 좋은 선택이었던 셈이다.

주가가 크게 올랐지만 미리 사놓지 못해 아쉽다는 생각이 드는 종목도 있다. 두산퓨얼셀이 그런 종목 중 하나다. 두산퓨얼셀은 지난해 6월 초부터 최근까지 4배 넘게 올랐다. 하지만 이 종목은 애초에 그의 매수 선택지 가운데 없

겸손한 마이웨이형은…

주식은 '도박'이라는 생각이 주식은 '꼭 필요한 일'이라는 확신으로 바뀌었다. 일단 확신이 생기면 꾸준히 한 방향을 향해 가는 실천파. 손실이나 수익이 나도 침착함을 잃지 않고 과도한 자신감을 경계하며 투자해나간다. 꾸준한 공부로 시장을 바라보는 넓은 시각까지 챙긴, 마이웨이형의 좋은 예.

용어설명
실적 컨센서스

기업 실적이 발표되기 전에 각 증권사 애널리스트들이 예측한 실적 전망치의 평균을 말한다. 이 실적 컨센서스를 실제 실적과 비교해 실제 실적이 대략 10%를 웃돌면 '어닝서프라이즈', 10%를 밑돌면 '어닝쇼크'라고 한다.

CASE Type3

C씨 매매일지

총투자금액
3000만원

- 4월 17일
  KB금융·신한지주
  하나금융지주
  우리금융지주
  200만원 매수

- 5월 27일
  현대차·기아차
  1000만원 매수

- 6월 16일
  만도·대한유화
  800만원 매수

- 11월 25일
  KT&G
  1000만원 매수

- 12월 29일
  KT&G
  배당락일 매도

(2020년 기준)

었다. 먼 미래의 성장에 대한 기대가 주가를 끌어올리기는 했지만 당장의 실적은 주가에 턱없이 못 미쳤기 때문이다. 이를테면 '주가 하락 가능성을 낮춰주는 보험'이 없었던 것이다. 앞으로 이런 생각이 바뀔지도 모르겠다.

꽃길만 걸어 온 투자 일지

C의 주식 투자 원금은 최근 3000만원에 다다랐다. 반년 만에 연봉의 절반 가까이를 주식 투자에 쏟아부었다. 생활비 등 필수 비용을 빼고 여유자금은 다 주식에 넣은 셈이다. 주식 투자를 금기시하던 생각은 180도 바뀌었다. 최근에는 자신감이 붙어 주변 사람들에게 투자 조언도 해준다. 종목 추천을 해줄 때 "벌어도 내 덕이 아니고 잃어도 내 책임 아니다"라고 강조하기는 하지만, 추천해준 종목이 오르면 어깨가 으쓱해지는 건 어쩔 수가 없다.

걱정되는 바가 없지는 않다. 가장 큰 걱정은 C가 아직 하락장을 경험해보지 못했다는 것이다. 유튜브나 신문 기사에 나오는 투자 전문가들은 예외 없이 "언젠가 하락장은 반드시 온다"고 강조한다.

이를 미리 알아볼 수 있는 시야를 기르는 게 C의 눈앞에 던져진 과제다. 그러다 보니 그가 보는 주식, 경제 관련 자료가 다양해졌다. 증권사 보고서, 책, 유튜브 강좌 등에 그치지 않고 취업률, 유동성, 기업 실적 등 기초 데이터도 보고 있다.

가장 중요한 건 스스로 거만해지지 않기 위해 노력하는 것이다. 자신의 투자 실력을 과신하면 오판을 하기 쉽기 때문이다. 지금까지 좋은 수익률을 올리긴 했지만 상승장이었기 때문에 가능했다는 걸 그는 알고 있다. 온전히 그의 실력으로 이룬 결과가 아니다. 오만해지면 하락장이 올 때 이를 미리 알아챌 수 없다. 열린 자세로 눈과 귀를 열어놔야 증시 흐름을 조금이나마 예측할 수 있다는 게 C의 생각이다.

'전문가'의 얘기에 너무 의존해도 안 된다. C는 2008년 글로벌 금융위기로 증시가 폭락하기 직전에 나왔던 신문을 찾아봤다. 당시 증권가 전문가들은 "상승장이 더 남았다"는 전망을 내고 있었다. 이 말을 믿고 투자 규모를 늘린 사람은 큰 손실을 봤을 것이다. 주식 투자를 잘하려면 '거만하지 않게 스스로 판단하는 힘'을 기르는 방법밖에 없다. 6개월의 투자 경험으로 그가 얻은 교훈이다. 주식 투자에 대한 생각이 '도박'에서 '꼭 필요한 일'로 바뀐 건 물론이다.

종목 선택이 중요해진 이유

주식을 새롭게 시작한 모든 사람이 하락장에 대한 두려움을 갖고 있는 것은 당연한 일이다. 주식에 관심 없던 사람들을 시장으로 이끈 2020년 급등장은 수십 년 역사에서 몇 번 올까 말까 한 그런 시장이었기 때문이다.

작년 3월 16일 코로나19 공포로 코스피지수가 장중 1439포인트까지 급락했다. 올해 1월 11일 3266포인트까지 치솟는 극적인 반전이 벌어졌다. '동학개미'로 불리는 개인투자자들이 큰 역할을 했다. 100조원 가까운 돈을 주식 시장에 쏟아부었다. 이 과정에서 돈을 벌기 위해 필요한 것은 딱 하나였다. '용기'.

어떤 주식에 투자할지 치열하게 고민할 필요도 없었다. 대부분의 주식이 올랐기 때문이다. 그래서 오죽했으면 "0이 포함된 여섯 자리 숫자를 찍어 그 주식을 사면 다 수익을 낼 수 있었다"는 말까지 나왔다. 여섯 자리 숫자는 종목 코드다. 종목마다 고유한 번호가 부여돼 있다. 용기의 대가는 수익으로 이어졌다. "개인들이 사상 처음으로 외국인, 기관과의 전투에서 승리했다"는 평가도 나왔다. 2020년 주가 상승률은 코스닥이 세계 1위, 코스피는 세계 4위를 기록했다.

하지만 이런 급등장을 살아생전 몇 번 만나지 못할 것이라고 전문가들은 말한다. 2020년과 2021년 투자전략을 다시 짜야 하며, 주식투자를 위한 학습이 필요한 이유다.

> Comment 조혜진 이사(NH투자증권 Premier Blue 강남센터)의 조언

스스로 판단하는 힘

❶ 첫 투자에 큰 만족 없었어도

주식을 도박이라고 생각했지만 그 틀을 깨고 투자를 시작한 것은 좋은 선택입니다. 용기를 내 주식 투자를 시작하고 수익을 올린 것은 출발로는 괜찮다고 봅니다. 은행주에 투자하여 큰 수익을 보지 못했는데도 그 원인에 대해 공부하고 분석하여 침착하게 대응하고 자신만의 투자 스타일을 찾아갔다는 점은 정말 칭찬하고 싶습니다.

❷ 실적과 성장가능성 확인은 투자의 기본

이후 학습을 통해 주식 투자의 기본인 실적과 성장가능성에 근거한 투자는 그 중요성을 아무리 강조해도 지나치지 않은 것 같습니다.
그런 원칙에 기반한 투자를 했기 때문에 아마도 탁월한 수익률을 올릴 수 있었다고 생각합니다.
주가는 실적의 거울과 같습니다. 단기적으로는 다양한 외부 요인에 영향을 받겠지만, 결국 실적과 궤를 같이해 움직이는 게 주가입니다. 앞으로도 특정 종목에 대해 투자할 때는 해당 기업의 실적 전망치가 어떻게 변화하는지에 주의를 기울일 필요가 있습니다.

❸ 착각은 금물

그러나 최근 몇 달간 이어진 상승은 우리가 생을 마감할 때까지 몇 번이나 마주할 수 있을까 할 정도로 드문 기회의 시간이었습니다.
그렇기에 주식 투자가 생각보다 어렵지 않다는 착각을 할 수 있는 충분한 오해의 시기이기도 했습니다. 즉 높은 수익률의 대부분은 실력보다는 달리는 말에 올라탄 용기의 결과라고 할 수 있습니다. 상승장이었기 때문에 좋은 수익률이 가능했다는 걸 스스로 자각하고 경계한 자세 또한 칭찬하고 싶습니다.

❹ 거만해지지 않는 자세

사람은 내가 듣고 싶은 이야기만 들으려 하는 성향이 있습니다. 2008년 고점에서 주식을 투자했던 사람은 본인이 듣고 싶었던 '상승장이 더 남았다'라는 이야기에 귀를 기울였을 것입니다. 즉, 미리 판단하고 정보를 모으면 안된다는 의미입니다. 판단하는 과정은 다양한 정보를 습득한 후에 이루어져야 합니다. 증권사 보고서와 책, 유튜브 강좌 등으로 정보를 얻는 수단의 영역을 넓혀가는 것이 오만에 빠지지 않는 방법일 수 있습니다.

❺ 양날의 검, 전문가의 조언

전문가들은 한결같은 목소리를 내진 않습니다. 더구나 최근에는 미디어를 통해 너무나도 많은 정보를 접하게 됩니다. 혹자는 '요즘 온라인 환경은 마치 물 많은 바다에 마실 물이 없는 느낌이다'라고까지 표현하기도 합니다.
그렇기에 전문가들의 조언을 듣고 그 조언을 참고해 내 자산을 지킬 수 있는 나만의 혜안을 갖추는 노력이 필요한 때입니다.
주식시장에서 오랜 기간 두드러진 성과를 낸 주식 고수들이 공통적으로 하는 얘기가 있습니다. 바로 자신만의 투자 원칙을 확립하라는 것입니다.
그래야만 주식시장이 급락하거나 급등할 때 흔들리지 않고 대응할 수 있다는 얘깁니다. 전문가들의 조언을 경청하되 그것에만 매몰되지 않도록 해야 합니다.

>
> 정보를 얻는 수단의 영역을 넓혀가는 것이 오만에 빠지지 않는 방법일 수 있습니다
>

CASE *Type4*

개미는 뚠뚠 새싹형

: 아직 갈 길이 멀지만 건강한 희망의 싹이 보이는 초보 개미 투자자를 위하여.

Character

1.
일반적 특징
시장의 큰 흐름에 따라 투자해온 파도타기형.

2.
정보 획득 과정
산업 뉴스나 기업 정보 등 다양한 시장 정보를 접한다.
전문가의 말을 특히 신뢰한다.

3.
가까운 미래엔?
안정적인 수익률을 거둘 수 있다.

A는 남들보다 사회 진출이 빨랐다. 2019년 9월, 만 스물셋에 회사에 입사했다. 당시 코스피지수는 2000선 초반에서 횡보하면서 약 1년간 '박스피'로 불리는 지루한 장세를 연출하고 있었다.

증권 관련 업무를 하면서 여의도의 전문가들을 만날 기회도 생겼다. 그 과정에서 A는 생전 처음 들어보는 기업을 접하게 됐다. 바이오 기업(메지온), 해운사(KSS해운), 5G부품주(서진시스템) 등 애널리스트나 매니저들마다 톱픽으로 꼽는 종목이 다양했다. 개중에는 에쓰오일, 현대차 등 대형주도 있었다.

아직 월급도 받기 전이었기에 A는 대학생 때 모아둔 돈 중 일부를 떼어 그들이 추천한 종목에 조금씩 투자하기 시작했다. 6개월 뒤 주식을 팔아 지중해 여행 비용에 보탤 생각이었다. 전문가의 말은 믿을 만하다는 '팔랑귀' 심리도 있었다. 선배들의 입김도 A의 포트폴리오에 영향을 미쳤다. "신문에 나온 종목들에 투자해 봐" "내가 네 나이면 10년 동안 꾸준히 삼성전자만 사모을 거다"라는 말을 들었다. 월급을 받기 시작한 뒤에는 매달 삼성전자 주식을 20만~30만원어치 사들였다. 주식형 펀드에도 적립식으로 투자했다. 파란불이 켜질 때도 있고 빨간불이 켜질 때도 있었지만 원금이 많지 않았기에 심리적 타격은 크지 않았다. 남은 월급은 CMA 통장에 모셔(?)뒀다.

기준 없이 흔들리는 새싹 투자자

2020년 2월 초 하나은행이 출시한 연 5%짜리 특판 적금이 실시간 검색어 1위에 오를 정도로 대란을 일으켰다. 월 30만원 한도로 1년을 넣으면 원금 360만원에 약 8만원의 이자가 붙는 상품이었다.

당시 A가 보유하고 있던 삼양식품은 투자 두 달여 만에 15%가 넘는 수익률을 기록했다. 평가차익이 10만원을 넘었다. A는 저금리 시대에 왜 주식에 투자해야 하는지를 절감했다. 이때를 기점으로 A는 포트폴리오에서 주식 비중을 급격히 늘리기 시작했다. 적립식으로 매수하던 공모펀드 수수료가 생각보다 높다고 느꼈다. 대신 삼성전자를 더 샀다.

얼마 지나지 않아 코로나19가 증시를 덮쳤다. A의 계좌는 파란색으로 뒤덮였다. 당시 증권가에서는 증시가 곧 회복될 것이라고 보는 시각이 많았다. A는 주식을 더 사지도, 팔지도 않고 지켜보기로 했다.

손절보다는 '존버'다

나름의 기준 없이 어디선가 듣고 매수한 종목들은 증시가 반등할 때 계좌 수익률을 갉아먹기 시작했다. 정제마진 상승을 예상하고 매수했던 에쓰오일은 유가가 곤두박질치며 −60%를 찍었다. 메지온, 서진시스템 등도 매입 단가를 회복하지 못했다. 바이오 배터리 인터넷 게임 등 BBIG만 훨훨 나는 모습을 보며 A는 속이 쓰렸다. 갈림길에 선 A. 수많은 갈등 끝에 손절보다는 '존버'를 택했다. 몇 달 뒤 메지온이 이틀 연속 10% 넘게 급등했다. 고민할 것도 없었다. 매입단가보다 높은 가격에 거래되자 곧장 팔아버렸다. 손실을 보지 않았다. 서진시스템은 약 6개월이 지나서야 매입단가를 회복하고 현재 30%대 수익률을 기록 중이다. 에쓰오일은 1년 반 만인 지금에야 플러스 전환됐다. 에쓰오일은 기대수익률인 10%를 넘기면 매도할 생각이다.

새싹에서 나무로 성장하기

빚투를 한 것도 아니고 결과적으로 손절한 종목은 없었기 때문에 실패라고 보기는 어렵지만 이를 계기로 '잃어도 내 판단에 의해 잃는 것이 낫다'는 생각을 했다. 코로나19 폭락장 이후에는 적어도 본인이 들어봤거나 그 회사 제품을 사용해 본 기업에만 투자하기로 마음먹었다. 삼성전자, 현대차, 카카오, CJ제일제당 등이 A씨의 포트폴리오에 추가된 배경이다. 코로나19가 극심해져 이동 자체가 제한되자 여행 자금용으로 개설했던 자유적금 통장을 깨 주식에 더 투자했다.

증시에서 '포스트 코로나 주도주'가 떠오르자 A씨는 해외시장으로 눈을 돌렸다. 줌비디오, 펠로톤, 메르카도리브레, 플러그파워 등 매력적인 종목들이 있었지만 해외 기업의 개별 주식을 샀다가 또 한 번 낭패를 볼까 봐 걱정이었다. A씨가 선택한 것은 테마형 ETF다. 종목을 고를 바에는 테마를 통째로 사는 게 마음 편하다는 말을 들었기 때문이다. 투자원금이 많지 않기 때문에 해외주식 양도소득세 면제 범위인 250만원도 A씨에겐 충분했다.

미래를 향한 적립식 투자

중남미의 아마존 메르카도리브레 대신 플랫폼 기업을 담는 ETF인 PLAT, 테슬라 대신 전기차 ETF인 LIT에, 수소기업 플러그파워 대신 친환경ETF인 ICLN에, 각종 신생 IT기업 대신 ARKK와 SPAK에 투자했다. 주가 상승률이 개별 종목만은 못하지만 당장 큰돈이 필요한 시기가 아니라서 계속 적립식으로 매수할 생각이다. 퇴직연금도 S&P500과 나스닥지수를 추종하는 국내 상장 ETF에 나눠 담았다.

A의 수익률은 현재 30%. 역대급 증시 덕에 1년 남짓의 투자 경력치고는 높은 성과를 거뒀다. 물론 실현 수익률은 아니다. 진단키트 관련주나 테슬라 등에 투자한 사람들에 비하면 저조한 수익률일 수 있다. 하지만 시간이 곧 돈

개미는 뚠뚠 새싹형은…

자라나고 있는 새싹이라면 아무래도 겁이 많고 안전성을 선호하게 된다. 분산 투자를 통해 리스크는 낮추면서 시장의 트렌드를 따라가기 위해 열심히 동분서주한다. 조금씩 투자금을 늘리고 있지만 노후를 위한 적립식의 성격이 강해 무리한 투자는 잘 피해다니는 초보 주식 투자자다.

용어설명 ETF

ETF(Exchange Traded Fund)는 인덱스펀드를 거래소에 상장시켜 투자자들이 주식처럼 거래할 수 있도록 만든 상품이다. 투자자들이 개별 주식을 고르는 수고를 하지 않아도 되는 펀드투자의 장점과, 시장에서 원하는 가격에서 매매할 수 있는 주식투자의 장점을 동시에 지녔다.

성장 이어가는 ETF시장

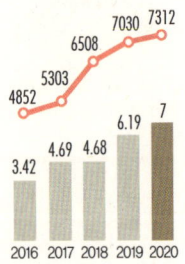

단위 : 개, 조달러
— ETF개수 ■ 순자산

연도	ETF개수	순자산
2016	4852	3.42
2017	5303	4.69
2018	6508	4.68
2019	7030	6.19
2020	7312	7

*2020년은 8월 말 기준.
자료 : ETFGI

코로나19 시대에 주목받은 주요 ETF

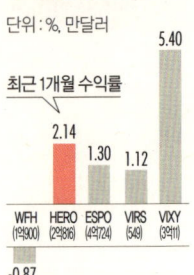

단위 : %, 만달러
최근 1개월 수익률

ETF	수익률
WFH (1억900)	-0.87
HERO (2억816)	2.14
ESPO (4억724)	1.30
VIRS (548)	1.12
VIXY (3억1)	5.40

*()은 순자산
자료 : ETF닷컴

이 된다는 믿음으로 A씨는 계속 주식에 투자할 생각이다. 그사이 하나은행 5% 특판 적금이 만기가 됐다. 실탄을 장착한 A씨는 또다시 삼성전자와 지수추종 ETF, 해외 테마 ETF에 투자할 예정이다.

초보 개미투자자 중에는 공모주 투자로 주식 세계에 입문한 이들도 있다. 31세 공무원인 B가 그렇다. 그는 주식의 '주'자도 모르는 상태에서 친구 권유로 주식을 시작했다. 2020년 기업공개(IPO) 시장 대어(大魚)로 꼽히던 빅히트엔터테인먼트가 그의 첫 투자처였다. B는 결혼과 노후 대비를 위해 재테크에 관심을 갖게 됐으나 주식보다는 부동산 투자를 염두에 두고 있었다. 하지만 정부의 부동산 규제가 강화되면서 내 집을 마련할 타이밍을 놓치고 말았다.

B는 "부동산을 이용한 재테크가 막힌 상황에서 은행 이자의 5~10배 정도만이라도 벌고 싶은 마음에 주식 투자를 시작하게 됐다"고 말했다. B는 주식 관련 지식이 없었지만 평소 좋아하던 방탄소년단(BTS) 소속사인 빅히트엔터테인먼트의 상장 소식에는 관심을 기울이고 있었다. 그러던 중 친구의 "BTS 명성을 믿어라" "빅히트가 상장하면 '빅히트'를 칠 것"이라는 말에 솔깃해 팬심으로 투자를 결심하게 된다.

B는 투자를 결심한 이후 오히려 빅히트엔터테인먼트라는 기업에 더 관심이 생겼다. 2019년 실적도 영업이익 987억원, 순이익 724억원을 달성한 성장 기업임을 알 수 있었다. 빅히트엔터테인먼트의 2019년 영업이익은 YG(20억원) SM(404억원) JYP(435억원) 등 3대 연예기획사의 영업이익을 합산한 수치(약 859억원)보다도 많았다. 글로벌 1위 아티스트인 BTS의 가치와 위버스(팬 커뮤니티 플랫폼)를 통한 온라인 콘텐츠 매출 증가 덕분이었다.

B는 2020년 SK바이오팜과 카카오게임즈의 공모주 청약 흥행을 눈여겨보고 있었다. 빅히트엔터테인먼트도 주식을 배정받기만 하면 SK바이오팜과 카카오게임즈에 이어 '따상'(시초가가 공모가의 두 배로 결정된 후 상장 첫날 상한가를 기록하는 것)의 주인공이 될 수 있을 것이라는 기대 때문이다. 수익률에 대한 부푼 기대를 안고 B는 2020년 10월 5일 공모주 청약을 앞두고 '영끌(영혼까지 끌어모으기)'해 4500만원을 마련하고 마이너스통장을 개설, 5000만원을 만들어 1억원을 증거금으로 넣었다. 치열한 경쟁률 때문에 1억원으로도 주식 2주를 겨우 손에 넣을 수 있었다.

빅히트엔터테인먼트는 B의 기대처럼 상장 첫날 따상을 기록하며 35만1000원까지 치솟았다. 하지만 이내 차익 실현 매물이 쏟아지며 시초가(27만원) 밑에서 거래를 마쳤다. 다행히 B는 따상 시점에 직감적으로 매도 주문을 걸었다. 타이밍을 알고 매도한 것이 아니라 순전히 운이었다. 어찌됐든 40여만원을 벌 수 있었다. 팔고 난 이후 B씨는 혹시 더 오르지 않을까 걱정했으나, 기대와 달리 주식이 상장된 이후 한나절이 채 되지 않아 반토막 나기 시작해 상장 3일 만에 주가가 20만원대 아래로 추락했다.

B는 "주식 투자에 대한 이해 없이 투자를 시작했지만 손해보지 않고 40여만원을 벌었다는 사실이 뿌듯하다"고 말했다.

Comment 박상호 연구원(NH투자증권 자산관리전략부)의 조언

저금리 시대, 왜 주식 투자를 해야 할까?

❶ 주식은 선택 아닌 필수
당분간 저금리는 지속될 가능성이 높습니다. 구조적으로 저금리 환경이 형성된 것일 수도 있고, 코로나19로 경기 회복을 위한 통화정책 때문에 저금리 환경이 유지될 수 있습니다.

저금리 시대에는 실질금리가 (+)인지, (-)인지를 점검해 봐야 합니다. 예를 들어 은행에 100만원을 예금하고, 1년 뒤 102만원을 받았습니다. 2만원의 이자를 받았으니, 명목상 받은 금리는 2%입니다.

하지만 같은 기간 물가가 3% 뛰었다면 우리 주머니에 떨어지는 실질금리(명목금리-물가 상승률)는 -1%입니다. 지금 우리가 살고 있는 시대가 어떤 상황인지 점검해볼 필요가 있습니다. 실질금리가 마이너스를 기록한다면 현금 보유, 예금보다는 다른 재테크 수단을 고민해야 합니다. 그렇기 때문에 저금리 시대에 주식, 부동산 등 투자 활동이 활발해집니다.

❷ 자금 용도를 구분하자
투자하기 전에 반드시 유의할 내용도 있습니다. 이 자금이 '어떤 용도로 사용되는 것인가'입니다. '여유 자금'인지 아니면 용도가 분명한 '목적 자금'인지, 자금의 용도를 분명히 하고, 그에 맞게 전략을 세우는 것이 중요합니다. 즉, 자신의 상황과 투자 성향 등을 고려해서 포트폴리오를 구성하는 것이 저금리 시대에 맞는 투자전략이라고 생각됩니다. 그런 차원에서 저금리 시대일수록 분산투자를 통해 다양한 자산에서 발생할 수 있는 투자 기회를 확보하는 것이 좋은 전략이라고 생각합니다.

자산 간의 상관관계를 보완해주면서 투자하는 것이 좋은 투자 방법 중 하나라고 생각합니다

❸ 포트폴리오 투자
자산에 대한 분산투자, 즉 포트폴리오를 구성하라는 이야기입니다. 변동성이 큰 주식과 상관관계가 낮은 채권, 금 등의 자산으로 분산투자하는 것입니다. 우리나라 국민연금이나 해외 공적 연기금도 포트폴리오를 통해서 자산관리 전략을 세우고 투자하고 있습니다. 극심한 금융위기가 오면 주식, 채권, 금이 동반 하락하기도 합니다. 하지만 위기에 발생하는 일시적인 현상이 대부분이었습니다. 금융시장이 정상화되면 주식, 채권, 금 등 자산은 서로 다른 방향으로 움직이는 경향이 있습니다. 우리는 개별 자산의 방향성을 정확하게 예측할 수 없습니다. 따라서 자산 간의 상관관계를 보완해주면서 투자하는 것이 좋은 투자 방법 중 하나라고 생각합니다.

❹ 해외 ETF
요즘은 해외 ETF(펀드를 거래소에 상장해 투자자들이 주식처럼 편리하게 거래할 수 있도록 만든 상품)를 통해 채권, 금뿐만 아니라 특정 테마에 집중 투자하는 테마 ETF, 자산배분 ETF, 배당 관련 ETF 등 다양한 자산에 쉽게 투자할 수 있습니다. ETF는 투자자들이 개별 주식을 고르는 데 수고하지 않아도 되는 펀드 투자의 장점과 언제든지 시장에서 원하는 가격에 매매할 수 있는 주식 투자의 장점을 모두 가지고 있는 상품으로 최근 주목받고 있습니다.

해외 ETF는 특히 새롭게 성장하는 산업에 투자할 때 유용합니다. 자율주행차, 전기차, 신재생에너지 등과 같이 산업 자체의 성장 가능성이 높은 것은 명확한데, 그중에서 어떤 기업이 유망한지 불분명할 때 ETF가 좋은 투자 대안이 될 수 있습니다.

CASE *Type 5*

모든 걸 수집하는 콜렉터형

: 바구니에 계란만 수십 개인 '콜렉터형'은
생각보다 낮은 수익률이 아쉽다.

Character

1.
일반적 특징
너무 많은 것에 관심을
두고 있어 깊이가
부족하다.

2.
정보 획득 과정
특별히 투자 공부를
한다기보다 다양한
종목과 상품들을
모니터링하며 정보를
얻는 것에 가깝다.

3.
가까운 미래엔?
큰 손실을 보지 않은
것에 쉽게 만족한다.

30대 후반 직장인 H는 작년 초까지만 해도 주식 투자에 회의적이었다. 2018년부터 2019년까지 1000만원을 넘지 않는 범위에서 투자했지만 수익률이 신통치 않았다. 그래서 대부분의 투자금을 빼냈다. 그래도 시장에 대한 관심의 끈을 놓지 않기 위해 소액은 남겨뒀다. 작년 3월 초 주식 잔액은 100만원까지 떨어졌다. 코로나19 팬데믹으로 펼쳐진 급락장이 오자 생각이 달라졌다. 주가가 폭락하자 '지나치기 힘든 기회'라는 생각이 들었다. 평소 성격대로 3월 중순부터 주식 매수액을 차츰 늘렸다. 주식 잔액은 3월 말 350만원, 5월 500만원, 8월엔 1000만원을 넘어섰다. 이 기간 대부분 종목의 주가가 오르며 150만원 정도 수익을 냈다.
10월에 개인 사정으로 주식 잔액을 1000만원에서 700만원 정도로 잠시 줄였다. 11월부터 다시 투자액을 늘려갔다. 작년 말 1200만원, 올 2월 초에는 1700만원을 넘어섰다. 이 기간에도 240만원가량 수익을 냈다.

대형주와 ETF 위주의 분산투자
H의 투자원칙은 대형주와 상장지수펀드(ETF)를 위주로 최대한 많은 종목에 분산투자한다는 것이다. 평소 눈여겨보거나 보유하고 있는 종목 주가가 내리면 조금씩 분할 매수하고, 오르면 분할 매도하는 전략을 택했다. 장기·분산 투자의 단점을 기계적인 단타성 거

래로 보완하는 나름의 전략이었다.
매수한 종목을 알아보자. H가 보유한 종목은 50개에 달한다. 시드머니가 적다는 점을 고려해 주가가 10만원 이하인 싼 주식을 주로 사들였다. 작년 초부터 꾸준히 비중을 늘려온 베트남 ETF가 전체 주식 잔액의 10%로 가장 많다. 베트남을 비롯한 해외 비중이 전체의 절반을 조금 넘는다. 해외 주식은 모두 국내 상장 ETF로 투자했다. 베트남, 인도, 미국 나스닥·바이오·S&P500, 중국 전기차·바이오 등 ETF를 보유하고 있다.

국내에서는 개별 주식과 테마형 ETF 투자를 병행하고 있다. ETF는 소프트웨어와 반도체, 2차전지, 바이오, 미디어·엔터, 자동차, 5G, 은행 등을 시장 상황에 따라 비중을 조절해 가며 담고 있다. 나름의 확실한 원칙이 있었다. 해당 산업 생태계가 함께 커가는 성장산업이면서 대표 종목의 주당 가격이 비싼 경우엔 개별 종목보다 ETF 투자가 더 적절하다고 판단했다.

단타성 거래로 보완하는 장기·분산 투자?

현재 2차전지와 바이오는 상당부분 이익을 실현한 만큼 비중이 줄었다. 반면 5G와 은행은 상대적으로 저평가됐다는 판단에 따라 주식을 계속 추가 매입하고 있다.

개별 주식은 한진, 삼성전자, SK하이닉스, 맥쿼리인프라, 제주항공, 교보증권, 한화솔루션 등을 주로 담고 있다. 최근 기아차를 새로 담았다. 팬오션, SK, 만도 등은 20~30%가량 이익을 본 뒤 정리했다.

손실을 보고 정리한 종목도 있다. 하나투어, 에스엠, CJ CGV 등이다. 코로나19 초기 단기 반등을 예상하고 매수했지만 사태가 장기화되면서 주가가 쉽게 올라오지 않았다. 평균 20%가량 손해를 보면서 손절을 택했다.

하락장에 대비한 헤지용 종목도 일부 들고 있다. 미국채10년선물과 달러단기채, 골드선물, 국고채 ETF를 전체 자산의 15% 비중으로 편입해놨다. 미 국채가격과 환율이 지난해부터 계속 하락하면서 이런 헤지용 종목에서는 10%가량 평가손실을 보고 있다.

지금은 한국 개별 주식과 ETF 매매로 실현한 수익을 장기적으로 해외 ETF로 옮기는 작업을 하고 있다. 미국 S&P500과 베트남, 인도 ETF 비중을 꾸준히 높여나갈 계획이다. 해외 테마형 ETF에 대한 투자도 고려하고 있다. 모빌리티·바이오·클라우드·ESG(환경·사회·지배구조) 등은 중장기적으로 시장을 초과하는 수익을 낼 수 있는 핵심 테마가 될 것이란 판단에서다.

아쉬운 수익률이 문제

얼핏 보면 안정적인 포트폴리오를 구축하는 데 성공했지만 아쉬운 점도 있다. 투자액이 크지 않은 상황에서 지나치게 많은 종목을 편입하는 백화점식 투자를 하다 보니 수익률이 신통치 않다는 것이다. 작년 3월부터 올해 1월까지 H가 주식 투자로 벌어들인 수익은 390만원 남짓이다. H가 같은 기간 평균 1000만원가량 투자했음을 고려하면 수익률은 39% 정도가 된다. 이 기간에 코스피지수는 48.6% 올랐다. H는 '만약 코스피지수를 추종하는 KODEX200 ETF에 모든 투자금을 넣었다면 수익률은 49.8%가 됐을 텐데'라는 생각을 지울 수 없다.

수익률이 시장 평균보다도 낮게 나온 건 서로 다른 방향성을 가진 여러 투자 자산을 한 바구니에 담았기 때문이다. H는 국내 개별 주식과 2차전지·소프트웨어·바이오 등 ETF 투자로 평균 50%가 넘는 수익을 냈다. 하지만 증시 하락에 대비(헤지)하기 위해 헤지용으로 사들인 미국채 10년 선물과 달러단기채 등 ETF 투자에서는 10%가량 손실을 냈다. 이렇게 해봐야 투자수익률이 코스피지수를 밑도는 상황에서는 차라리 코스피200 ETF나 주식형펀드에

모든 걸 수집하는 콜렉터형은…

자신은 장기·분산투자를 하고 있다고 생각하지만 기계적인 단타성 거래를 과도하게 한 나머지 '주식 수집꾼'이 되어버렸다. 소액투자를 할 때는 위험을 감수하면서 큰 수익을 노려야하는데 평이한 투자 라이프를 원하는 콜렉터형은 과감한 투자를 피해가므로, 아쉬운 수익률을 기록하는 경우가 종종 있다.

용어설명 HEDGE

헤지(hedge)는 현물가격 변동의 위험을 선물가격변동으로 제거한다. '위험회피' 또는 '위험분산'이라고도 한다. 예를 들어 TIGER미국채10년선물 ETF와 코스피지수의 지난 3년간 수익률을 살펴보면 미국채 수익률과 코스피지수 간 역(逆)의 관계가 있음을 알 수 있다. H는 코스피 하락장에 대비해 헤지용 종목인 미국채10년선물과 달러단기채, 골드선물, 국고채 ETF를 보유하고 있는 것이다.

CASE Type5

H씨 백화점식 투자 포트폴리오

국내 개별주식

삼성전자 SK하이닉스
한진 맥쿼리인프라
제주항공 교보증권
한화솔루션 기아차 만도
팬오션 한국금융지주
미래에셋대우2우B
한화3우B

국내 ETF

KODEX반도체
KODEX은행
KODEX자동차
TIGER소프트웨어
TIGER미디어컨텐츠
KODEX바이오
TIGER2차전지테마
KBSTARFn5G테크

해외투자 ETF

TIGER차이나전기차
SOLACTIVE TIGER차이나
바이오테크SOLACTIVE
KOSEF인도Nifty50(합성)
KINDEX베트남VN30(합성)
KODEX미국S&P에너지(합성)
KODEX미국S&P바이오(합성)
TIGER미국나스닥100
TIGER미국S&P500

해외투자 ETF

TIGER미국달러단기채권액티브
TIGER미국채10년선물
KODEX국고채3년
TIGER골드선물(H)
KODEXWTI원유선물(H)
TIGER원유선물 Enhanced(H)

"다음에는 무슨 주식을 살까?"

넣는 것이 더 나았을 것이란 후회도 하고 있다. 하지만 어쩌겠는가 투자는 자신의 스타일대로 하는 것을.

인버스에 베팅한 2030세대 '앗 뜨거'

헤지용 자산으로 미국채나 달러 ETF를 택한 H는 그래도 양반이다. 그와 동년배인 상당수 밀레니얼세대(2030세대)는 헤지용 자산으로 KODEX200선물인버스2X ETF를 택했다. 인버스 ETF는 코스피200선물지수의 반대 방향 수익률을 따라가게 설계된 상품이다. 즉 코스피지수가 하락할수록 이익이 더 커지도록 설계됐다. 상품명에 붙어 있는 '곱하기(2X)'는 레버리지(대출)를 사용해 지수 움직임을 두 배 추종한다는 것을 말한다. 그래서 KODEX200선물인버스2X ETF는 '곱버스(곱하기+인버스)'라고도 불린다.

만약 지수가 1% 하락하면 곱버스는 반대 방향으로 두 배로 따라가기 때문에 2% 상승한다. 반대로 지수가 1% 오르면 곱버스는 2% 하락한다. 증시가 꾸준히 상승할 경우 손실이 눈덩이처럼 커질 수 있는 구조인 셈이다.

미래에셋대우 NH투자증권 삼성증권 KB증권 신한금융투자 등 국내 주요 증권사가 고객 주식계좌를 연령별로 분석한 결과를 보면 곱버스는 주로 20대와 30대가 사들였다. 모험심 많은 세대답게, 그동안 증시가 급상승한 만큼 곧 하락장이 찾아올 것을 염두에 두고 과감히 베팅했다. 물론 최악의 수익률로 금전적, 심적 상처를 받았겠지만.

70세 이상 고령 투자자(실버개미)들은 인버스보다는 삼성전자와 현대차 기아차 LG전자 KODEX레버리지 등을 주로 사들였다. 증시가 대형주 위주로 상승 랠리를 계속 펼칠 것으로 내다봤기 때문이다.

이런 차이는 세대별 수익률 격차로 이어졌다. 국내 한 대형 증권사가 작년 10월부터 올해 1월까지 주식 거래 내역이 있는 고객 계좌(약 137만 개)의 연령별 수익률을 분석한 결과를 보면 70대 이상 고객 계좌의 수익률은 14.31%로 전 연령대를 통틀어 가장 높았다.

수익률은 연령대가 높을수록 상승하는 경향을 보였다. 60대 수익률이 13.08%였고 이어 50대(11.74%), 40대(10.04%) 순이었다. 30대(9.14%)와 20대(8.88%)는 수익률이 10%에도 미치지 못했다. 이들 역시 삼성전자 등 대형주 투자로 수익을 냈지만 높은 곱버스 편입 비중이 수익률을 상당부분 깎아먹은 것이다. 2030세대가 주로 매수한 곱버스는 이 기간 45.83% 떨어졌다.

> Comment   조혜진 이사(NH투자증권 Premier Blue 강남센터)의 조언

소액투자는 '하이리스크 하이리턴'

❶ 투자목표의 우선순위를 정하라

먼저 투자목표에 대한 우선순위를 정해야 합니다. 투자수익 극대화인지 분산투자를 통한 안정적인 투자수익인지. 분산투자는 잃지 않는 투자의 기본으로 자산이 많은 사람에게 인플레이션을 헤지하는 수준에서 자산을 안전하게 지키는 것을 목표로 하는 투자방법입니다.

성장주에 이만한 밸류에이션을 부여하는 게 적절한지를 판단하려면 거시경제를 제대로 이해해야 합니다

❷ 소액투자시 '하이리스크 하이리턴'의 집중 투자

소액투자는 좀 다릅니다. '하이리스크 하이리턴' 투자로 상승 가능성이 있는 섹터 및 종목에 집중 투자해야 합니다. 집중 투자를 하기 위해서는 소문과 카더라 통신으로 얻는 정보가 아니라 세상의 변화를 읽고 직접 고민하고 해답을 찾은 지식으로 무장하는 것이 필수입니다. 지식의 힘은 개별 종목 이슈가 아니라 외부 영향으로 주가가 떨어질 때, 즉 남들이 '공포'에 떨 때 저점매수를 할 수 있는 용기의 원천이 되기도 합니다.

눈덩이가 커져야 속도가 빨라지고 그 힘도 커진다는 '스노볼이펙트'의 의미처럼 투자 성과는 투자원금이 결정적인 역할을 하기도 합니다. 그래서 적정한 투자원금을 마련하기 위해서는 본연의 일에 충실하면서 동시에 세상의 조그마한 변화에도 관심을 두고 그 변화를 읽는 혜안을 갖추는 시간을 충분히 갖기를 추천합니다.

❸ 변화를 읽어라

변화하는 세상에서 투자 종목을 선정하는 방법을 알아보겠습니다. 최근 아크인베스트에서 2021년 3월 항공우주 관련 ARKX(ARK Space Exploration ETF)를 출시한다는 뉴스를 접했습니다. '이제는 세상의 관심이 우주로 옮겨가고 있구나' 생각하게 될 즈음 우연히 조지 클루니 감독 주연의 영화 '미드나이트 스카이'를 보게 됐습니다. 영화의 내용은 2049년 환경 오염으로 더 이상 살 수 없는 지구는 인류의 보금자리가 될 곳을 찾으러 우주선을 보냈고, 탐사 도중 우주선이 얼음덩어리와 충돌해 일부가 파괴됐을 때 이를 복구하는 것이 바로 3D프린터였습니다. 우주에서도 쓰였다면 이제는 우리의 세상에서 얼마나 많은 영역에서 3D프린터가 사용될까 하는 상상을 해봤습니다. ARKX에 편입될 만한 3D프린터 기업을 심도 있게 분석한다면 성장 가능성에 대한 집중 투자가 가능할 것 같습니다.

❹ 저금리 기조 유지될 것, 본격적이 투자 시대다

주가가 다른 자산에 비해 얼마나 고평가돼 있는지는 무엇을 보고 확인할 수 있을까요. 주식이라는 위험을 감수해도 되는 시기인지, 성장주에 이만한 밸류에이션을 부여하는 게 적절한지를 판단하려면 거시경제를 제대로 이해해야 한다고 전문가들은 조언합니다.

가장 중요한 것은 금리입니다. 금리가 낮으면 은행에서 돈을 빌리기 쉬워지기 때문에 시중에 유동성이 풀리고, 주식이나 부동산 등의 자산 가치는 올라갑니다. 제롬 파월 미국 중앙은행(Fed) 의장이 '주가 수준에 대해 어떻게 생각하느냐'는 질문에 "주가 등 자산 가격이 급등했지만, 저금리 기조를 고려했을 때 위험한 상황은 아니다"고 답한 배경입니다. 지난해 성장주들이 가치주에 비해 높은 주가수익비율(PER)을 인정받을 수 있었던 것도 금리가 낮았기 때문에 가능했습니다.

CASE *Type6*

방구석 매니저형

∶ 소문투자형 · 몰빵형에서 안전투자형 · 분산투자형으로.

Character

1.
일반적 특징
열심히 공부하지만, 그렇게 모은 정보들은 간혹 자신을 합리화하기 위한 눈속임용으로 활용될 때가 있다.

2.
정보 획득 과정
말 그대로 '방구석'에서 웹을 통해 해외 정보에 많은 관심을 기울인다.

3.
가까운 미래엔?
순간의 방심으로 변동성에 혹할 수 있다.

6년차 직장인 B는 2018년 주식에 발을 들였다. 비트코인에 기대를 걸었지만 버블 붕괴 후 주식이나 해보자는 생각을 했다. B는 투자자로서 자신을 '안전 추구형'으로 정의했다. 가장 안전한 회사를 찾다 발견한 주식은 지주사였다. 대기업이 망하지 않는 이상 지주사 주식도 크게 손해 볼 일은 없을 것이란 단순한 논리였다. 그중 롯데지주, GS 등 주가순자산비율(PBR)과 주가수익비율(PER)을 참고해 저렴해보이면서 주가는 '바닥권'에 있는 종목들을 찾았다. 이 대목에서 B가 간과한 사실이 하나 있다. 지주사 주식이 왜 싸게 거래되는지는 안중에 없었다.

하지만 얼마 못 가 안전 추구형에서 한참 떨어져 있는 자신을 발견했다. 지주사 주가가 몇 달간 바닥을 기자 숨어 있던 욕망이 고개를 내밀었다. "그래 가는 놈이 더 간다는데…." 그때부터 셀트리온, 넷마블 등 변동성 크고, PER 높은 종목들을 사들였다. 하지만 이런 종목들의 높은 변동성을 견디는 것은 쉽지 않았다.

안전 추구형에서 가치투자자로?

B는 투자한 지 1년이 지났을 무렵 자신을 다시 정의하기 시작했다. '가치투자자는 어떨까.' 그러다가 발견한 종목이 하림지주였다. PBR은 0.4배, 공모가 대비 반토막 난 주식. 여기에 서울 양재동 부지를 개발한다는 소문까지 들었

다. 이 소문이 결정적이었다. 하지만 가치투자는 자신을 합리화하기 위한 스스로의 눈속임이었다. 지주사는 사업회사와 중복 상장 때문에 주가가 할인된다는 사실도 당시엔 몰랐다. PBR 0.4배에 개발 호재까지…. 급등을 앞둔 가치주라고 착각했다.

하림지주 주식을 2000만원어치 샀다. 2019년 10월께 일이다. 개발 소문에 기댄 '무늬만 가치투자의 결과'는 처참했다. 얼마 후 개발이 어렵다는 뉴스가 나왔고 주가는 급락하기 시작했다. 공모가 대비 반토막이었는데 그로부터 주가는 훨씬 더 떨어졌다. 평균 매입 단가는 9000원. 2020년 초에는 7000원대로 내려갔다. 이어 코로나19까지 더해져 주가는 3000원대까지 내리꽂혔다. B는 선택의 기로에 섰다. 손절이냐, 낮은 가격에 사 매입 평균 단가를 낮출 것인가. 그는 물타기를 선택했다. 2000만원어치를 추가로 샀다. 매입단가는 6000원으로 떨어졌다. 이후 반등장에서 주가가 매입단가 수준까지 오르자 미련 없이 주식을 팔아버렸다. B는 깨달았다. '물빵하지 말라는 말은 괜히 나온 게 아니다. 바다 밑에 지하실이 있다'는 사실을.

하림지주로 뜨거운 맛을 본 뒤 B는 보수적 투자자로 바뀌었다. 작년 5월 SK텔레콤과 KT&G를 샀다. 바다이라고 하는 한국전력에도 돈을 태웠다. SK텔레콤과 KT&G는 두 달 후 10~20% 오르자 팔아버렸다. 한국전력은 아무리 바닥이라도 미래가 없다고 판단해 작년 8월께 15% 손해를 보고 손절했다. 전체 수익률은 10% 정도였다.

소문투자형의 결말

다른 주식을 보고 있자니 B는 속이 쓰렸다. 주가지수는 두 배 올랐고, 종목만 놓고 보면 세 배 뛴 종목도 많은데…. 그러다 오상헬스케어라는 비상장 주식이 2~3배 더 오를 것이라는 소문을 들었다. 그는 비상장주식 사이트를 뒤져 오상헬스케어에 들고 있던 1500만원을 몰빵했다. 연초 대비 이미 20배 올랐지만 더 간다는 말에 홀렸다. 4000원대 주가가 9만원대까지 오른 상태였다. 오상헬스케어는 코로나19 진단키트를 만드는 업체로 작년 상반기에 2000억원에 달하는 영업이익을 올렸다. 진단키드 대장주 씨젠과 맞먹는 규모였다. 하지만 시가총액은 4분의 1 수준이었다. 상장하면 씨젠 시가총액 대비 최소한 절반은 되니 주가도 20만원은 갈 수 있다는 논리에 꽂혔다.

9만원대에 산 주식은 한 달 새 10만5000원이 됐다. '역시 내 판단이 맞았어'라고 생각한 것도 순간, 작년 3분기 실적이 꺾이면서 주가는 급락했다. 9만원에 산 지 한 달 만에 주가는 6만원대로 내려앉았다. 손실이 어마어마했다. 소문 듣고 투자하면 안 된다는 사실을 다시 깨달았다.

분산투자의 시작

코로나19가 확산하면서 주가는 다시 9만원대로 올라왔다. 7% 손실을 보고 팔아버렸다. 그동안 벌었던 수익은 모두 까먹었다. 하지만 이 정도로 끝난 게 다행이었다. 현재 오상헬스케어는 2만원대까지 떨어져 있다. 손절 안 했다면 원금 1500만원이 300만원이 됐을 터이니. 그러던 중 한 선배를 만났다. 이 사람은 약 5000만원을 투자해 현재 계좌에 있는 돈이 1억2000만원을 넘는다고 했다. 3분의 1씩 미국, 중국, 한국 주식에 투자했고, 물타기를 절대 하지 않는다고 했다. 대신 성장할 것으로 예상되는 우량 종목을 팔지 않고 끝까지 들고가는 스타일이었다. 그의 계좌에는 테슬라가 수익률 1000%를 넘기고 있었고, LG화학과 삼성SDI도 수익률이 2~3배에 달했다. 알리바바, 텐센트도 300~400% 올라 있었다.

이때부터 B도 분산투자를 시작했다. 중국 주식에 절반을 넣었다. 중국 풍력1위 업체 금풍과기, 중국 1위 인쇄회로기판(PCB) 업체 선난써키트 등이다. 중국 1위 내비게이션업체 내브인포, 해저·통신 케이블 1위 강소중천테크놀

방구석 매니저형은…

좋은 정보들을 빠르게 접하지만 그 정보에 너무 많이 흔들린 나머지 손실을 보곤 하는, 전문가를 꿈꾸기엔 '너무 가벼운 당신형'이다. 시대에 따라 변하는 것은 필요하지만 어떤 원칙이나 기준 없이 투자하는 것에 대한 문제를 스스로 인지하고 있다. 안전성 있는 상품으로 투자 방향을 수정하려 노력한다.

주요 지주사 주가지표

단위: 배

종목	PER	PBR
삼성물산	19.1	0.76
SK	18.8	0.79
LG	8.6	0.69
GS	6.57	0.43
롯데지주	13.9	0.34
CJ	9.68	0.62
LS	10.8	0.58
한화	6.38	0.51
두산	-5.6	0.64
하림지주	10.85	0.36

*2021년 실적 기준. 주가는 2월 26일 기준
자료: 에프앤가이드

로지도 일부 샀다.
금풍과기, 선난써키트, 강소중천테크놀로지는 친환경 투자와 5G 투자가 이뤄질 경우 수혜를 볼 것이라고 판단했다. 여러 종목으로 분산한 덕분에 단기 등락에 휘둘리지 않을 수 있었다. 석 달이 지난 올해 2월 강소중천테크놀로지를 제외하고는 전부 수익을 내고 있다.

우주가 미래라던데
미국에서는 테슬라와 같은 종목을 찾았다. 제대로 된 종목을 찾아 죽을 때까지 보유해보자는 생각을 가졌다. 우주여행 업체 버진갤럭틱홀딩스를 찾았다. 자체 제작한 항공우주선으로 이미 우주에 두 번 갔다 왔지만 시가총액은 5조원 수준이었다. 실체가 불분명한 한국 바이오주도 시총이 5조원 하는데, 우주선까지 만든 기업이 5조원이면 살 만하다고 생각했다. 분할 매수할 생각으로 우선 600달러어치를 샀다. 미국 아크인베스트라는 유명 운용사가 우주 관련 ETF를 만든다고 발표하자 이 주식이 급등하기 시작했다. 버진갤럭틱 주가는 50달러가 넘었고, 2월 10일 현재 수익률은 139%를 기록하고 있다. 이 종목은 팔지 않고 계속 들고 있기로 했다.

이와 함께 미래에도 성장이 예상되지만 현재 주가가 낮은 종목을 찾고 있다. 현재 보잉과 일본 다케다제약을 조금씩 사고 있다. 국내 주식은 그동안 많이 오른 종목 위주로 투자하고 있다. 먹지 못하더라도 잃지 말자는 생각 때문이다. 면세점, 은행, 백화점 주식에 주로 투자하고 있다. 신세계, 호텔신라, 신한지주 등이 그의 계좌에 있다. 세 종목은 현재 20%의 수익률을 기록하고 있고, 여행이 재개될 것으로 예상되는 내년까지 보유할 계획이다.

그는 SM엔터테인먼트(에스엠)와 강원랜드도 추가로 매수했다. 두 업체 모두 코로나19로 직격탄을 맞은 곳이다. 거리두기가 완화되면 두

비상장주식 거래소

증권플러스 비상장
앱을 통해 5000여 개 종목 안전거래

38커뮤니케이션
가장 오래된 비상장 거래소, 직거래 방식

엔젤리그
비상장 주식 공동구매 사이트

K-OTC
일반주식처럼 거래 가능하나 종목수적음

서울거래소 비상장
일반거래와 안전거래 가능한 사이트

주식 종류에 따른 거래 방법

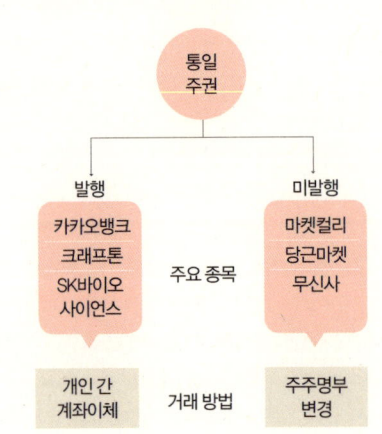

종목의 주가도 회복될 것이라는 믿음이 생겼다. 코로나19 백신 접종에 따라 기대감이 반영되면서 매수한 지 1주일 만에 5%의 수익률을 올리고 있다. 추후 지수가 조정받을 때마다 신세계, 강원랜드 등 콘택트주 비중을 더 확대할 계획이다. 신재생에너지 테마도 조정받을 때마다 분할해 사들일 계획이다. 눈여겨보는 종목은 SK디앤디다.

무엇보다 조급해하지 않으려고 노력하고 있다. 좋은 가격에 사야 장기투자도 가능하다는 뼈아픈 교훈을 얻은 결과다. 증권사 MTS에 관심종목을 여러 개 추가한 뒤 원하는 가격이 올 때까지 기다리고 있다. 중국 주식 중에서는 태양광 웨이퍼 글로벌 1위인 융기실리콘이 관심종목이다. 이 종목은 세계적인 탄소중립 정책이 발표되면서 최근 1년간 3배 이상 올랐다. 중국 대표 빅테크 기업인 텐센트, 중국 1위 생수업체 농푸스프링, 중국 최대 스포츠용품 매장 탑스포츠도 관심종목이다.

미국 포트폴리오에도 신재생에너지 관련주를 넣을 예정이다. 눈여겨보는 종목은 넥스트에라에너지와 린데. 특히 린데에 관심이 많다. 린데는 산업용 가스 회사지만 액화수소 분야에서 경쟁력이 가장 뛰어난 업체로 꼽힌다.

> Comment 박상호 연구원(NH투자증권 자산관리전략부)의 조언

시대에 맞는 투자 스타일과 원칙 확립할 것

❶ 우량주 투자가 심리적으로 안정적

자신의 투자 스타일을 찾으셨습니다. 투자를 처음 시작할 때는 운도 따를 수 있고, 시행착오를 많이 겪기도 합니다. 수익이 난다면, "어라? 돈 벌기 쉽네?"라고 생각하게 됩니다. 그리고 자신의 투자 성공 경험을 기반으로 소문 따라 주식을 매매한다거나, 혹은 바닥권에 있는 주식만 찾아다니게 됩니다. '초심자의 행운'이라는 말이 있습니다. 우리는 이 말을 항상 경계해야 합니다. 특히 주식시장에서는 시대에 맞는 투자 스타일이 있습니다. 그 스타일 내에서 자신의 투자 원칙을 확립하는 것이 중요합니다.

저금리, 저성장 시기에는 성장주(IT/소프트웨어//반도체/인터넷)가 주목받습니다. 경기 회복 시기에는 경기 민감주(소재/산업재)가 주목받습니다. 변동성이 확대되는 시기 혹은 자산에 대한 재평가 부분이 있을 때는 가치주가 주목받습니다. 현재 우리의 투자 시기는 어디에 있는지를 판단하기 위해서 끊임없이 공부하는 자세가 중요합니다.

❷ 해외 투자는 포트폴리오 수단 중 하나

B는 지인을 통해서 해외 투자에 입문했습니다. 실제로 미국, 중국, 유럽 등 해외 주식에 대한 문의가 많습니다. 해외 주식을 포트폴리오 중 하나의 자산으로 가져가야 합니다. 동시에 자산에 대한 분산투자도 강조하고 싶습니다.
지금도 많은 투자자들이 해외 투자와 분산투자를 꺼리고 있습니다. 금액, 환전, 세금, 수수료, 언어, 시차 등의 장벽으로 주저하는 모습을 많이 봤습니다. 그럼에도 불구하고 해외 주식 및 분산투자를 강조하는 이유는 크게 두 가지입

현재 우리의 투자 시기는 어디에 있는지를 판단하기 위해서 끊임없이 공부하는 자세가 중요합니다

니다.
우선 세계에는 다양한 투자 기회가 존재하기 때문입니다. 우리는 해외 브랜드를 사용하면서 해당 기업 매출에 기여하고 있습니다. 하지만 그 기업에 직접 투자, 즉 해외 주식에 투자해보겠냐고 하면 대부분 꺼립니다. 해외 기업이라 공부하기 어렵고 환전, 언어, 시차 등이 존재한다는 것입니다. 하지만 기업 공부에 관련해서 우리 스스로에게 질문을 해보고 싶습니다. "국내 종목도 충분히 공부하고 매수했을까? 누구의 이야기를 듣고 산 것은 아닐까? 해외 기업 공부를 시도 해 본 적은 있을까?"
환전 문제는 해외 투자 초창기보다 많이 개선됐습니다. 증권사마다 환전 관련 기능을 다양하게 제공하고 있습니다. 원화로 해외 주식 주문도 가능합니다.
세금에 대한 부분은 걱정될 수 있습니다. 양도차익 관련 세금 때문입니다. 당해연도 기간 내 해외 주식 양도가액(주식을 팔아 얻은 돈)에서 취득가액(주식을 살 때 낸 돈)과 필요경비(해외 주식 거래 수수료)를 뺀 매매 차익이 양도소득세 과세 대상입니다.
매년 250만원은 기본 공제됩니다. 양도소득세율은 지방세를 포함해 22%입니다. 이익에 대해 세금을 낸다는 것은 아까울 수 있겠으나, 소득이 있는 곳에 납세를 한다는 것은 국민의 의무가 아닐까 싶습니다.
해외 주식 투자를 통해 분산투자 효과를 가져올 수 있습니다. 현대 포트폴리오 이론의 창시자이자 노벨 경제학상 수상자인 마코위츠에 따르면 투자 대상의 수를 늘릴수록 포트폴리오의 위험은 감소합니다.

CASE Type 7

멘탈 관리 필요한 '존버'형

: 주식 투자의 시대에서 버티기로 마음먹었다. 하지만 끊임없이 흔들리는 멘탈이 문제.

Character

1.
일반적 특징
투자에 관심도 많고 부지런하지만 실속은 부족하다.

2.
정보 획득 유형
차트와 실적 중심으로 정보를 습득한다. 누군가 종목을 추천해도 스스로 검증하는 과정 없이는 사지 않는다.

3.
가까운 미래엔?
안정적인 수익을 거둘 수 있다. 흔들리지 않는다면.

30대 초반 직장인 남성 O는 지난해 처음 주식을 시작했다. 주식시장이 코로나19 충격 이후 회복 중이던 5월, 코스피지수가 1700선일 때였다. 주변 사람들이 주식을 권유했다. 친구는 물론 어머니까지 합세했다. "주식이 폭락했다가 올라오고 있는데 넌 왜 주식을 안 하느냐"고들 했다.

스릴을 즐기는 먹튀족

주식 투자를 결심하고 주변 사람들이 어떻게 하는지 살펴봤다. 여러 유형이 있었는데 그중 '단타(단기투자)족'이 딱 성향에 맞았다. 유튜브를 보다가 "장 시작 때 거래량이 늘고, 주가가 오르는 종목이 그날 수익을 내기 좋다"는 얘기에 꽂혔다. 급등하는 종목을 사서 짧게는 분 단위, 길게는 하루 단위로 '먹고 빠지기'를 해봤다. 거래량이 급증하고 하루 주가 변동폭이 큰 종목을 골라서 투자했다. 아침 9시에 거래량 또는 주가 상승률 순으로 나열해 종목을 골랐다. 짭짤했다. '짧은 시간에 이렇게 돈을 벌 수 있다니' 재미가 붙었다. 원격 소프트웨어를 개발하는 알서포트에 투자해 수익을 냈다. 오르락내리락하는 종목에 슬쩍 탔다가 조금 오르면 바로 내리는 스릴은 보너스였다.

결국 찾아온 큰 고비

초보자가 이런 식으로 돈을 계속 벌 확률은

매우 낮다. O도 돈을 버는 종목보다 잃는 종목이 늘어나면서 손실을 보기 시작했다. 큰 고비가 찾아왔다.

2020년 11월 태림포장 주식을 600만원어치 샀다. 코로나19로 전자상거래(e커머스)가 늘어 택배량이 급증하며 태림포장이 '수혜주'로 부상할 때였다. 아마존이 국내 e커머스 시장에 진출한다는 얘기도 있어 택배량이 더 늘어날 것이란 기대가 시장에 퍼졌다.

하지만 그는 이런 분석과 뉴스를 듣고 태림포장을 산 게 아니다. 자신의 스타일대로 종목의 거래량 급증을 보고 매수했다. 하지만 오전에 산 주식이 오를 생각을 하지 않았다. 다음날도 비실비실했다. 결국 손실률 10%를 기록하고 '손절'했다. 많이 사지 않은 게 '불행 중 다행'이었다. 태림포장이 아직까지 당시 매수가를 회복하지 못한 것을 위안(?) 삼고 있다. 이런 식으로 신풍제약에서도 손실을 봤다.

내 사전에 더이상 손절은 없다

몇 번 손절하고 나니 단타에 대한 회의가 밀려왔다. 투자 스타일을 바꾸기로 했다. 그리고 원칙을 세웠다. "한 종목을 사면 수익이 10% 날 때까지 무조건 보유해보자"고 결심했다. 손절하지 않는 게 목표다. 종목을 고르기 위해 공부도 시작했다. 차트와 실적 중심으로 분석해 오래 보유할 종목을 고른다. 누군가 종목을 추천해도 쉽게 사지 않는다. 스스로 검증하는 과정을 거친다. 요즘은 버티는 게 참 힘든 일이라는 걸 뼈저리게 느끼는 중이다. '때가 되면 오르겠지' 하며 버티지만 쉽지 않다.

하이트진로는 사회적 거리두기가 완화되면 오를 것이라고 생각해 457만원어치를 샀다. 차트도 저점처럼 보였다. 하지만 지금까지 수익률은 2%대에 그치고 있다. GS리테일도 차트를 보고 오를 것으로 판단해 337만원어치 매수했지만 수익률은 –3.97%다. 쏠리드도 5세대(5G) 이동통신투자가 본격화되면 오를 것이라고 생각해 249만원어치를 매수했지만 –17.03%다.

그래도 쉬지 않고 투자하고 있다. 오를 것으로 예상되는 종목은 분할 매수하고 있다. 2차전지 관련주인 아이티엠반도체는 차트가 저점을 다지는 중이어서 꾸준히 나눠 사고 있다. 수소주인 에스퓨얼셀, 나스닥에 상장한 아버터스 바이오파마도 마찬가지다. 영상물 특수효과 회사인 덱스터는 328만원어치를 사 9.41% 수익을 냈다. 현재 7040원인 주가가 8000원까지는 간다고 생각해 아직 보유 중이다.

평생 들고 갈 주식도 모으고 있다. 네이버, 애플, 아마존은 300만원어치씩 들고 있다. 네이버와 애플은 각각 19.16%, 8.41% 올랐지만 수익을 실현하지 않았다.

장기투자의 중요성은 아무리 강조해도 지나치

멘탈 관리 필요한 '존버'형은…

지인의 권유로 시작한 투자에서 처음에는 '단타족'이었다가 '존버'형으로 변했다. '존버', 손절 없는 미래를 위해 버티겠다고 결심했지만 경험한 바에 따라 투자 스타일을 빠르게 바꿔온 만큼 멘탈 관리가 쉽지는 않은 유형.

투자 스타일을 바꾼 뒤 O의 포트폴리오

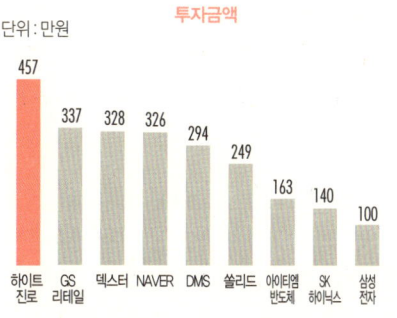

투자금액 (단위: 만원)
- 하이트진로 457
- GS리테일 337
- 덱스터 328
- NAVER 326
- DMS 294
- 쏠리드 249
- 아이티엠반도체 163
- SK하이닉스 140
- 삼성전자 100

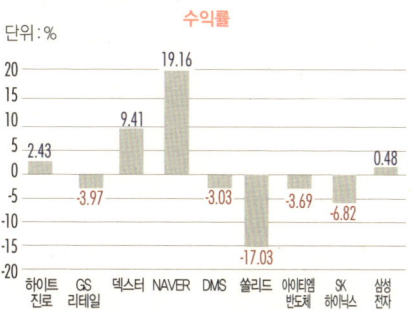

수익률 (단위: %)
- 하이트진로 2.43
- GS리테일 –3.97
- 덱스터 9.41
- NAVER 19.16
- DMS –3.03
- 쏠리드 –17.03
- 아이티엠반도체 –3.69
- SK하이닉스 –6.82
- 삼성전자 0.48

지 않는다. 성공적인 장기투자는 미래에 기술력이 폭발할 주식을 장기적으로 보유할 때 가장 성공 가능성이 높다. 삼성전자 주식을 4만~5만원대에 꾸준히 사 모은 투자자들이 그런 경우다. 안타까운 사연도 있다.

직장인 P는 2011년께 바이오에 관심을 보이기 시작했다. 이때 산 주식이 씨젠과 셀트리온이다. 씨젠은 그때도 실적이 나오는, 흔치 않은 바이오 기업이라 샀고, 셀트리온은 주변에서 줄기차게 추천해서 매수했다. 셀트리온은 33주, 씨젠은 40주를 샀다.

그의 장기투자는 지난해 빛을 봤다. 한동안 자신의 계좌에 어떤 주식이 들어갔는지도 잊고 있었다. 작년 어느 날 계좌를 열어본 그는 깜짝 놀랐다. 수익률이 씨젠은 1000% 이상, 셀트리온은 3만% 이상이었다. 하지만 P의 마음은 편치 않았다. 우선 셀트리온. 33주 가운데 30주는 몇 년 전 팔아버렸다. 당시 10주 미만 거래가 안 돼 3주는 그냥 들고 있었다. 30주를 팔지 않고 있었으면 1000만원이 넘는 금액이다. 올해 3월 4일 기준 그의 셀트리온 3주의 수익률은 3만404%다. 씨젠도 편치만은 않다. 10년을 보유해 빛을 본 주식인데 그는 팔 타이밍을 놓쳤다. 30만원을 넘던 주식이 지금은 12만원 선에 거래되고 있다. 1000%를 넘던 수익률은 현재 390%대 수준이다. 코로나19 백신 개발로 씨젠의 검사장비 후광 효과가 사라진 탓이다. 존버만이 답은 아니라는 게 P의 결론이다.

직장인 O는 주식을 한 번 사면 자의 반 타의 반으로 최소 10년은 보유하는 전형적인 '존버형' 투자자다. 그의 주식 포트폴리오에는 8개 종목이 담겨 있는데, 평균 보유기간을 따지면 10년가량 된다. O는 조선업이 슈퍼 호황을 구가하던 2006년 현대중공업과 대우조선해양을 30만원대 중반에 매입해 아직까지 보유하고 있다. 조선업 호황이 끝나고 주가가 속절없이 무너지자 본전을 회복할 때까지 버티기에 들어간 결과다. 이 중 현대중공업은 이후 분할 및 합병으로 회사가 쪼개져 수익률을 가늠하기조차 힘들어졌고, 대우조선해양은 2만원대에 거래되고 있다. 그가 2012년 7000원대에 투자한 코스닥 기업 희림은 4000원대에서 움직이고 있다.

O가 장기투자로 손실만 본 건 아니다. 2012년께 투자한 삼성전자와 제일모직은 결국 수익을 냈고, 2015년께 투자한 녹십자는 줄곧 마음고생만 시키다가 지난해 주가 급등으로 100%가량 수익을 냈다. O는 "일단 주식에 투자해 손실이 나면 상장폐지되기 전까진 팔지 않는다"고 말했다.

전문가들이 참고하는 이동평균선 다섯 가지

주식시장에서 정보는 평등하지 않다. 대신 차트는 누구나 볼 수 있으며, 차트를 통해 악재와 호재를 유추할 수 있다. 그리고 차트에서 가장 중요한 것은 이동평균선이다.

10일선
초단기 추세를 보여준다. 기간으로 14일이다. 10일선은 급등하는 종목의 매도 시점을 파악하는 데 유용하다. 급등하는 종목은 10일선 아래로 내려가지 않고 오르는 경우가 많기 때문이다. 만약 주가가 10일선 밑으로 내려오면 급등세가 꺾였다고 볼 수 있다.

20일선
거래일 기준으로 한 달이다. 20일선은 단기 추세를 판단하는 데 유용한 지표다. 단기 투자자들이 한 달을 기준으로 투자하는 경향이 있기 때문이다. 주가가 20일선 밑으로 내려갔다는 것은 단기 추세가 꺾였음을 의미한다.

60일선
'가치선'으로 불린다. 60일선은 한 분기를 나타내기 때문이다. 매 분기에는 실적 발표가 있다. 한 기업의 주가가 60일선을 밑돌면 시장 참여자들이 해당 종목에 대해 펀더멘털(기업 기초체력)보다 낮은 가치를 부여하고 있다고 보면 된다.

120일선과 200일선
120일선은 거래일 기준으로 6개월(반기), 200일선은 1년을 나타낸다. 주가가 120일선을 이탈했다면 상승 추세가 완전히 꺾였다고 볼 수 있다. 200일선은 장기 추세 전환을 판단할 때 많이 본다.

Comment 박상호 연구원(NH투자증권 자산관리전략부)의 조언

멘탈 관리도 투자다

❶ 버티는 과정이란
O씨는 다양한 정보를 분석해 차트와 실적으로 종목을 고르는 전략을 택했습니다. 그러면서 동시에 "버티는 과정이 쉽지 않다"고도 했습니다. 이 말이 힌트입니다. 투자에는 다양한 변수가 있습니다. 특히 '멘탈(심리) 관리도 하나의 투자'라고 생각해야 합니다. 헝가리 투자자 앙드레 코스톨라니는 〈투자는 심리게임이다〉란 책을 통해 증권 심리학을 다루기도 했습니다. 그만큼 투자에서 심리는 중요한 요소입니다. 투자 관련 심리 상태의 두 가지 유형을 언급해보겠습니다.

❷ 위험한 확증 편향 심리
첫째는 '가즈아형'입니다. 투자를 한다면 이유가 있을 것입니다. 그리고 그 이유는 앞으로 더 좋아질 것이며, 가시화될 것이라고 생각할 겁니다. 이게 지나친 낙관주의, 확증 편향 심리입니다. 이런 심리 상태라면 '우물 안 개구리'가 아닌지 경계해야 합니다. 자신이 아는 것은 사실의 일부일 뿐입니다. 또 유연하게 사고하려고 노력해야 합니다. 낙관과 확증 편향이 지속된다면 자신을 돌이켜볼 필요도 있습니다.

❸ 포모 현상을 경계하라
두 번째는 '나도 한번 사볼까?형'입니다. 지인을 비롯한 주변 사람 의견, 분위기도 투자에 큰 영향을 미칩니다. 요즘 유행하는 말 중에 포모(FOMO·fear of missing out) 현상이 있습니다. 어떤 상황에서 소외되거나 잊혀지는 것에 대한 두려움을 의미합니다. 개인투자자는 다른 투자자가 많이 매수하는 종목을 따라 사는 사례가 많습니다. 그것이 집단 지성에 따른 결과일 수 있겠으나 군중심리, 즉 포모 현상일

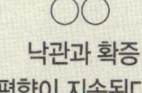

낙관과 확증
편향이 지속된다면
자신을
돌이켜볼 필요도
있습니다

가능성도 있습니다. 이 외에도 많은 심리적 요소가 투자에 영향을 끼칩니다. 기계적 매매가 아닌 이상 심리 요소를 극복하기는 매우 어렵습니다. 게다가 주식은 기업 분석뿐만 아니라 대내외 시장, 경제 상황도 가격에 영향을 미칩니다.

❹ 멘탈 관리에 좋은 투자법, 우량주
멘탈 관리가 어려울 때는 대형 우량주에 투자하라고 말씀드립니다. 자신이 공부하고, 잘 아는 업종의 우량 종목에 투자하면 심리 요소를 극복할 수 있습니다. 분할 매수와 매도 역시 하나의 방법입니다. 매매 시점이 해당 종목 주가의 고점인지 저점인지 알 수 없습니다. 그렇기 때문에 한번에 매매하기보다 기간을 두고 매수·매도하는 것도 멘탈 관리에 좋은 투자 방법입니다.

❺ 차트 분석 활용하기
차트를 분석하는 일도 멘탈 관리에 유용할 겁니다. 소문과 정보를 검증할 수 있기 때문입니다. 아무리 좋은 뉴스가 나와도 차트가 하락세라면 뉴스가 사실인지, 다른 악재가 있는 건 아닌지 점검해야 합니다. 차트를 이해하면 여러 가지 투자법을 구사할 수 있는데, 상승 추세에 올라타서 수익을 내는 투자법, 단기 추세로 수익을 내는 방법 등입니다. 만약 중기 상승 추세를 따라가는 투자자라면 60일선을 참고할 필요가 있습니다. 상승 추세를 그리던 한 종목의 주가가 60일선까지 내려오면 중기 추세에서 저점을 잡을 기회가 온 것입니다. 60일선을 지지해서 계속 올라가면 그만큼의 수익을 챙기면 됩니다. 만약 이탈하면 중기 추세가 깨졌다고 판단해야 합니다.

CASE Type8

취미가 곧 투자, 덕투일치형

: 좋아서 투자하는 것만큼 행복한 일이 어디 있겠느냐만,
객관성을 잃으면 말짱 도루묵이 될지도.

Character

1.
일반적 특징
좋아하는 걸 좋아한다. 한편, 관심 없는 일은 반드시
해야함에도 쉽게 외면하곤 한다.

2.
정보 획득 과정
관심 있는 분야라면 다양한 루트를 통해 양질의 정보를
접하지만 분야가 굉장히 한정돼 있다.

3.
가까운 미래엔?
결국 투자의 결과는 관심 산업의 흥망성쇠에 달려있다.

20대 후반 직장인인 J는 편식형 투자자다. 관심없는 업종과 종목에는 결코 투자하지 않는다. 전체 금융자산의 약 30%를 주식계좌에 넣어두고 있지만 포트폴리오 종목은 5개에 불과하다. 지금은 엔씨소프트, 삼성전기, 펄어비스, 컴투스 그리고 적금 대용으로 매수한 맥쿼리인프라를 들고 있다. 맥쿼리인프라는 배당이 꼬박꼬박 나오기 때문에 적금 대용이란 표현을 썼다.

게임은 취미이자 투자
포트폴리오에 종목이 가장 많을 때도 8개를 넘지 않는다. 관심을 두고 있는 인터넷과 게임 그리고 이로부터 파생하는 산업 및 기업에만 투자하는 것이 원칙이다. 이유는 간단하다. J는 여가시간의 대부분을 게임과 인터넷 서비스 이용에 쏟아부을 정도로 '컴퓨터 덕후'이기 때문이다. 취업 이후 첫 성과급으로 게임용 컴퓨터를 구매했고, 매달 각종 구독 서비스와 게임 아이템에 지출하는 금액이 50만원에 달한다. 이런 원칙은 작년 수익률 41%라는 괜찮은 성적을 안겨줬다. 현재 보유한 종목의 수익률도 20%대로 선방하고 있다. 투자를 잘해서라기보다 관련 업종의 성적이 그만큼 좋았기 때문이라고 생각한다. 인터넷과 게임 업종은 BBIG(바이오·배터리·인터넷·게임)에 포함돼 코로나19 이후 상승장을 주도했다.
사실 게임 업종은 투자하기가 정말 간단한 업종이라는 게 J의 생각이다. 철저한 흥행산업으

요즘 게임주

게임주는 2월 말 들어 조정을 받고 있다. 국회에 게임사의 뽑기 아이템 확률 표시를 의무화하는 게임산업진흥법 개정안이 상정된 게 하락 원인이다. 이번 개정안은 그간 업계 자율에 맡겨놨던 아이템의 획득 확률을 의무적으로 공개하고, 유료 아이템으로 조건을 충족해 무료로 특정 아이템을 획득하는 '혼합 뽑기'도 규제 대상에 포함해 업계에서 반발을 사고 있다. 관련 논의가 시작된 2월 22일 이후 게임 업종 대장주 엔씨소프트는 3거래일 만에 주가가 6.41% 하락했다. 넷마블, 펄어비스, 컴투스 등 기타 중대형 게임사도 모두 조정받았다. 다만 전문가들은 개정안이 통과되더라도 게임사 실적엔 큰 영향은 없을 것이라는 입장이다.

로, 대형 신작이 나오면 출시 약 반년 전부터 1주일 전까지 주가가 상승하다가 출시 직전 조정을 받는다. 이후 흥행 성적에 따라 게임주 주가는 급등과 급락의 K자로 갈라진다. '신작 랠리'에 대한 이해도가 있고, 어떤 게임이 언제 나오는지, 어느 정도의 기대를 받고 있는지만 알면 비교적 안전하게 수익을 올릴 수 있는 게 게임주 투자의 장점이라고 생각한다.

게임업체의 변신

게임업계의 새로운 화두는 '메타버스'다. 초월을 의미하는 메타(meta)와 현실을 뜻하는 유니버스(universe)가 합쳐진 신조어다. 현실 세계의 사람들 사이에서 발생하는 각종 사회 작용을 온라인 공간에 구현한 것이다.

메타버스 산업에는 중국의 텐센트뮤직과 한국의 네이버 등 인터넷, 엔터테인먼트업체도 뛰어들었지만 그중 게임업계가 선두에 있다는 평가를 받는다. 마이크로소프트의 '마인크래프트', 로블록스의 '로블록스'는 메타버스 게임이라는 새로운 장르를 개척했다는 평가를 받는다. 국내 업체 가운데서는 엔씨소프트가 가시적인 성과를 내고 있다. 엔씨소프트는 지난해 7월 자회사 클렙을 설립하고 클렙을 통해 K팝 팬 플랫폼 '유니버스'를 올 1월 내놨다.

편식형 투자의 문제

관심있는 업종에만 투자하는 편식형 투자의 문제도 잘 알고 있다. 성장하는 업종에 투자하기 때문에 적절한 매도 타이밍을 잡기 어렵다는 점이다. 특히 매수할 때 스스로 정해둔 목표 수익률이 너무 빨리 달성되면 팔지 말지를 놓고 몇 번씩 고민을 거듭했다. 20~30%의 차익을 실현하고도 급등을 이어가는 종목을 볼 때는 '다시 올라타야 하나'라는 고민에 끝없이 시달렸다. 스스로 느끼는 또 다른 문제는 게임 업종과 인터넷 업종에 투자하는 것만으론 모든 시장 상황에 대응할 수 없다는 점이다. 대형사의 신작 출시 등 이벤트가 없는 시기에는 더욱 그렇다. 매력적인 인터넷 기업은 게임 업종보다 수가 적고, 더 이상 비중을 늘리기가 부담스러워 추가 투자의 여지도 적다. 특히 작년 말과 올해 초 삼성전자 현대차 등 소수 대형주가 주도할 때는 코스피지수 상승률을 밑도는 실적을 냈다. 그나마 콘솔 업종의 게임기 세대교체가 이뤄지면서 적층세라믹콘덴서(MLCC) 품귀 현상이 벌어질 것이라는 예상을 보고 투자한 삼성전기가 50% 넘는 수익을 올리며 '효자' 역할을 했지만 결과적으로 코스피200 ETF만도 못한 성적을 낸 것은 아쉬움이 남는다.

편식, 고칠 수 없어

다른 업종을 공부하고 투자해볼까도 고민해봤지만 손이 가지 않는 것은 어쩔 수 없다. 잠시 대안으로 ETF와 삼성전자, SK하이닉스 등 일부 대형주를 매수해봤지만 ETF는 너무 심심했고, 삼성전자와 SK하이닉스는 관련 산업 이슈에 대한 파악 능력이 느리다 보니 한 번 이

덕투일치형은…

이른바 편식형 투자자다. 관심없는 업종과 종목에는 결코 투자하지 않고, 이 때문에 포트폴리오 종목은 소수에 불과하다. 다른 업종을 공부하고 투자해볼까도 고민하지만 늘 실행으로 이어지지 않는다. 고로 분산투자가 어려우며, 다른 업종에 흥미가 생길 때까지 천천히 성장하는 느림보 투자자다.

익을 실현한 뒤에는 재매수 시점을 잡기 어려워 다시 거래하지 않았다.

게임 및 인터넷산업에 대한 이해도가 특별히 높은 것은 아니지만 다른 업종과 비교하면 관심과 정보력의 차이가 분명 존재한다. 특정 산업에는 불신이 지나치게 강해 애초 투자 대상에서 배제하게 된다. 특히 바이오는 투자하지 않는다는 원칙도 세워두고 있다. 국내 바이오 산업에 확신이 없을뿐더러 당장 공시를 봐도 즉각적인 판단은커녕 해석도 불가능하기 때문이다. 가족 중 의사와 약사 등 의료인이 여럿 있지만 이들과 바이오 기업에 관한 얘기를 해볼수록 오히려 투자해선 안 된다는 믿음만 강해질 뿐이다.

자동차와 2차전지 기업 역시 투자하지 않는다. 운전을 하지 않기 때문에 평가하기 어렵고, 전망도 적중률이 떨어진다. 다행히 올해는 대형 게임사의 여러 신작이 쏟아지고, 인터넷 기업은 신규 사업에 진출하고 있다. 편식을 포기하지 않고, 관심 섹터에 대한 공부를 이어가며 투자에 나설 계획이다.

생활 속에서 투자 아이디어 얻는 사람들

또 다른 투자자 B의 사례다.

고등학생 때 야식으로 불닭볶음면과 짜파구리를 즐겨 먹은 그는 군에 입대한 뒤 주식계좌를 처음 텄다. 그리고 농심과 삼양식품 주식을 매수했다. 자신이 생활하고 소비하면서 주식 투자의 아이디어를 얻는다.

이런 스타일의 투자를 하는 사람은 많다. 명품백을 사려고 이리저리 알아보던 D도 그런 사례다. 가장 사고 싶던 가방 가격이 자꾸 오르자 짜증이 났다. 그는 망설임 끝에 명품백이 아니라 명품백 브랜드를 운영하는 회사의 주식을 사기로 했다. 이후 루이비통, 디올, 셀린느 등을 보유한 세계 최대 럭셔리 기업 LVMH 주식을 사 모으기 시작했다.

B는 요즘 하이트진로를 관심있게 지켜보고 있

편식형 J의 포트폴리오
단위: 원, %

종목	주가	2020년 등락률
엔씨소프트	93만 1000	72
펄어비스	29만 3000	40.6
컴투스	14만 400	48.2
삼성전기	19만 5000	42.4
맥쿼리인프라	1만 1100	-8.2

*주가는 2021년 3월 5일 기준.

다. 주가가 별로 오르지 않았다는 이유 때문이 아니다. 테라와 진로이즈백을 마시면서 아이디어를 얻었다. 이뿐만 아니다. 백신 접종이 광범위하게 이뤄지고, 사회적 거리두기가 완화되면 사람들은 갇혀 있던 데서 벗어나 술과 함께 해방감을 만끽할 게 분명하다. 그 술이 '테슬라(테라+참이슬)'가 될 확률이 높다고 그는 보고 있다. 어디서 이런 얘기도 들었다. "특정 산업에서 추격자인 2위가 1위 자리를 차지하면 실적에 더해 1위 프리미엄까지 얻게 된다." 국내 맥주 시장은 지난 10년간 카스(오비맥주)의 세상이었다. 하이트가 여러 가지 제품을 내놓으며 도전했지만 실패했다. 테라는 다르다. 맹렬한 기세로 카스를 추격 중이다. 일부 지역에서는 점유율이 카스를 넘어섰다는 얘기도 나온다. B가 하이트진로에 꽂힌 이유다.

B가 이런 투자를 하는 것은 투자의 달인 워런 버핏의 영향이었다. 버핏은 정보기술(IT) 업종에 투자하지 않는 것으로 유명했다. 논리는 단순했다. IT산업은 복잡하고 이해하기 힘들다는 것이었다. 버핏은 "투자할 종목을 어떻게 선택하느냐"는 질문에 "와이프와 카트를 끌고 마트를 돌아다니며 아이디어를 얻는다." 많은 이들이 찾는 상품을 제조하는 회사를 선택한다는 말이었다. '버핏이 좋아하는 주식' 하면 코카콜라가 떠오르는 이유이기도 하다. 생활 속에서 아이디어를 얻는다는 면에서 비슷한 측면이 없는 것도 아니다.

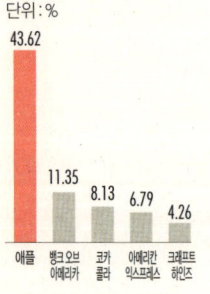

'아는 것'에 투자하는 워런 버핏 포트폴리오
단위: %

43.62 애플
11.35 뱅크오브아메리카
8.13 코카콜라
6.79 아메리칸익스프레스
4.26 크래프트하인즈

자료: 미국 증권거래위원회(SEC)
*2020년 12월 31일 기준

Comment 채대철 부장(NH투자증권 삼성동금융센터)의 조언

'덕질'의 승리를 위하여

❶ 시장 흐름 놓치지 않는 전문가의 조언이 필요해

개인투자자들이 투자할 때 자신이 관심있고 좋아하는 업종에 투자하는 것은 너무나도 당연한 일입니다. 다만 J의 경우 자신이 관심있는 일부 업종에만 투자하면 시장 전반적인 흐름과 트렌드를 놓치기 쉽습니다. 이때 필요한 것이 전문가의 조언입니다. 시장은 살아 움직이는 동물처럼 시시각각 바뀌면서 그 흐름을 타는 일이 많습니다. 기업의 펀더멘털은 변하지 않아도 수급에 따라 주가가 움직이는 경우가 그런 사례에 속합니다. 이런 장에선 시장을 항상 모니터링하지 않는 개인투자자는 흐름을 따라가기가 참 힘듭니다.

❷ 분산 투자를 해볼 것

모든 시장의 흐름과 트렌드를 좇아가기는 쉽지 않습니다. 그래서 전문가들은 궁극적으로 분산 투자를 제안합니다. 업종별이 될 수도 있고, 국가별이 될 수도 있고, 시가총액 규모별이 될 수도 있습니다. 고장 난 시계도 하루에 두 번은 맞듯이 어느 업종에만 장기투자해 이익을 얻을 순 없겠죠. 이때 적절하게 시계를 고쳐서 제대로 가게 하는 것이 전문가들의 역할입니다.

❸ 기본을 지키면 반은 성공

B의 유형은 투자를 처음 시작할 때 가장 쉽게 선택할 수 있는 전략입니다. 기본적인 전략이고 그만큼 성공 확률도 높습니다. 시장에도 소비재 중심으로 투자하는 컨슈머 펀드가 여러 종류 나와 있고 인기를 끌 만큼 투자자의 관심을 모으고 있습니다.

시장에도 소비재 중심으로 투자하는 컨슈머 펀드가 여러 종류 나와 있고 인기를 끌고 있습니다

❹ 단, 객관적 검증은 필수

한 가지 유의해야 할 점은 그 종목의 현재 가격에 그 소비재의 인기가 반영돼 있는지, 혹시 나만 좋아하는 건 아닌지 객관적으로 검증해 볼 필요가 있다는 것입니다. 영원한 건 없습니다. 소비재 역시 트렌드에 맞춰 변화하고 있습니다. 특히 최근에는 소비재에 대한 선호도와 더불어 기업 이미지도 투자 선택에 큰 영향을 미치고 있습니다. 소비재에 대한 주관적인 판단이 투자의 첫걸음이었다면 주가 분석, 시장 트렌드, 기업 이미지 등을 종합적으로 판단해 투자하는 것이 이를 완성하는 길이라고 할 수 있겠습니다.

❺ 자신의 취미에 투자하라! 덕테크의 세계

콘텐츠 소비자 중에선 단순히 기업의 주식에 투자하는 것을 넘어 자신이 사랑하는 콘텐츠에 직접 투자하는 이들도 등장하고 있습니다. 여러 명의 투자자가 모여 하나의 프로젝트에 자본을 제공하는 크라우드펀딩은 영화산업을 중심으로 빠르게 발전하고 있습니다. 대표적인 사례가 영화입니다. 크라우드펀딩 기업 '와디즈'는 지난해 사이트 이용자들의 자금을 공모해 '82년생 김지영' '천문' '사자' 3개 영화로 구성된 포트폴리오에 7억930만원을 투자했습니다. 음원 시장에서는 노래의 저작권을 쪼개서 거래하는 '저작권 투자'가 발달했습니다. 뮤직카우 등 거래소 사이트도 여럿 등장했습니다. 노래의 저작권을 사면 회사 지분을 통해 수익을 배당받듯 노래에서 발생하는 저작권 수입을 배당받을 수 있습니다. 쿨의 '아로하'는 지난해 드라마 '슬기로운 의사생활'의 인기를 바탕으로 입찰가가 주당 2만8000원에서 15만원으로 급등했습니다.

CASE *Type9*

한방 노리는 주식 카지노형

: 주식으로 단기간에 한방 크게 터트리려는 유형.
주식으로 단기간에 큰 수익을 내는 것은 사실상 '신의 영역'.
주식 투자는 평생 해야 하는 필수 투자인만큼
조급함 대신 잃지 않겠다는 마음으로 현명한 매매를 해야한다.

Character

1.
일반적 특징
알고보면 줏대가 없다는 소리를 듣는다.

2.
일반적 특징
단기간에 오를 것 같은 종목을 귀동냥으로 구한다. 정확한 시장 분석 보다는 자신의 직감을 믿는다.

3.
가까운 미래엔?
쪽박을 차고 피눈물을 흘렸지만 여전히 대박 희망을 버리지 못한다.

10년 넘게 주식 초보, 불행의 서막

서른네살 S는 스스로를 '10년차 주린이'라고 말한다. 10년이면 강산도 변한다는데 그의 투자 세계는 열기만 하면 쪽박이었다. S의 투자 역사는 길고도 굵었다.

시작은 학부 시절로 거슬러 올라간다. 친구가 조용히 속삭였다. "주식계의 로또로 불리는 게 있어. 너도 한번 해봐." 'ELW(주식워런트증권)'라는 상품이었다. 주식과 달리 가격제한폭이 없어 눈 깜짝할 새 몇 배 수익이 난다는 말이 '투기본능'을 자극했다. 쪽박의 시작이었다. 말 안 듣는 학생들을 어르고 달래며 과외 아르바이트로 모은 쌈짓돈 500만원을 투자했다. 가격제한폭이 없는 것은 오를 때만 없는 게 아니었다. 내릴 때도 없었다. 쌈짓돈은 눈 깜짝할 새 종잇조각이 됐다. 허탈했지만 뭔지 모를 끌림이 있는 쪽박이었다.

나 홀로 결심한 존버의 말로

취업을 했다. 혼자 결심했다. "월급쟁이의 투자는 달라야 한다." 입사하자마자 애사심을 발휘했다. 나를 받아준 회사, 현대차 주식을 샀다. 매수 가격은 주당 24만원이었다. 산 다음 날부터 주가가 떨어지기 시작했다. 24만원, 23만원, 22만원, 21만원…. '마이너스의 손'이라고 생각했다. '그래도 의리가 있지.' 2년 '존버' 끝에 17만원에 손실을 보고 팔았다. 자제하고 싶었다. 하지만 그의 본능을 자극한 건 신문이었다. 때마침 '해양플랜트가 미래다'란 얘기가 헤드라인을 장식했다. S는 생각했다. "그래 나의 미래도 너에게 달렸다." 월급을 타 꼬박꼬박 모은 4000만원을 현대중공업에 '몰빵'했다. '타의에 의한 장기투자가 아니라 자의적 장기투자를 해보리라'는 결심과 함께. 매수 단가는 주당 45만원. 조금 오르는 듯했다. 감격스러웠다. 사고 나서 오른 게 처음이니 오죽했겠는가. "아, 드디어…." 하지만 미소는 오래가지 못했다. 그해 대폭락이 시작됐다. 한때 50만원이 넘던 주가는 6개월도 안 돼 반토막 났다. 이러지도 저러지도 못하는 사이 주가는 주당 7만원까지 떨어졌다. 또다시 강요된 장기투자였다. "조금이라도 오르면 반드시 판다." 5년의 기다림 끝에 10만원에 주식을 팔았다. 수익률 -77%였다.

피눈물의 의미를 깨닫고도

2015년 어디선가 중국 주식이 좋다는 소식이 S의 귓전을 때렸다. 상하이지수는 2000대에서 5000대까지 급등했다. 귀를 막았지만 계속 들렸다. 참을 수 없었다. 진짜 기회가 왔다고 판단했다. 그 대신 이전의 '뻘짓'을 되풀이하지 말아야겠다고 생각했다. '조금만' 넣었다. 액수는 밝힐 수 없다. 주가는 또 떨어지기 시작했다. 신기할 정도였다. 4000선까지 내려왔다. 이쯤이면 다 내려왔다고 생각했다. 물타기를 시도했다. 평균 매수 단가를 조금 낮췄다. 그러나 1층 밑에 지하가 있었다. 그게 또 반토막이 났다. S는 말했다. "피눈물이 뭔지 그때 알았어요."
그 무렵 '대북주' 소식이 들렸다. 테마주만큼은 하지 않는다는 신념(?)이 있었기 때문에 처음엔 흔들리지 않았다. 올라도 너무 올랐다며 검은 욕망을 잠재웠다. 진지한 고민이 문제였다. 어느 날 문득 이런 생각이 스쳤다. "시대가 바뀌었는데 내가 괜한 고집을 부리는 건가. 주변에서 다들 샀다고 하는데…. 결국 들어가고 말았다. 이번에도 정확히 주가는 반토막이 됐다. S는 월급을 모아 주식시장에 퍼붓는 자신에게 회의를 느꼈다.

그럼에도 사라지지 않는 대박 욕망

진짜 결심했다. 테마주와 레버리지, 원유 같은 건 쳐다보지도 않기로 했다. 성장주에 장기, 분산 투자하면서 기회를 엿봤다. 지인들의 말을 듣기보다 유튜브로 공부하는 길을 택했다. 소소한 수익이었지만, 그래도 이대로 가면 회복이 머지않을 것 같았다.
그러던 중 코로나19가 증시를 뒤흔들었다. 주가가 급반등하며 단기간에 대박을 냈다는 사람들이 주변에 속출했다. 종목 고르기를 시작했다. 단타나 투기성 투자는 하지 않겠노라 맹세했지만 왠지 뒤처지는 것 같다는 생각을 지울 수 없었다. 대박을 노리고 바이오주를 살 것이냐 아니면 한국에서 가장 안전하다는 삼성전자를 살 것이냐가 문제였다. 겨우 대박(쪽박)의 유혹을 참아냈다. 삼성전자 주식을 8만원에 샀다. 이후 삼성전자 주가가 오르자 조바심이 났다. 지금을 놓치면 더는 기회가 없을 것 같았다. 추매 그리고 또 추매…. 결국 1억원을 꽂았다. 요즘은 포털사 종목토론방에서 동지들과 '존버'를 맹세한다. 전과 비교하면 그래도 선방이라고 위로하며.
S의 근본적인 고민은 하나다. "왠지 더 갈 것 같은데, 오를 때 대출을 받아서라도 확 당겨야겠다는 생각이 자꾸 듭니다. 섣불리 투자하자니 또 예전의 과오가 떠올라 괴롭고요. 그래도 욕망이 가라앉지 않는 저, 정말 어떡하죠?"

'카지노형' 투자로 손실 본 S의 투자
단위: 만원, %

종목	매수 가격	매도 가격	수익률
현대차	24	17	-29.16
현대중공업	45	10	-77

한방 노리는 주식 카지노형은…

남들이 하는 이야기에 관심이 많고 자신도 트렌드를 따라가고자 하지만 줏대가 잘못된 방향으로 적용하는 유형이다. 어떤지 '대박날 것 같다'는 근거없는 믿음으로 투자를 접근한다. 차근차근 장기투자할 인내심은 없고, 가능한 단기간에 한방 터트리고 싶어한다. 대박 나면 그 돈으로 다시 몰빵 투자해 쪽박찰 가능성이 높다.

CASE Type9

용어설명
ELW
특정 대상물(기초자산)을 사전에 정한 미래의 시기에 미리 정한 가격으로 살 수 있거나(콜) 팔 수 있는(풋) 권리를 갖는 유가증권.

잭팟 얻어걸린 주식 초보자의 분투기

제약회사 근무 7년차인 30대 직장인 P의 주식 투자 배경도 여느 '주린이'들과 크게 다르지 않다. 대학 졸업 때까지 주식은 그저 남의 일이라고 생각했던 그가 주식에 입문한 건 취업 직후 회사 선배들의 권유 때문이었다.

회사 선배 상당수가 주식을 했고, 큰 수익을 냈다는 사람도 있었다. 어느 날부터인가 대화 주제도 대부분 주식이었다. '나도 한번 해볼까' 하는 생각이 들었다. 주식에 대한 지식이 거의 없다 보니 달리 종목을 선택할 방법이 마땅치 않았다. 마침 다니던 회사가 성장가도를 달리고 있어 그나마 안전할 것 같단 생각에 1000만원을 투자했다.

그의 선택은 적중했다. 당시 재직하던 회사의 주가가 크게 뛰면서 첫 6개월간 매달 30% 이상 꾸준히 수익을 볼 수 있었다. 그야말로 '잭팟'이 터진 것이다. 자신의 행운을 운이 아니라 실력이라고 착각했다.

제2의 잭팟을 찾기위해

그러나 달콤한 행운은 그리 오래가지 못했다. 그때부터 P는 2년간 여러 종목에 무작위로 투자했다. 주로 바이오 분야에 손을 댔는데 급상승 종목을 따라가는 방식이었다. 투기성으로 산 주식들은 반토막이 났다. 2년간 누적 수익률은 -50%를 기록했다.

심신이 지칠 대로 지친 그는 이후 4년여간 주식은 쳐다보지도 않았다. 그러던 중 지난해 코로나19 사태로 코스피와 코스닥이 크게 하락하고, 동학개미 운동이 번지면서 다시 주식창을 들여다보기 시작했다. 친구의 권유도 컸다. 당시 친구는 경제TV 방송을 통해 전문가의 '유료 리딩'을 참고할 것을 추천했고, 친구와 함께 경제TV 전문가의 유료 리딩방을 결제해 주식 투자에 나섰다.

지금까지 약 9개월간 이 방식으로 투자했다. 누적 수익률은 10~15% 정도다. 두 사람은 전

문가를 수차례 변경했고, 종목과 투자 방식도 계속 바꿨다. 지금은 여러 명의 전문가를 통해 바이오, 정보기술(IT), 자동차 등에 투자하고 있다.

공부해야 도박 아닌 투자

그동안 위기도 꽤 있었지만 배운 점도 많다. 단타 전문가, 단기 스윙 전문가, 장투 전문가 등 여러 전문가를 통해 주식 투자 방식을 배웠다. 이들을 거치면서 깨달은 건 자신에게 맞는 방식으로 투자해야 한다는 사실이었다. 단기투자와 장기투자의 장단점이 각각 있는데 자신에게 어느 것이 맞는지 빨리 판단해 적절한 공부를 하고 관련 전문가를 찾아 투자하는 것이 현명하다는 생각에 이르렀다. 개인적으로는 직장생활을 하면서 단타 종목에 투자하는 건 정신적으로 매우 고통스럽다는 것도 깨달았다.

P는 현재 차트상 회사 주가가 저평가됐다고 생각되는 종목을 선택해 현금 자산의 70% 정도를 넣어뒀다. 동시에 단기 스윙주 전문가로부터 정보를 받아 30% 정도는 단기투자를 병행 중이다. 장기투자만 하다 보면 자칫 기다리다

가 지칠 수 있기 때문에 단기 스윙주(약 2~4주)를 병행해 짧게 수익을 내면서 장기투자 종목을 기다리는 방식으로 투자하는 게 현명하다고 판단했다. 이 밖에도 주식 투자 관련 책을 두루 읽고, 유튜브를 통해 여러 전문가의 동영상을 보면서 주식 시황을 따라가는 중이다. 앞으로는 코로나 이후 시대에 혜택을 볼 것 같은 종목을 미리 선취매해 장기투자할 계획이다.

투자의 호흡을 찾다

P는 이 과정을 통해 깨달은 것도 많다. 주식을 하는 사람 상당수가 그저 빨리 수익을 내고 싶어하지만 주식으로 단기간에 큰 수익을 내는 것은 사실상 '신의 영역'이라는 결론에 이르렀다. 그럼에도 이전 세대와 달리 주식을 반드시 해야 하는 세상에 살고 있다는 것 또한 사실이다. 현재 2030세대의 부모님들은 고도성장기에 사회생활을 시작해 저축만으로도 부를 형성할 수 있었다. 부동산 시장에도 기회가 많았다. 지금은 실질금리는 제로 수준으로 떨어졌고, 부동산은 최근 몇 년 새 가격이 급등한 데다 규제도 강화돼 주식투자 이외에는 돈을 불릴 기회가 마땅치 않다. 결국 투자는 어쩌면 평생 해야 하는 긴 여정인 만큼 조급함을 버리고, 잃지 않는 매매를 하는 것이 중요하다는 게 그의 투자 철학이 됐다. P는 요즘 젊은 후배들을 만나면 조언도 해준다. 처음 주식을 할 때는 손실을 봐도 문제가 되지 않을 소액으로 시작할 것, 이를 통해 하나씩 배우며 자신에게 맞는 투자방식을 발견할 것 등이 그의 조언이다.

용어설명

스윙

단기 투자법의 하나로, 시장 이슈와 기업 등을 분석해 일봉 차트를 중심으로 2거래일~2개월의 기간 안에 거래하는 방법이다. 단타와 장기투자의 중간 정도에 해당한다.

Comment 박상호 연구원 (NH투자증권 자산관리전략부)의 조언

과대 평가는 금물, 시장은 냉정하다

'초심자의 행운'이라는 말이 있습니다. 초보 투자자에게 좋은 결과가 생기는 것이죠. 처음에는 '잃어도 괜찮아'라는 마음으로 투자했으나 수익이 발생하면 마음이 달라지게 됩니다. 수익을 실현해야 하는데 '묻고 더블로 가' 형태로 투자금을 키워가며 베팅합니다. '나도 잘하는 게 있구나'라며 자신의 실력과 재능을 과대평가하는 것입니다. 하지만 시장은 냉정합니다. 얼마 지나지 않아 투자자의 실력인지, 아니면 초심자의 행운인지를 수익률로 알려줍니다. 그렇기 때문에 우리는 항상 스스로를 돌아보면서 실력인지, 운인지를 점검해 볼 필요가 있습니다.

미국 월가의 전설적인 투자자 피터 린치는 사람들이 부동산에서는 돈을 벌고 주식에선 돈을 잃는 데는 이유가 있다고 말한 바 있습니다. 집을 살 때는 몇 달간 고민하지만 주식투자 종목을 선정할 때는 몇 분이 채 안 걸리는 경우가 많기 때문이라고 합니다. 주식투자를 도박처럼 하면 성공할 수 없다는 얘깁니다. 린치는 종목을 선정할 때는 확신이 생길 때까지 충분히 연구하고, 만약 그만큼 매력적인 기업을 찾을 수 없다면 찾을 때까지 은행에 돈을 넣어두라고 강조했습니다.

CASE *Type10*

팔고 나면 오르는 호구형

: 이들이 팔고 나면…오른다.

Character

1.
일반적 특징
귀가 얇다는 소리를 자주 듣는다.

2.
정보 획득 과정
분석이나 공부를 따로 하지 않고 뉴스에 의존한다.

3.
가까운 미래엔?
투자란 아무나 하는 것이 아니라는 생각에 포기하고 만다.

직장인 K(43)는 코로나19로 주식투자에 뛰어든 '주린이'였다. 투자금은 내집 마련을 위해 모아둔 2억5000만원이었다. 어차피 집값이 천정부지로 치솟아 이 돈으로는 집을 살 수도 없었다. 주식에 투자해 불리면 언젠간 집도 살 수 있으리라고 생각하며 지난해 6월 주식투자에 뛰어들었다. 유튜브도 보고, 블로그 검색도 하면서 나름대로 정보를 모으고 좋은 종목을 찾아다녔다.

7월에는 코스닥시장 바이오주를 주로 기웃거렸다. 일부 종목은 수익을 내고, 일부는 손실을 봤다. 8월 초에는 2차전지 종목에 투자했다. 삼성SDI를 45만원대에 담았다. 주가는 며칠 만에 50만원을 넘어섰다. 환호는 오래가지 않았다. 보름도 안 돼 주가가 41만원까지 빠졌다. '좀 더 빠지면 사야지'라는 마음에 손절했다. 이후 삼성SDI 주가는 상승세에 접어들며 80만원대로 올라섰다. 주가는 K가 판 가격 대비 2배로 뛰었다.

K는 삼성전자도 샀다. 하지만 주가가 느리게 움직이자 참지 못하고 10월 초 싹 팔았다. 삼성전자 주가는 전혀 오르지 않는데 다른 종목들은 시원하게 가는 걸 보고 있자니 속이 탔다. 남들은 급등장에서 돈을 쓸어담고 있는데, 자신만 뒤처지는 것 같았다. 결국 팔고 다른 종목으로 갈아탔다. 웬걸, K가 팔자마자 삼성전자는 역사적으로 유례없는 급등세를 탔다. 삼성전자

주가는 11월 초 5만원대에서 올 1월 9만원대까지 뛰었다. 줄곧 지지부진하던 메모리 반도체 업황이 턴어라운드 할 조짐을 보이는데다, 파운드리(반도체 위탁생산) 부문도 급성장할 것이란 기대감이 주가를 밀어 올렸다.

K는 또 작년 11월초에는 네이버도 매수했다. 9월초부터 주가가 조정을 받아 저가매수 기회라고 판단했다. 하지만 한달여가 지나도록 주가가 횡보하자 12월중순께 팔아치웠다. 보름뒤인 1월초부터 네이버 주가는 급등하기 시작했다. 얼마 전엔 비트코인에도 손을 댔다. 비트코인이 1월 초 4000만원대에 들어가자 급하게 2비트코인을 사들였다. 마음은 편치 않았다. 24시간 거래되는 비트코인은 밤낮없이 오르고 내렸다. 한국 증시처럼 상한가, 하한가도 없기 때문에 하루 수십% 움직이는 건 다반사였다. K는 밤잠까지 설쳤다.

한 달도 안 돼 비트코인은 3000만원 중반대까지 떨어졌다. 불안에 시달리던 K는 1비트코인을 청산했다. 낙폭에 제한이 없는 비트코인이 바닥을 뚫기 전에 하나라도 팔아야겠다고 생각했다. 1주일 뒤 비트코인이 다시 반등해 4000만원대에 올라선 다음에는 나머지 1비트코인도 팔았다. 결국 K는 300만원가량을 손해봤다. 이번에도 K가 손절하자마자 비트코인은 5000만원을 뚫고 연일 사상 최고가를 경신했다.

부지런히 주식을 사고판 결과, K는 6개월 만에 4000만원을 잃었다. 지난해 6월 2억5000만원이던 투자금은 2억1000만원으로 쪼그라들었다. 그는 "그나마 이것도 회복한 것"이라고 했다. K도 자신의 패인은 잦은 매매라는 사실을 알고 있다. 한 종목에서 번 돈 이상을 다른 종목에서 까먹기 일쑤였다. 그는 "삼성전자만 산 직장 동료는 수익률이 50%를 넘었다는데 나는 그동안 온갖 고생을 하면서 뭘 한 건지 모르겠다"고 푸념했다.

용어설명
BITCOIN

디지털 단위인 '비트(bit)'와 '동전(coin)'을 합친 용어다. 지폐나 동전과 달리 물리적인 형태가 없는 온라인 가상화폐다. 컴퓨터 프로그램이 '채굴'해 '발행'되는 비트코인은 발행 한도가 정해져 있다. 나카모토 사토시라는 가명의 프로그래머가 빠르게 진전되는 온라인 추세에 맞춰 새로운 화폐를 만들겠다는 발상에서 2009년 비트코인을 처음 개발했다.

Comment 박성욱 부장(NH투자증권 삼성동금융센터)의 조언

세분화한 투자 계획 필요

최근 많은 투자 사례를 접하다 보면 안타까운 마음이 듭니다. 비단 주식뿐 아니라 암호화폐인 비트코인에까지 투자하고, 투자에 대한 니즈와 관심은 많지만 사전에 자신만의 룰을 정하지 않고 마이너스 국면에서 손절하고 재매수도 못하는 악순환이 반복됐습니다. 우리가 '재화에 대한 투자'라는 큰 관점에서 보면 부동산 투자와 달리 금융자산 투자의 가장 큰 장점 중 하나는 분할 매수와 분할 매도를 할 수 있다는 것입니다. 삼성전자와 삼성SDI 등에 대해 분할 매수와 분할 매도를 반

종목을 철저히 연구하는 것은 물론 마인드 컨트롤 등도 필요합니다

복 실행했다면 어땠을까요. 꾸준히 해당 과정을 반복했다면 손실이 발생할 때도 있었겠지만 수익이 나는 구간도 있어 그간의 상승분을 1부터 10까지 다 취득할 수는 없더라도 일정 부분의 상승분을 수익으로 챙길 수 있었을 겁니다. 매수와 매도를 한 번에 다 하지 말고, 자금 상황에 맞게 적절한 총량을 유지하며 매수·매도의 시점을 사전에 정하고 투자에 임할 필요가 있습니다. 물론 분할 매수·분할 매도가 말처럼 쉬운 것은 아닙니다. 투자하려는 종목을 철저히 연구하는 것은 물론 마인드 컨트롤 등도 필요합니다.

CASE *Type10*

호구형의 또 다른 버전

"하락장이 오면 어떡해..."

투자가 두려운 주린이형

: 한번도 경험하지 못한 하락장이 두려운 이들을 위한 조언.

Character

1. 일반적 특징
미리부터 상상하거나 공상에 자주 빠진다

2. 정보 획득 과정
시장 관련 뉴스에 관심을 기울이지만 듣고 싶은 것만 듣는 경향이 있다.

3. 가까운 미래엔?
너무 신중한 나머지 소소한 수익을 내는 데 그친다.

입사 1년 차인 새내기 직장인 C(27)는 '자본시장 문외한'이었다. 돈 버는 건 남의 일이라고 생각해 관심이 없었다. 학창 시절에도 경제보다는 인문학이나 철학에만 관심을 뒀고, 직업을 선택할 때도 돈을 많이 버는 직업엔 관심이 없었다.

주식투자를 처음 시작한 것은 지난해 10월. 증권 관련 업무를 시작하며 공부가 필요했다. 처음 산 주식은 현대미포조선. 공부 목적으로 주가가 어떻게 움직이는지 살펴보기 위해 딱 한 주를 샀다. 3만원 밑에서 거래되던 주식이 계속해서 오르자 재미가 붙었다. 두세 번에 걸쳐 추가로 샀다. 현대미포조선만 50만원어치 매수했다. 20% 수익을 봤다.

돈 버는 재미를 느끼고 투자금을 늘리기 시작했다. 3개월 만에 투자금이 1200만원으로 불어났다. 증시가 활황이었기 때문에 어렵지 않게 수익이 났다.

단순히 우량주라는 이유로 매수한 삼성전자도 20% 넘게 올랐다. 이후에도 종목은 우량주 위주로만 샀다. 돈을 잃고 싶지 않았다. 지금도 삼성전자 비중이 가장 높다.

이 밖에 네이버, 현대차 등 시가총액 상위 종목 중 향후 성장 테마와 맞닿아 있는 종목을 추가로 샀다. 2차전지 테마에 투자하고 싶었지만 개별 종목을 고르기 어려워 KODEX 2차전지산업 ETF도 샀다. 망할 일 없는 시장에 투자해야 한다는 이야기를 듣고 KINDEX 미국 S&P500도 샀다.

지금까지 전체 수익률은 15% 수준이다. 처음에는 자산을 굴려 200만원을 벌었다는 생각에 신이 났다. 지금까지 왜 이런 투자를 하지 않았을까, 후회가 되기도 했다.

하지만 급등하는 다른 주식들을 보면서 더 큰

수익을 원하게 됐다. 올해 들어 한 달 반 만에 비트코인이 70% 뛰었다는 소식에 조바심이 났다. 돈을 벌 수밖에 없는 급등장에서도 15% 수준의 수익을 냈는데, 이걸로 충분한 걸까? 전문가들은 한국 주식시장에선 연평균 5~6%의 수익률을 기대할 수 있다는데, 그걸로는 부족하다는 생각이 들었다. 더 큰돈을 벌고 싶어 이제는 기대 수익률이 높고 리스크는 큰 종목을 사야 할지 고민 중이다.

하지만 한편으로는 다른 생각도 든다. 언젠가 오게 될 하락장이 여전히 두렵다. 투자를 시작한 이후 상승장만 겪어봤기 때문이다. 종목을 고르고 사는 것까진 해봤지만 실제로 주식을 팔고 수익을 실현한 적은 드물다. 하락장이 오기 전에 보유하고 있는 주식들을 팔아야 하는지도 고민하고 있다.

주식투자 원금을 대부분 챙겨놓고 수익금으로만 투자하는 방법도 고려 중이다. 원금까지 잃게 된다면 감당할 수 없을 것 같아서다. 애초에 주식투자를 했던 초심을 생각해본다. 공부 목적으로 한 주씩 투자하던 게 어느새 규모가 눈덩이처럼 불어났기 때문이다. 밤마다 걱정이 된다. 그래도 빠져나오긴 어려울 것 같다. 주식의 맛을 봤다는 게 이런 걸까.

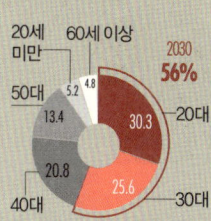

올해 개설된 신규계좌
단위: %
자료: 미래에셋대우, 키움증권, 한국투자증권, NH투자증권, KB증권

Comment 조혜진 이사(NH투자증권 Premier Blue 강남센터)의 조언

긴 호흡으로 보면 위기도 곧 기회

대형주 강세 시기에 우량주 위주로 접근한 것은 좋은 방법이었습니다. 삼성전자와 네이버, 현대차 등 시가총액 상위 종목 중 향후 성장성을 갖추고 있는 주도주 위주로 포트폴리오를 구성해 양호한 수익률을 기록했다고 평가할 수 있습니다. 또한 2차전지 테마에 투자하기 위해 잘 모르는 개별 종목을 선택하기보다 KODEX 2차전지산업 ETF를 선택한 점은 ETF 활용의 좋은 사례로 판단됩니다. KINDEX 미국S&P500을 통해 국내 증시에 집중된 포트폴리오를 다변화한 것도 괜찮은 선택이었습니다.

하지만 보완할 점도 있습니다. 현재 FOMO(fear of missing out) 증후군을 겪는 상황으로 볼 수 있습니다. 주식투자를 하면서 매일 급등하는 다른 주식들을 접하고 점차 기대 수익률이 높아지는 경향이 있기 때문입니다. 이쯤 되면 주식투자 목표의 우선순위를 설정할 필요가 있습니다. 안정적인 수익인지, 투자 수익 극대화인지 등을….

10년 이상 투자한 대가들의 연 복리 수익률을 보면 워런 버핏이 54년간 연 23%, 존 템플턴은 38년간 연 15% 수익률을 기록했습니다. 연 15%가량은 결코 낮은 수익률이 아니며, 20년 이상 꾸준히 해당 수익률을 기록하면 투자 대가의 반열에 오를 만한 성과라는 점도 명심할 필요가 있습니다.

아무리 투자 대가나 전문가라도 하락장을 예측하고 미리 시장에서 탈출하는 것은 불가능합니다. 하락장은 언제든 다가올 수 있지만, 긴 호흡으로 봤을 때 위기인 동시에 기회로 작용한다는 것도 알아야 합니다. 마켓 타이밍을 정확하게 포착하기 위해 노력하기보다 항상 시장에 머물면서 위기를 기회로 활용하는 것이 장기적인 수익 제고에 도움이 될 것입니다.

SECTION 02

GREAT

> "타이밍은 신의 영역일 뿐. 장기적 관점에서 혁신 기업에 투자하라."
>
> 박현주 미래에셋금융그룹 회장

They said 1

투자 구루 박현주 회장은 투자금 10억원으로 지금의 성과를 일궜다. 한국 자본 시장을 개척한 그의 철학은 혁신과 장기 투자다.

30년 후

They said 3

혁신기업의 조건

투자 전문가들은 혁신기업을 찾으려면 적어도 20~30년 뒤에도 성장하고 있을 산업에서 골라야 한다고 말한다.

700%

They said 2

테슬라의 질주

대표적 혁신주인 테슬라 주가는 지난 한 해 동안 700% 성장했다.

최소 5년

They said 4

적정 투자 기간

혁신주가 날개를 펴기까지 기다려야 하는 시간. 투자 전문가들은 최소 5년, 최대 10년을 장기 투자 기간으로 잡으라고 한다.

21 INVESTORS

성공 투자의 기본은 투자 철학! 신화를 써가는 최고의 투자 전문가들이 그들만의 혁신 기업 발굴법을 소개했다.

They said 5
ETF
이것만은 꼭, 자본시장 최대의 혁신 상품
10인의 투자 고수가 입을 모아 추천한 투자 상품은 상장지수펀드(ETF)였다. 자산가치를 실시간으로 확인할 수 있을 뿐만 아니라 거래가 쉽고 수수료가 싸다는 장점이 있다.

자산의 **5%**

They said 7
2030이라면 암호화폐 투자는 필수
투자 전문가들은 암호화폐는 화폐로서 완전히 인정받을 것이라며, 전체 투자자산의 5~10%는 비트코인 등 암호화폐에 투자하는 것이 필수라고 입을 모았다.

해외주식 **40%**
국내주식 **60%**

They said 6
2030 추천 투자 포트폴리오
투자 포트폴리오는 해외주식 40%, 국내주식 60% 정도가 좋으며, 종목 수는 10개를 넘기지 않을 것.

국내 바이오섹터 시가총액 비중

2000년 **0.27%**
2020년 **7.62%**

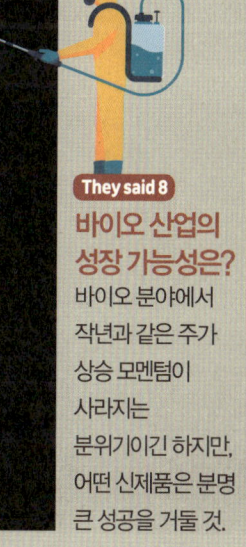

They said 8
바이오 산업의 성장 가능성은?
바이오 분야에서 작년과 같은 주가 상승 모멘텀이 사라지는 분위기이긴 하지만, 어떤 신제품은 분명 큰 성공을 거둘 것.

1958년 광주 출생
1983년 고려대 경영학과 졸업
1991년 동원증권 최연소 지점장
1998년 미래에셋자산운용 설립
2016년 미래에셋대우 출범

박현주 미래에셋금융그룹 회장
한국 자본 시장의 혁신가

: 고수들의 주식 발굴법을 듣기 전 자본 시장의 혁신가 박현주 회장의 투자 철학을 먼저 소개한다. 그가 최근 투자자들에게 던진 새로운 화두는 되새겨볼 가치가 있다고 판단했기 때문이다. "기업은 혁신 기업과 혁신하지 않는 기업으로 나뉜다."

'최초, 신화, 귀재…' 국내 자본시장에서 이 같은 수식어를 독차지한 인물이 있다. 투자금 10억원으로 지금의 미래에셋금융그룹을 일궈낸 박현주 회장(63·사진)이다. '금융 불모지'로 불리는 대한민국에서 유일하게 해외 시장을 개척해낸 그는 '박현주 펀드' 신화부터 국내 1위 증권사인 대우증권 인수까지, 국내 자본시장 역사에 기록될 숱한 경험을 쌓았다. 한국경제신문이 2030세대를 위한 투자지침서를 만들면서 '한국 자본시장의 선구자'로 불리는 박 회장이 투자자들에게 전하는 조언을 가장 먼저 다루는 이유다. 타고난 동물적인 감각과 몸으로 익힌 노하우가 이제 막 투자를 시작한 '주린이'에게 소중한 길잡이가 될 것이다. 그의 투자철학을 정리해봤다.

투자철학1
"발전하는 산업, 성장하는 회사에 투자할 것"

박 회장은 어머니가 준 생활비로 주식투자를 처음 시작했다. 20대 대학생 시절엔 박 회장도 주린이었다. 하지만 투자 원칙은 확고했다. 발전하는 산업, 성장하는 회사에 투자하는 것이었다. 주로 일본 자본시장을 연구했다. 너무 격차가 벌어져 있는 미국보다는 일본에서 배울 것이 많다고 판단했기 때문이다. "우리보다 앞서 나갔던 일본 자본시장의 성장기를 읽으면서 증권주가 유망하다는 것을 알았습니다. 그때는 건설주, 무역주만 오르고 있던 때였는데 운이 좋게도 증권주가 오르기 전에 투자할 수 있었습니다."

학습이 더해진 그의 투자 감각은 떡잎부터 돋보였다. 당시 박 회장에게서 투자 상담을 받았던 사람이 7000만원으로 10억원을 벌었다는 일화가 전해질 정도다. 공부하는 습관은 지금도 여전하다. 1년에 3000~5000쪽의 책을 읽어 낸다. 박 회장은 "책을 많이 읽는 것은 고수와 대화하는 것"이라며 "의견이 다르더라도 엉터리책이라고 할 게 아니라 다시 생각해 봐야 하며, 한 번 읽지 말고 여러 번 읽고 자기 것으로 소화해야 한다"고 말했다. 학습을 통해 투자에 필요한 전반적인 경제 환경, 철학을 이해하는 게 중요하다는 설명이다. 그는 《플랫폼 레볼루션》을 읽고 아마존이나 구글, 페이스북, 알리바바 주식을

성공투자 노하우

1. STUDY
그는 지금도 1년에 3000~5000쪽의 책을 읽으며 공부한다. 학습을 통해 투자에 필요한 전반적인 경제 환경, 철학을 이해하는 게 중요하다.

2. PORTFOLIO
리스크 관리를 하면서 투자수익률을 높이는 방법은 분산 투자밖에 없다.

3. LONG-TERM
단기 투자를 선호하면 매일매일 주식 변동률에 집착하게 된다. 과도한 정보를 접하면 귀가 얇아지고, 그러면 실수할 가능성이 크다.

4. INNOVATION
'혁신'이 업종과 종목 선택의 주요 기준. 유행이 아니라 산업의 성장성과 기업의 미래 가치를 고려해 진짜 혁신 기업을 찾아야 한다.

5. ETF
ETF는 일반 펀드와 달리 자산가치를 실시간으로 확인할 수 있을 뿐만 아니라 거래가 쉽고 수수료가 싸다.

샀으면 지금 어마어마했을 것"이라며 "대학생이라면 글로벌 기업을 관찰하고 직접 투자하면서 기업과 경제를 공부해야 한다"고 말했다. 박 회장은 "직접 주식에 투자하는 모임보다 한국경제신문 등 경제지를 읽고 토론하는 동아리에 가입해 인적 자산을 키우고 투자 아이디어를 찾는 것이 투자 성공에 도움이 될 것"이라고 강조했다.

투자철학2
"답은 글로벌 장기 분산 투자, 타이밍은 신의 영역"

결국 그의 투자 철학은 '글로벌 장기 분산 투자'로 귀결된다. 그가 오랜 기간 반복해서 강조해온 투자 방법이다. 리스크 관리를 하면서 투자수익률을 높이려면 분산 투자밖에 길이 없다고 했다. 박 회장은 "미래에셋 창업 후 적자가 난 해가 없었다"며 "밖에서는 내게 공격적이라고 하지만 주식부터 채권까지 다양하게 분산하지 않고 무리를 했다면 미래에셋은 여기까지 못 왔을 것"이라고 단언했다. "타이밍을 맞춰서 (종목을) 사려고 하는 이들이 있는데, 그것은 신의 영역이다. 투자를 해보면 대표적인 종목, 우량주 장기투자가 답이었다. 틀림없었다. 모든 업종에서 주식 투자는 너무 쉬운 것"이라고도 했다.

단기 투자를 선호하는 주린이들에게 따끔한 조언도 빼놓지 않았다. 그는 "직장에서 일을 잘해야 하는데 주식만 해서 어떻게 성공하겠느냐"며 "날마다 주가 변동을 볼 필요가 없다"고 말했다. 그러면서 "과도한 정보를 접하면 귀가 얇아지고, 그러면 실수할 가능성이 크다"고 덧붙였다. 박 회장도 주린이 시절 같은 실패를 경험했기 때문이다. 실

제 주식 입문 당시 증권사 직원 추천을 듣고 '빚투'(빚내서 투자)에 나섰다가 돈을 날렸다. 박 회장은 "성격이 급하거나 실패할 때 화를 잘 내는 사람이라면 주식을 하면 안 된다"고 조언하기도 했다.

투자철학 3
"장기적인 관점에서 혁신 기업에 투자하라"

장기적인 관점에서 혁신 기업에 투자해야 한다는 것도 확고한 그의 투자 철학이다. 박 회장은 대우증권을 인수한 2015년 이미 "바이오, 전기차, 항공산업 같은 미래 산업에 투자해야 성장이 보인다"고 주장해왔다. 그는 자신은 기업을 가치주, 성장주와 같은 틀이 아니라 '혁신하는 기업'과 '혁신하지 않는 기업'으로 나눈다고 했다. 박 회장은 "과거 대우증권 인수 이후 '투자자들이 아마존과 텐센트, 테슬라를 사게 하겠다'고 했었다"며 "종목을 고른 것이 아니라 혁신하는 기업에 투자해야 한다고 이야기한 것"이라고 설명했다. 아울러 "좋은 트렌드가 있는 산업은 경기변동의 영향을 덜 받는다"며 "혁신하는 기업은 '주가수익비율(PER)'도 높게 나타난다"고 강조했다. 단순히 기존 지표를 통해 '혁신 기업'의 주가를 평가해선 안 된다는 얘기다.

특히 박 회장은 배터리 기업을 높이 평가했다. 그는 "과거 서부 개척 시대 '골드러시'가 일어났을 때 돈을 번 것은 여관, 청바지 등 연관 산업이었다"며 "향후 자율주행 전기차 시장의 패권을 테슬라와 애플 중 누가 잡든 배터리가 세이프(safe·안전)하다"고 말했다. 또한 "현대자동차의 수소차 역시 잘됐으면 좋겠다"고 덧붙였다.

국내 투자자들이 가장 많이 보유하고 있는 해외주식인 테슬라에 대해선 "테슬라의 자율주행차 산업에 초점을 놓고 볼 때 밸류에이션(가치)을 얼마나 줄지가 어려운 문제"라며 "사람들이 자율주행차를 타는 것을 안전하게 생각할까, 나아가 테슬라를 살까 고민해봐야 한다"고 했다. 유행이 아니라 산업의 성장성과 기업의 미래 가치를 고려해야 한다는 설명이다.

투자철학 4
"저금리 시대, ETF를 적극 활용하라"

최근 대세로 떠오른 상장지수펀드(ETF) 투자도 적극 추천했다. 박 회장은 "저금리 시대에 주식을 안 하면 가난하게 살 가능성이 높다"며 "자기 돈으로 직접 투자는 20~30%만 하고 나머지는 트렌드를 보고 ETF를 통해 분산·장기 투자해야 한다"고 말했다. 특히 ETF에 대해 "일반 펀드와 달리 자산가치를 실시간으로 확인할 수 있을 뿐만 아니라 거래가 쉽고 수수료가 싸다"며 "지난 30년간 자본시장의 가장 혁신적인 상품"이라고 평했다.

ETF 투자 역시 종목 투자와 마찬가지로 분산 투자해야 한다고 했다. 그는 "최고의 개별종목을 찾고, 투자수익률을 높이는 것은 전문투자자의 영역"이라며 "자본시장 밖에 있는 개인투자자는 새로운 산업을 공부하는 마음을 갖고 ETF를 중심으로 투자하는 게 좋다"고 했다.

주목할 만한 ETF 섹터로는 태양광 등 신산업을 꼽았다. 박 회장은 "이제 출발

1.
유행이 아니라 산업의 성장성과 기업의 미래 가치를 고려해야 한다고 말하는 박 회장이 높이 평가한 혁신 분야는 배터리 기업.

2.
전세계 태양광 발전 시장 규모는 2023년 1749억달러, 한화로 약190조원까지 성장할 것으로 전망된다.

하고 있는 섹터가 그 세대를 관통할 가능성이 많다"면서도 "아무리 유망한 ETF라도 '몰빵'하지 말고 여러 개에 분산 투자해 리스크를 줄여야 한다"고 부연했다. 인버스·레버리지 ETF에 대해선 "투자하지 말아야 한다"고 강조했다. "타이밍을 사는 투자는 실패한다"는 이유에서다. 인버스 상품에 투자해 성공할 확률이 낮다는 설명도 덧붙였다.

투자철학 5
"노후 준비는 초년생부터, 연금 관리 당장 시작해야"

연금의 중요성도 설파했다. "노후 준비는 50세가 넘어서 하는 게 아니라 사회 초년생 때부터 시작해야 한다"는 게 그의 지론이다. 미래에셋자산운용 설립 당시부터 '자산관리를 통한 부(富)의 증대'를 기치로 내걸었던 박 회장은 노후를 위해 연금 관리는 필수라고 강조한다. 박 회장은 "3040세대도 편안한 노후를 준비하기 위해서는 연금 투자에 나서야 한다"며 "적립식으로 장기 투자하지 않을 경우 가난해질 가능성이 높

다"고 말했다.
그는 "아이가 대학교를 다닐 때 금융교육을 하는 것은 굉장히 좋은 노후 준비일 수 있다"고도 했다. "주식 가격보다는 이 회사가 어떻게 성장했는지를 보면 취직해도 기획을 잘 할 것이고, 사업을 해도 아이디어가 떠오르고 열정이 생길 것"이란 이유에서다.
박 회장은 미리부터 준비하는 게 적은 돈으로 남에게 의지 안 하면서 당당하게 살 수 있는 방법이라고 보고 있다.

2021 유망 테마

- 배터리
- 태양광
- 자율주행·전기차

자율주행 전기차 시장의 패권을 누가 잡건 배터리 산업 자체는 성장할 것이다. 주목할 만한 ETF 섹터는 태양광 등의 신산업.

그는 "은퇴를 하고 나면 '사람들이 나를 어떻게 생각할까'란 생각을 많이 하는데, 자기 인생을 사는 게 중요하다"며 "지인 중에 아이들이 결혼하면서 집 전세 문제로 갈등을 빚는 걸 봤는데 자식이 나를 돌봐줄 것이란 사고방식에서 벗어나 자신의 삶을 살아야 한다"고도 말했다. '운동'도 노후 준비 방법으로 꼽았다. 박 회장은 "운동을 체질화, 습관화하는 사람이 건강할 확률이 높고 투자도 잘한다"고 전했다.
연금자산 역시 글로벌 분산 투자가 이뤄져야 한다는 입장이다. 특히 안전형 자산보다는 투자형 자산 비중을 높여야 한다고 했다. 그는 "자본 구성에서 한국 사회엔 불편한 진실이 있다"며 "고금리 때 저축하던 습관이 남아서 저금리에도 여전히 안전한 원금 보장 상품을 찾고 있다"고 밝혔다. 그러면서 "투자형 자산이 많이 없는 사회는 국민이 가난하다"며 "미국은 투자형 자산 비중이 50%인데 우리는 16~17%고, 230조원의 연금자산 중 투자자산의 비중은 11%에 불과하다"고 지적했다.
박 회장은 또한 앞으로 변액보험이 더 중요해질 것으로 내다봤다. 변액보험은 10년 이상 유지, 5년 이상 납입 등의 조건을 갖추면 이자소득의 세금을 면제받을 수 있는 상품이다. 그는 "세금이 오르는 것은 세계적인 추세일 수밖에 없다"며 "투자자산 중에도 변액보험과 같은 비과세 상품에 장기투자하지 않거나 조기 출금하는 식으로 투자자들이 혜택을 누리지 못하는 것은 아깝다"고 털어놨다. 세금은 지속적으로 오를 가능성이 높은 만큼 비과세 상품에 투자하는 게 점차 유리해질 것이란 관측이다.

CEO에서 여의도 스타 매니저까지
투자 고수 9人에게 듣는다

여의도 불패 신화
1. 김태우

'이기는 산업'의 '이기는 기업'을 찾아라

김태우
KTB자산운용 대표
1967년 부산 출생
1993년 연세대 경영학과 졸업
2000년 미래에셋자산운용
        주식운용팀장
2006년 피델리티자산운용 한국
        주식투자부문 대표
2016년~ KTB자산운용 대표

김태우 KTB자산운용 대표(54·사진)는 스타 펀드매니저 출신이다. 여의도 운용업계에서 '불패 신화'로 유명하다. 직접 펀드를 운용한 2001년부터 2011년까지 누적 수익률만 436%에 달한다.

그는 1993년 하나은행에 입행해 금융투자업계에 발을 들인 뒤 2000년 미래에셋자산운용으로 옮겨 '디스커버리' 펀드의 설립과 운용을 맡았다. 김 대표가 운용한 순자산 2조원이 넘었던 디스커버리 펀드는 2001년부터 2003년까지 전체 주식형펀드 가운데 매년 상위 1%에 올랐으며, 누적 수익률은 201.25%로 시장 수익률(99.91%)을 100%포인트

이상 압도했다. 이후 2004년 글로벌 운용사인 피델리티가 한국에 진출하면서 영입돼 2007년 10월부터 2014년까지 국내 최대 역외펀드인 '피델리티 코리아 펀드'를 운용했다.

2016년 KTB자산운용 대표를 맡은 이후에는 회사를 해외 주식형 펀드 분야에서 크게 성장시켰다는 평가를 받고 있다. 특히 'KTB글로벌4차산업1등주' 펀드는 국내에서 처음으로 '4차 산업' 이름이 들어간 상품이다. 4차 산업의 실체가 대중에겐 익숙히 알려지기 전이다. 이 상품으로 펀드 관련 각종 상을 휩쓸었다.

김 대표는 남들보다 한발 앞서는 투자 안목을 가지려면 "늘 'winning industry(이기는 산업)'를 찾아야 한다"고 강조했다. 주식 투자를 한다고 해서 주식시장만 보고 있기보다는 산업의 흐름, 사이클을 고민해야 한다는 얘기다. 그는 "'winning industry'의 꼴찌 기업이 'losing industry(후퇴하는 산업)'의 1등 기업보다 낫다"며 세상의 변화를 잘 관찰하라고 조언했다.

국내에서 펀드 이름에 '4차 산업'이란 단어를 처음 붙였다고 들었습니다.
2017년 출시된 'KTB글로벌4차산업1등

주'가 바로 그 펀드인데요. 지금이야 '4차 산업혁명' 등의 말을 누구나 쉽게 쓰지만 그때만 해도 아주 친숙해진 않은 모호한 단어였습니다. 4차 산업의 어떤 점에 주목했습니까.

이세돌이 알파고와 바둑 대결을 벌였던 게 2016년입니다. 이전까지만 해도 4차 산업이나 인공지능(AI)이 뭔지 몰랐던 대다수 사람이 이를 계기로 본격적으로 관심을 갖게 됐죠. 저는 4차 산업의 핵심이 '플랫폼'이라고 봤습니다. 당시 직원들에게 설명하면서 애플을 예로 많이 들었는데요. 애플의 시가총액이 400조원 할 때였습니다(현재 애플의 시총은 2500조원이 넘는다). 애플은 아이폰, 아이패드, 맥북 등 하드웨어에서도 돈을 벌지만 앱스토어가 수익 창출의 핵심입니다. 고객들이 100원 어치의 부가가치를 사용한다면 애플은 40원을 떼가는 봉이 김선달인 셈이죠. 요새는 태어나는 어린아이들도 손에 스마트폰을 들고 시작합니다. 아이폰을 쓰는 사람들이 앱스토어를 통해 서비스를 이용하는 것이 삶과 일상이 됐습니다. 이런 플랫폼은 어느 쪽으로든 뻗어 나갈 가능성이 무궁무진하다고 봤습니다. 한국에선 코스피 시가총액이 다 합쳐 1200조원일 때 미국에선 이미 애플, 구글 등 개별기업 시총 '1 trillion dollar(1조달러·약 1000조원)'를 얘기하고 있었습니다.

4차 산업의 개념을 사실상 플랫폼으로 본 거군요.

글로벌 플랫폼 기업들이 왜 자율주행차에 목을 맬까요. 자동차 자체로 돈이 많이 돼서가 아닙니다. 사람이 쓸 수 있는 시간 중 잠자는 시간, 먹는 시간 등

성장하는 업종을 찾은 뒤 톱다운 방식으로 그 안에서 종목을 찾아라. 종목을 고를 땐 영업이익률을 유지하면서도 매출이 늘어가는 기업을 골라야 한다.

성공투자 노하우

1. 호황 산업을 찾아라
경제신문의 산업면을 유심히 보면 호황인 산업이 보인다.

2. 재무제표를 확인하라
산업을 찾았다면 리딩 기업을 찾아야 한다. 리딩 기업을 찾을 때는 재무제표를 보고 영업이익률을 잘 살피자. 매출은 늘지만 영업이익률이 줄고 있는 기업이라면 시장 내에서 독점적인 경쟁력이 높지 않다는 의미다. 한 마디로 '주도주'가 아닌 것.

3. 해외 종목을 찾을 땐 ETF를 활용하라
해외 종목에 투자하고 싶다면 ETF를 사는 것이 가장 좋은 방법. 직접 투자를 해보고 싶다면 ETF의 포트폴리오를 유심히 보자. 인기 ETF가 담고 있는 기업 중 비중이 높은 종목이 있다면 투자하자.

을 빼면 가장 몰입할 때가 인터넷을 쓰는 2시간이라고 합니다. 24시간 중 2시간, 그중에서도 10분을 뺏기 위해 기업들은 각종 광고 등 엄청난 노력을 기울입니다. 그런데 미국 사람들이 차를 타고 출퇴근하는 시간을 계산하면 평균 1시간40분이라고 합니다. 지금은 1시간40분 동안 운전대를 잡고 집중하기 때문에 사용자의 눈길을 돌릴 수 없지만 자율주행이 된다면? 목적지까지 가기 위한 시간 내내 인터넷을 사용할 수 있습니다. 이를 통해 플랫폼 기업은 각종 부가서비스를 제공하며 시간을 빼앗기 위해 사활을 걸어야 합니다. 이미 8~9년 전부터 이런 개념은 퍼져 있었죠. 새로운 2시간을 차지하기 위해 1000조원짜리 회사들은 반드시 자율주행차를 만들어야 하는 것입니다. 4차 산업으로 분류되는 자율주행, 5G(5세대), 전기차 등 섹터의 중심에는 플랫폼이 있다는 걸 봤기 때문에 고객들에게도 투자를 먼저 권할 수 있었습니다. 2018~2019년엔 4차 산업 관련 펀드로 각종 상도 많이 받았죠.

그런 투자 혜안은 어떻게 해야 가질 수 있습니까. '주린이'들에게 팁을 주십시오.

주식 초보자라면 산업적인 큰 변화, 업종 사이클 등을 알기 위해 우선 경제신문의 산업면을 유심히 보라고 추천하고 싶습니다. 주식 투자를 한다고 해서 경제지의 주식·경제면만 보는 것이 아니라 산업면을 꾸준히 보면 반도체, 자동차 등 특정 산업이 호황인지 아닌지를 알 수 있습니다. 산업에 대해 큰 줄기를 따라가며 전체적인 그림을 먼저 보는 것이 중요하죠. 주식시장의 앵글이 아니라 산업에 대해 다른 각도로 접

HOW TO *lesson 1*

근하는 게 필요합니다. 우리 직원들에게도 일단 'winning industry'를 찾는 것이 무엇보다 중요하다고 늘 강조합니다. 경기민감주 등은 사이클이 있을 수 있고, 내수주라도 중국 모멘텀 등 어떤 계기로 새로운 성장기를 맞을 수 있습니다. 그래서 성장하는 업종을 찾은 뒤 톱다운 방식으로 그 안에서 종목을 알아봐야 합니다. 'winning industry'의 꼴찌 기업이 'losing industry'의 1등 기업보다 성과가 좋기 때문입니다.

전반적으로 호황인 업종을 찾으면 다음 단계는 무엇입니까.

그 안에서도 세부적으로 접근해야 합니다. 반도체 업황이 좋다고 한다면 D램이 좋은 건지, 수주 사이클이 와서 장비업체가 좋은 것인지, 출하량이 많아서 소재주가 좋은 것인지 등 구체적으로 따져보면 좋을 것 같습니다. 그다음에 종목으로 접근하는 겁니다.

종목을 찾을 땐 어떤 점을 봐야 할까요.

국내 기업의 경우 일단 재무제표로 볼 수 있는 것을 먼저 확인할 것을 권합니다. 매출, 영업이익도 물론 중요하지만 영업이익률이 중요합니다. 매출은 늘지만 영업이익률이 줄고 있는 기업이라면 시장 내에서 독점적인 경쟁력이 높지 않다는 의미입니다. 그래서 영업이익률을 유지하면서도 매출이 같이 늘어가는 기업을 골라야 합니다. 다시 말하면 'winning industry' 내에서도 'winning 기업'을 찾는다는 얘기입니다. '주도주'라고도 할 수 있겠죠. 주도 업종에서 주도 회사를 고르는 게 좋습니다.

개인들이 유가증권시장, 코스닥시장 상

1.
자율주행이 상용화된다면 주행 내내 우리는 로그인돼야 한다. 김 대표는 이에 주목, 다양한 부가 서비스를 제공할 수 있는 플랫폼 산업이 더욱 발전할 것이라 예상한다.

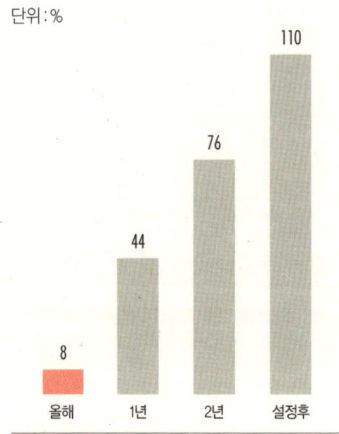

'KTB글로벌4차산업1등주' 펀드 수익률
단위:%

올해	1년	2년	설정후
8	44	76	110

자료 : 에프앤가이드 *2월 말 기준

장 종목을 하나하나 찾는 게 쉬운 일은 아닌 것 같습니다.

그렇기 때문에 사실은 펀드를 권합니다. 특히 올해는 작년처럼 아무 주식이나 사도 돈을 버는 시장이 아닐 가능성이 높습니다. 지난해엔 특별히 안목이 있다거나 운이 좋거나 하지 않아도 장이 워낙 좋아 대부분 수익을 냈을 것입니다. 그러나 지수보다 높은 수익률을 기록할 종목을 찾을 자신이 없다면 중수익·중위험 펀드를 고려하는 것도 좋은 방법이죠. 올해는 지수 자체가 올라 'β수익'에 기대기 어렵기 때문에 지수 상승을 뛰어넘어 'α수익'을 낼 종목을 찾아야 할 것입니다. 이런 장세에선 전문가인 펀드매니저의 능력을 믿어보는 것도 방법입니다. 작년을 제외하면 최근 수년간 연 10% 수익률도 쉽지 않았습니다. 올해도 그럴 가능성이 큽니다.

펀드는 어떤 걸 추천합니까.

평소 주변 지인들로부터 '펀드를 추천해달라'는 요청을 받으면 각자의 위험 성향에 따라 자산 배분 비중을 정해주는 편입니다. '하이 리스크 하이 리턴(high risk high return)'형 투자자에겐 중국 펀드 40%, 미국 펀드 40%, EMP(ETF Managed Portfolio) 펀드 20%를 추천합니다. '적당한 위험 부담과 적당한 수익'을 추구하는 이들에겐 중국 20%, 미국 20%, EMP 60%를 권합니다. 반면 '리스크를 기피하는 보수적인 투자자'에겐 EMP에만 100% 넣거나 일부 중국과 미국 주식 비중을 5~10% 가져가라고 추천합니다. 물론 국내 주식형 펀드도 좋습니다. 자신의 투자 성향에 맞게 배분하면 됩니다. (EMP 펀드는 전체 자산의 50% 이상을 상장지수펀드(ETF)나 상장지수증권(ETN)에 배분해 포트폴리오를 구성하는 상품을 말한다. ETF 자체도 여러 종목에 분산 투자하는 만큼 ETF를 모아 편입하는 EMP 펀드는 '초분산투자' 상품으로 분류된다. 절대 수익률이 다른 펀드를 압도하는 수준은 아니지만 시장이 좋지 않아도 꾸준히 이익을 내기 때문에 변동성이 큰 환경에서는 경쟁력 있는 투자 대안이 될 수 있다.)

해외주식도 직접 투자하는 이들이 늘었습니다. 국내주식보다 정보도 상대적으로 부족한 편인데요. 종목 찾는 팁이 있을까요.

해외 기업은 최근 대형 증권사에서 리포트를 내기도 하지만 여전히 커버 종목이 많지는 않습니다. 그렇다고 시가총액이 큰 회사부터 무작정 찾기보다는 ETF를 이용하면 좋습니다. 가장 쉬운 방법은 당연히 ETF를 사는 것입니다. 그럼에도 개별종목이 사고 싶다면 맨땅에 헤딩하기보다는 주요 ETF의 포트폴리오를 참고하면 좋습니다. 중국에 투자하는 수많은 ETF 중 성과가 좋은 섹터를 찾는다면 바이오, 클라우드, 그린에너지 등이 꼽힐 것입니다. 이런 인기 ETF가 담고 있는 기업 중 비중이 높은 종목이 있다면 사면 됩니다.

개인들이 참고할 만한 해외 ETF를 추천해준다면요.

관심 있는 지역과 분야에서 고수익을 내는 상품을 참조하면 될 것 같습니다. 요샌 미국에서 아크인베스트의 액티브 ETF가 주목받고 있지 않습니까. 아크인베스트의 포트폴리오를 분석해 추종 매매하는 건 일종의 글로벌 트렌드가 됐습니다. 워낙 성과가 탁월한 데다 그야말로 이 시대의 혁신 기업이 뭔지 정의를 내리고 있는 회사 아닙니까. 이런 ETF가 담고 있는 종목을 따라 사면 한 번 필터링이 된 종목이라 유리하기도 하고, 이 ETF의 매수로 인해 주가가 오른다는 장점도 있습니다. 개인들이 포털 사이트나 투자자 커뮤니티에서 정확하지 않은 정보를 얻고 논쟁하는 것보다 훨씬 성공 가능성이 높을 것입니다.

올해 시장은 어떻게 접근해야 할까요.

말씀드렸다시피 지난해엔 워낙 지수가 강세라 어떤 종목을 사도 수익을 낼 수 있었습니다. 그런데 이제는 종목에서 α수익률을 좇아야 합니다. 그런 종목을 찾는 데 많은 시간을 투자하고 전문적인 식견을 갖춰야 유리할 것입니다. 그렇지 않다면 펀드 가입을 권합니다. 아니면 ETF도 좋습니다. 개별투자를 하더라도 기왕이면 펀드나 ETF의 포트폴리오를 참고해서 투자하기를 추천합니다.

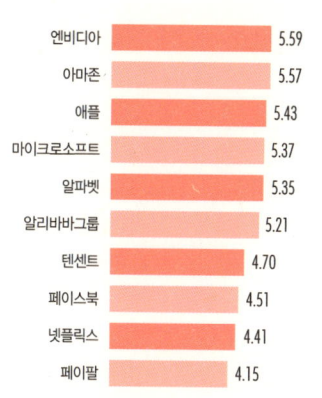

'KTB글로벌4차산업1등주' 펀드 보유종목
단위 : %

종목	비중
엔비디아	5.59
아마존	5.57
애플	5.43
마이크로소프트	5.37
알파벳	5.35
알리바바그룹	5.21
텐센트	4.70
페이스북	4.51
넷플릭스	4.41
페이팔	4.15

자료 : 한국거래소 *작년 말 기준.

HOW TO *lesson 2*

김태홍
그로쓰힐자산운용 대표
1970년 서울 출생
1996년 연세대 경제학과 졸업
2003년 미래에셋자산운용
　　　　주식운용본부장
2012년 그로쓰힐투자자문 대표
2015년~ 그로쓰힐자산운용 대표

투자업계 승부사
2. 김태홍

시장 지배력 유지할 혁신기업에 투자하라

김태홍 그로쓰힐자산운용 대표(51·사진)는 전성기 시절에 펀드매니저를 그만두고 자산운용사를 차린 '승부사'다. 2012년은 스페인발 남유럽 재정위기설로 증시가 급락해 문 닫는 자산운용사가 속출하던 시기였다. 김 대표는 새로운 도전에 나서며 기회를 모색했다. 그는 증권업계에서 시장을 선도하는 투자 전략을 제시한다는 평가를 받고 있다. 회사명인 '그로쓰힐(Growth Hill)'에는 오르락내리락하더라도 꾸준히 언덕을 올라가며 성장하자는 그의 투자

철학이 담겨 있다.

서울 여의도 HP빌딩 본사에서 만난 그는 장기적으로 보면 주식시장에는 수많은 기회가 남아 있다고 강조했다. 혁신기업들이 본격 개화하면서 고성장을 이뤄갈 초기 단계라는 게 그의 진단이다. 김 대표는 "어떤 미래가 펼쳐질지는 많은 사람이 예상할 수 있지만, 어떤 혁신기업이 미래에 꼭 필요한지, 또 그 기업은 지속 가능한지에 대해 고민해 보는 이는 많지 않다"며 "시장 지배력을 통해 혁신을 이익으로 연결할 수 있는

회사를 찾는 게 관건"이라고 강조했다. 그는 주식시장의 강세가 내년까지 이어질 것으로 봤다. 최소한 10년 만기 미국 국채 금리가 연 3% 이상이 될 때까지는 지금의 상승장이 이어질 것이라는 진단이다. 2030세대라면 비트코인 등 암호화폐(가상화폐)에 투자하는 게 이제는 선택이 아니라 필수라고 강조했다. 현직 자산운용사 대표치고는 파격적인 조언이다. 그는 "2030세대라면 자산의 최소 5%는 암호화폐에 투자해야 한다"며 "사용처가 없다는 암호화폐의 약점이 깨지면서 화폐로 자리잡을 것으로 보기 때문"이라고 설명했다.

테슬라 주가가 지난 1년 새 급등하면서 혁신기업에 대한 관심이 커지고 있습니다. 어떤 기업이 혁신기업인가요?

투자자들이 주목하고 있는 혁신기업은 기존의 시장 질서를 뒤흔드는 창조적 파괴자들입니다. 예를 들어 클라우드지요. 데이터센터 수요가 구조적으로 늘어나고 있기 때문인데요. 이제는 모든 게 데이터로 쌓이는 시대입니다. 특히 데이터가 많이 필요한 동영상이 급격히 늘고 있어요. 이젠 동영상으로 정보를 찾는 시대가 된 겁니다. 당연히 데이터량도 급증할 수밖에 없어요. 그러다 보니 데이터가 쌓이면 그 데이터를 인공지능(AI) 등을 통해 딥러닝해 활용할 수 있도록 하는 기업이 뜨게 됩니다. 이런 기업들이 앞으로 혁신의 중심이 될 겁니다. 투자자들은 시장을 보면서 어떤 혁신이 일어나고 있는지, 그 혁신의 본질은 무엇인지 주목해야 합니다. 예를 들어 전기차를 볼까요. 전기차의 혁신은 크게 두 가지입니다. 하나는 가격을 떨어뜨려 기존 내연기관이 갖고 있던

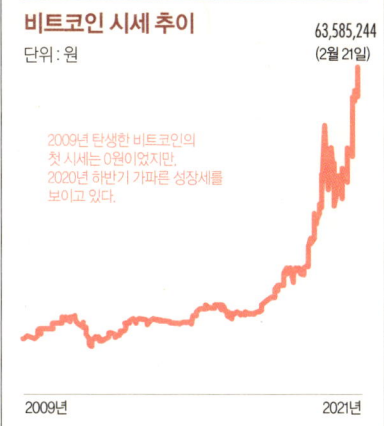

비트코인 시세 추이
단위: 원
63,585,244 (2월 21일)

2009년 탄생한 비트코인의 첫 시세는 0원이었지만, 2020년 하반기 가파른 성장세를 보이고 있다.

2009년 2021년
자료: 빗썸

성공투자 노하우

1. 망하지 않을 기업을 찾아라
20~30년 뒤에도 성장하고 있을 산업을 고민하라.

2. 지속 가능성을 갖춘 기업을 찾아라
선점 효과를 유지할 수 있는 기업에 투자해야 한다.

가격의 한계를 파괴하는 겁니다. 같은 성능인데 이제는 훨씬 저렴하게 차를 살 수 있게 되는 것이지요. 가격을 혁신한다는 건 기존의 시장 질서를 가장 빠르게 무너뜨릴 수 있는 방법입니다.

변화를 느껴도 투자할 기업을 선택하는 건 어렵습니다.

사실 이런 변화는 누구든 조금만 공부하면 생각할 수 있고 들어본 얘기입니다. 문제는 실제로 그중 어떤 기업을 고르느냐겠지요. 전 두 가지 원칙을 제시합니다. 하나는 우리가 모두 아는 기준, 망하지 않을 산업에 투자하라는 것입니다. 미래에 꼭 필요한 업종이 무엇일지, 우리가 맞을 20~30년 뒤에도 성장하고 있을 산업은 무엇일지 고민해보자는 겁니다. 두 번째가 더 중요합니다. 혁신기업이지만 혁신이 일어나는 산업 내에서 지배력을 유지해야 합니다. 지속 가능성입니다. 선점 효과를 유지할 수 있는 기업에 투자해야 합니다. 예를 들어 우리가 배달음식을 시켜 먹는다면 앱을 하나만 깔아도 됩니다. 배달의 민족, 요기요 등을 이용하면 됐죠. 다른 앱을 더 깔 필요가 없습니다. 다른 앱을 깔게 하려면 엄청난 비용이 발생하는 겁니다. 후발주자들이 쉽게 뛰어들기 어려운 구조지요. 이런 기업들이 선점 효과를 누립니다. 카카오톡도 보세요. 하나만 깔면 더 깔 필요가 없습니다. 하지만 지배적 사업자가 모두 성공하는 건 아닙니다. 핵심 경쟁력을 갖춰야 합니다.

혁신 기업에 투자하면서도 리스크를 줄일 순 없을까요?

과거 미국 서부의 골드러시 때를 떠올

려 봅시다. 모두가 금을 캐러 서부로 떠났습니다. 그 당시 정작 돈을 번 것은 곡괭이, 삽, 그리고 청바지 판매업자들이었다고 합니다. 지금도 마찬가지입니다. 모두가 혁신을 좇고 있습니다. 이 혁신 과정에 공통적으로 필요한 기업이 있습니다. 반도체, 특히 파운드리 업체들입니다. 대만의 TSMC, 삼성전자 등의 비중은 앞으로 더 커질 수밖에 없습니다. 이런 기업에 투자하는 것도 혁신의 변화를 함께하는 방법입니다.

혁신을 좇아 성공하신 적이 있나요?

요즘 뜨거운 비트코인 열풍을 보면 3년 전이 떠오릅니다. 당시에도 비트코인 가격이 급등락했어요. 주류 금융업계에서는 암호화폐가 화폐로 인정받지 못했죠. 하지만 그때도 이런 변화가 시대적 추세란 생각이 들었습니다. 그래서 블록체인산업에 투자하는 '뉴패러다임 펀드'를 내놨어요. 2018년 4월에 설정한 후 수익률이 120%를 넘었습니다. 시대 흐름을 잘 읽는 게 중요해요.

혁신에 투자할 땐 얼마큼 투자 기간을 잡아야 할까요?

산업별로 시기가 다릅니다. 하지만 적어도 5년은 기다려야 합니다. 전기차만 봐도 지금 뜨거운 투자 대상이지만 아직 순수 전기차는 전체 차량 판매의 5%도 채 안 됩니다. 이게 전체의 30~40%까지 오르려면 증설이나 인프라 확장을 해야 하니 그만큼 시간이 걸립니다. 그런 시간을 기다리면서 꾸준히 투자해야 합니다. 다른 산업들도 마찬가지입니다. 아까 강조했던 데이터센터 부족 현상도 구조적으로 계속될 겁니다. 코로나19로 유튜브 사용량이 많아지니 유튜브가 다운되기도 했지요? 그런 사례들 때문입니다. 스노우플레이크, 클라우드스트라이크 같은 데이터 가공 업체들이 본격 성장하려면 10년 정도는 내다보고 투자하는 게 맞습니다.

2차전지, 5세대(5G) 이동통신 등 4차 산업혁명 관련주들의 전망은 어떻게 보시나요?

2차전지는 시대적으로 성장세입니다. 조정을 매수 기회로 삼는 게 맞습니다. 장기적으로 투자하지 않을 수 없습니다. 다만 5G는 통신장비 수혜 효과가 약해졌어요. 주가 상승 여력이 더 남았다고 보지 않습니다. 향후 5G가 기업 간 거래(B2B) 영역에서 커질 수 있는 건 맞습니다. 그런데 지금 수혜를 보는 기업이 그때의 수혜 기업이 될 수 있을까요? 그게 아니라면 지금은 투자 매력이 다소 떨어졌습니다.

당장의 유망 업종은 무엇입니까?

올해는 경기 회복 관련주를 보는 게 좋습니다. 당장 코로나19 백신 접종이 시작되면 그동안 덜 올랐던 경기 관련주가 본격 상승할 수 있습니다. 가령 경기가 나빠지면 가장 먼저 줄이는 광고가 대표적이죠. 기저효과를 토대로 빠르게 실적이 개선될 수 있을 것으로 봅니다. 더 크게 보자면 우리나라가 글로벌 시장에서 중간재 생산 역할을 맡고 있는 기업을 눈여겨봐야 해요. 가파른 경기 회복의 수혜주입니다. 전 화학을 지켜보고 있습니다.

플랫폼주의 미래는 어떻게 될까요?

네이버와 카카오는 아직도 유망하다고

1.
김태홍 대표는 2030 세대에게 암호화폐 투자는 선택이 아닌 필수라며 '전체 투자자산의 5~10%는 암호화폐로 들고 있을 것'을 권했다. 암호화폐는 이제 화폐로서 완전히 인정 받았다는 생각에서다.

봅니다. 플랫폼 종목들이 국내 시장에만 한정된 것처럼 보는 시각이 있어요. 꼭 그렇지 않습니다. 일단 한국 시장에서만 할 수 있는 혁신을 만들어가면 됩니다. 그리고 해외에서 잘하는 분야가 나타나고 있습니다. 웹툰이 대표적이죠. 과거 일본이 만화책으로 전 세계를 휩쓸었다면 이젠 한국의 웹툰이 대세가 되고 있습니다. 이런 변화의 중심에 플랫폼주들이 있습니다. 카카오만 해도 대표적인 혁신기업이라고 할 수 있습니다. 카카오는 전 국민이 하루에 10번씩 오는 백화점을 갖고 있는 것과 마찬가지라고 해요. 10층 건물 백화점인데 아직은 1~2층에서만 물건을 팔고 있는 것이지요. 앞으로 다른 층에서 뭘 팔지가 관건입니다. 카카오페이, 카카오T 등 사업 확장성이 무궁무진합니다.

2030 세대의 투자가 급격하게 증가한 것은 어떻게 보시나요.

매우 바람직하다고 봐요. 지금은 투자를 잘 배울 수 있는 기회가 많아요. 유튜브가 대표적 도구죠. 이런 도구를 통해 혁신기업을 발굴하고 장기 투자하는 게 중요해요. 투자에서 가장 큰 무기는 '시간'입니다. 2030세대는 투자금은 적더라도 시간이라는 가장 강력한 무기를 갖고 있어요. 이를 활용하려면 하루 빨리 투자를 시작하는 게 좋습니다.

2030 투자자들에게 하고 싶은 조언이 있나요.

어디서 주워들은 얘기에 현혹돼선 안 돼요. 눈앞의 이익에만 집중하다 보면 큰 흐름을 놓칩니다. 우리가 여행을 가도 그 여행지에 있는 관광지와 맛집 등을 공부하고 가지 않습니까. 마찬가지

> 66
> 혁신기업이면서도 혁신이 일어나는 산업 내에서 지배력을 유지하는, 선점 효과를 유지할 수 있는 기업에 투자하라.
> 99

2030 추천 주식 투자 포트폴리오

해외 주식 40%
국내 주식 60%

최대 종목 수는 10개 이내로

10개

성장주 | 가치주

로 투자도 발품을 팔고 계획을 짜야 합니다. 어떤 기업이 혁신기업인지 공부하고 찾는 훈련이 필요합니다.

2030을 위한 투자 포트폴리오를 추천해 주세요.

주식만 놓고 보면 해외주식 40%, 국내주식 60% 정도가 좋겠습니다. 종목 수는 10개를 넘기지 않는 게 좋아요. 더 많아지면 꾸준한 공부가 안 됩니다. 내가 투자한 종목이 잘 안 오르는 걸 참지 못하는 젊은 세대의 특성을 고려하면 너무 성장주 중심의 포트폴리오는 짜지 마세요. 자신이 잘 아는 기업을 중심으로 내수 기업도 포트폴리오에 담는 게 좋습니다. 왜냐면 성장주가 오를 때 가치주는 빠지고 반대로 가치주가 오를 때 성장주가 떨어지는 일이 많기 때문입니다. 상승과 하락이 상쇄하면서 장기적으로 동반 상승할 수 있는 구성을 만드는 게 좋습니다.

암호화폐 투자는 어떻게 보시나요?

2030이라면 암호화폐 투자는 이제 '선택'이 아니라 '필수'라고 생각합니다. 전체 투자자산의 5~10%는 암호화폐로 들고 있어야 합니다. 암호화폐는 이제 화폐로서 완전히 인정받고 있다고 봅니다. 과거 암호화폐를 부정적으로 보던 사람들의 근거는 사용처가 없다는 점이었는데 최근 몇 개월 새 달라졌어요. 테슬라를 비트코인으로 사는 시대가 오고 있는 겁니다. 심지어 블랙록 같은 거대 운용사들도 암호화폐 투자를 준비하고 있어요. 투자 측면에서나, 금융 측면에서나 기존에 암호화폐가 갖고 있던 약점이 사라지고 있다는 점에 주목해야 합니다.

HOW TO *lesson 3*

증권계 심폐소생사
3. 안정환

시장보다 반 발짝만 앞서 투자하라

안정환
BNK자산운용 CIO
1971년 충남 천안 출생
1999년 서울시립대 경제학과 졸업
2001년 NH투자증권 스몰캡 팀장
2014년 앱솔루트 자산운용
　　　　운용총괄(CIO) 상무이사
2020년 BNK자산운용 총괄 CIO

증권가에서 안정환(50·사진) BNK자산운용 최고투자책임자(CIO·부사장)는 '심폐소생사'로 불린다. 그가 다니는 회사마다 펀드 수익률이 급등한 데서 나온 별명이다. LG투자증권(현 NH투자증권)에서 근무할 때는 조선주에 투자해 다섯 배 이상의 수익을 거뒀다. 그가 세운 앱솔루트투자자문에서는 고객 계좌로 연 50%의 수익을 올렸다. BNK자산운용도 그의 심폐소생을 거쳤다. 과거 GS자산운용이었던 BNK자산운용은 2015년 BNK금융그룹에 인수될 당시 존폐를 걱정했다. 하지만 그가 주식운용총괄로 합류한 지 1년3개월 만에 상황이 바뀌었다. BNK자산운용은 2019년 금융투자협회가 선정한 국내 액티브 주식형 펀드 수익률 1위 운용사로 뽑혔다.

지금도 높은 수익률을 올리고 있다. BNK자산운용 대표 펀드인 'BNK튼튼코리아1호'는 최근 1년 수익률이 65%(2월 23일 기준)가 넘는다. 사모펀드인 'BNK코어플러스1호'는 최근 1년 수익률이 144%에 달한다. 안 부사장에게 주식투자 비법을 물어봤다.

주식투자를 어떻게 해야 잘할 수 있나요.
모든 투자의 기본은 가치관입니다. 시장에서 물건을 비교하듯 주식을 매매할 때도 기준이 있어야 합니다. 그런데 기준은 남이 주는 것이 아닙니다. 매매를 하는 데 있어서도, 기업을 고르는 데 있어서도 기준과 잣대가 있어야 합니다. 여기서부터 투자를 출발해야 합니다. 저는 주식을 잘하는 데 크게 세 가지가 필요하다고 생각합니다. 첫 번째는 좋은 기업을 고르는 것입니다. 두 번째는 좋은 기업을 좋은 가격에 사는 것입니다. 세 번째는 와이 나우(why now)입니다. 이 종목을 왜 지금 매수해야 하는지 판단하는 작업입니다. 매수 시점을 고르는 것이 가장 중요하면서 어렵습니다.

좋은 기업을 고르는 기준은 무엇인가요.

좋은 기업의 첫 번째 조건은 안 망하는 기업입니다. 이것이 투자의 기본입니다. 그냥 삼성전자니까…그러면 안 됩니다. 삼성전자가 왜 망하지 않는 기업일까요? 삼성전자가 좋다는 것은 재무제표에 나와 있습니다. 삼성전자의 2004년 자본금은 8975억1400만원입니다. 가장 최근 보고서인 작년 3분기에도 자본금이 8975억1400만원입니다. 자본금이 변하지 않았다는 것은 증자, 즉 주식을 찍어 팔지 않았다는 얘기입니다. 동시에 자본총계는 계속 늘고 있습니다. 자본총계 증가는 이익잉여금이 꾸준히 늘고 있기 때문입니다. 2017년 자본총계는 214조4914억원입니다. 작년 3분기는 276조1361억원을 기록했습니다. 많은 기업은 증자를 통해 투자금을 마련합니다. 하지만 증자는 주주 가치 희석을 동반합니다. 삼성전자는 충실히 이익을 내고, 벌어들이는 돈으로 투자하고 회사를 키우고 있습니다. 웬만한 사이클로 망하는 회사가 아니라는 뜻입니다. 이래서 삼성

전자가 좋다는 말을 붙이는 겁니다.

그러면 투자 위험이 있는 기업은 어떤 기업일까요.

A라는 바이오기업을 보겠습니다. 이 회사의 2017년 말 자본금은 181억9520만원입니다. 2018년 말에는 195억8741만원, 2019년 말에는 213억7112만원으로 커졌습니다. 2020년 3분기에는 263억2919만원을 기록했습니다. 그런데 2019년 자본잉여금은 3717억9060만원에서 2020년 3분기 7450억4657만원으로 급증했습니다. 자본금은 50억원 늘었는데, 자본잉여금이 3700억원 늘었습니다. 자본총계는 자본금, 이익잉여금, 자본잉여금으로 구성됩니다. 건강한 기업은 이익잉여금 비중이 높습니다. A기업의 자본총계 절대 구성은 자본금과 자본잉여금입니다. 주식을 찍어 팔았다는 얘기입니다. 실제로 이

성공투자 노하우

1. 나만의 기준과 잣대를 가져라
모든 투자의 기본은 가치관. 시장에서 물건을 비교하듯 주식을 매매할 때도 기준이 필요하다.

2. 좋은 기업을 골라라
좋은 기업이란 안 망하는 기업을 말한다. 다만 여기서 왜 안 망하는 기업인지를 파악하는 작업이 중요하다.

3. 좋은 기업을 좋은 가격에 사라
가격을 따질 때 주가는 의미 없다. 시가총액을 봐야 한다. PBR, PER, ROE를 비교해 좋은 가격을 찾아라.

4. 질문을 던져라, Why Now?
산업 전반에 대한 지식, 시장을 읽는 감, 자신만의 스토리를 동원해 매수 시점을 찾아야 한다. 단, 시장보다 한발짝이나 반발짝만 앞서자. 모든 투자는 투자 시점으로부터 1~2년 안에 만개하는 게 좋다.

기업은 액면가 500원짜리 주식을 주당 5만~10만원에 팔았습니다. 그런데 이익은 낸 적이 없습니다. 결손금이 2019년 52억원, 2020년 3분기 628억원을 기록했습니다. 이 기업 주가는 2019년 8월 1만9000원대까지 떨어졌습니다. 그해 10월에는 주가가 18만원까지 갔습니다. 그사이 증자를 했습니다. 물론 벤처기업 등이 증자를 통해 투자금을 조달하는 것은 바람직한 현상입니다. 하지만 증자만으로 계속 기업 활동을 영위하는 기업이라면 투자에 주의해야 합니다.

이런 기업에 투자해 대박 날 수도 있지 않나요.

물론 대박 날 수도 있습니다. 하지만 주식은 부동산과 다릅니다. 부동산은 부채가 크지 않으면 본질은 없어지지 않습니다. 사이클의 업다운만 있습니다. 하지만 기업은 부도날 수 있습니다. 만약 1000만원을 가지고 매년 두 배씩 벌면 10년 후에는 투자금이 102억4000만원이 됩니다. 하지만 부도나면 한순간에 0원이 될 수 있습니다.

좋은 가격은 어떤 기준으로 판단해야 할까요.

주식투자는 제품을 본질보다 싸게 사서 본질 가치 이상으로 파는 것입니다. 투자 기회는 경기 상황에 따라 가격이 오르고 내릴 때 생깁니다. 싼 가격을 평가하는 기준은 많습니다. 다만 가정이 많이 들어가는 측정법은 좋지 않습니다. 가정이 틀리는 순간 모든 기준이 틀려지기 때문입니다. 저는 주가순자산비율(PBR), 주가수익비율(PER)과 보조장치로 자기자본이익률(ROE)을 봅니

HOW TO lesson 3

다. 작년 3월 주가가 7000원대였다가 최근 여섯 배까지 올랐던 우주일렉트로라는 종목을 예를 들어 말씀드리겠습니다. 가격을 볼 때 주가는 의미가 없습니다. 시가총액을 봐야 합니다. 현재 우주일렉트로의 시가총액은 2881억원(2월 22일 기준)입니다. 코로나19가 터진 지난해 3월 시가총액은 700억원 수준이었습니다. 그런데 코로나19가 터진 작년 이 회사의 순자산가치(자본총계)는 1900억원이었습니다. 700억원을 1900억원으로 나누면 PBR은 0.36배가 됩니다. 이것은 1만원짜리 물건이 3600원에 나왔다는 것입니다. 또 검증할 게 있습니다. 자산이 부실 자산일 수 있습니다. 예컨대 재고품이 쌓였거나, 안 팔리는 휴대폰 부품을 갖고 있거나 그런 것입니다. 이럴 때 재무구조를 봅니다. 2019년 말 기준 이 기업은 순현금을 700억원 넘게 보유했습니다. 동시에 2019년 150억원의 영업이익을 올렸습니다. 당시 주가로 배당수익률이 4%가 넘었습니다. 그런데 시가총액이 700억원이었던 겁니다. 은행에 돈을 넣는 것보다는 이 기업을 사는 게 좋았던 이유입니다. 저는 PBR이 1배보다 낮고, 여기에 PER이 10배 이하면 절대적으로 싸다고 봅니다. 다만 ROE가 낮으면 PBR을 낮게 평가할 수밖에 없습니다. 만약 PBR이 1배가 넘는데 ROE가 20%가 넘으면 괜찮은 가격이라고 볼 수 있습니다. ROE는 어닝의 효율성을 나타내는 지표입니다. 예를 들어 설렁탕집을 차렸는데 1년에 500만원을 벌면 ROE는 5% 수준입니다. 1000만원이면 ROE가 10%가 됩니다. ROE가 5%일 때와 10%일 때 투자 결정이 달라질 수밖에 없습니다.

매수의 정석

step 1
일상생활에서 아이디어를 찾아라
생활하는 모든 것에서 투자 기회가 있는지 생각해보고 분석하는 것이 투자의 출발임. 일상을 잘 돌아보면 모두에게 투자 기회가 있다.

step 2
업종과 종목 분석
좋은 기업인지, 좋은 가격인지 검증할 차례. 현 시장 상황과 종목의 매출 구조 등을 면밀히 따져 업종을 선별해야 한다. 또 매수 시점이나 모멘텀이 좋아도 가격이 많이 오른 상태면 재고하는 것이 좋다.

세 번째 원칙인 'why now', 즉 매수 시점을 어떻게 판단할 수 있을까요.

좋은 기업과 좋은 가격을 찾는 법은 주식투자에서 기본으로 알아야 합니다. 하지만 제일 중요한 것은 'why now'입니다. 좋은 기업을 좋은 가격에 사는데 왜 지금 사야 하냐 이겁니다. 좋은 기업과 좋은 가격을 찾는 법은 공부만 열심히 하면 습득할 수 있습니다. 하지만 매수 시점을 정하는 것은 산업 전반에 대한 지식, 시장을 읽는 감, 자신만의 스토리가 필요합니다. 특히 좋은 기업을 좋은 가격에 샀어도 너무 일찍 사면 마음고생만 하다 오르기 전에 팔아버릴 수도 있습니다. 그래서 인내력이 요구되는 경우가 많습니다.

2000년대 정보기술(IT) 버블 때 워런 버핏은 힘들었을 것입니다. 그의 원칙으로 보면 IT기업들은 버블이었습니다. 당시 급등하던 IT기업들은 그가 보기에 좋은 기업과 좋은 가격이 아니었습니다. 연구에 따르면 돈을 잃었을 때보다

다른 종목만 오를 때 가장 고통스럽다고 합니다. 좋은 기업을 좋은 가격에 샀어도 내 종목만 안 가면 힘들 것입니다. 내 판단이 맞는지 검증하고 또 검증해도 힘듭니다. 가장 훌륭한 투자는 열 발짝 앞선 투자가 아니라 한 발짝 또는 반 발짝 앞선 투자입니다. 좋은 기업을 좋은 가격에 사도 100년을 기다릴 수 없습니다. 모든 투자는 투자 시점으로부터 1~2년 안에 만개하는 게 좋습니다. 사업가는 10~20년 내다보지만 투자가는 1~2년을 보고 투자해야 합니다.

매수 시점을 잘 판단하는 능력을 기르는 비법은 무엇일까요?

매수 시점을 판단하는 것은 어렵습니다. 그렇기 때문에 자신이 잘 아는 분야, 일상에서 투자 기회를 찾기를 추천드립니다. 생활하는 모든 것에서 투자 기회가 있는지 생각해보고 분석하는 것이 투자의 출발입니다. 일상을 잘 돌아보면 모두에게 투자 기회가 있기 때문입니다. 제 사례를 통해 설명드리겠습니다. 저는 1997년 외환위기 당시 캐나다 밴쿠버에서 연수하고 있었습니다. 당시 캐나다에서는 홈쇼핑이 보편화돼 있었습니다. 이후 한국에 돌아와 증권사에 취직했습니다. 2001년 퇴근해 집에 갔을 때 아내가 홈쇼핑을 보고 있던 걸 발견했습니다. 저녁 10시였습니다. 왜 드라마 볼 시간에 홈쇼핑을 보고 있냐고 물었습니다. 아내의 답변은 홈쇼핑이 훨씬 재미있다는 것이었습니다. 이것을 계기로 LG홈쇼핑(현 GS홈쇼핑)에 투자했습니다. 2만원대였던 주가가 1년 만에 20만원으로 올랐습니다. 이런 식으로 일상에서 투자 아이디어를 얻을 수 있습니다.

최근에도 그런 성공 사례가 있었나요?

최근에도 일상에서 투자 아이디어를 얻은 적이 있습니다. 2019년 4~5월께 술자리에서 사람들이 맥주 테라와 소주 진로이즈백을 섞어 마시는 것을 발견했습니다. 조사해 보니 테라와 진로이즈백 모두 하이트진로에서 만들고 있었습니다. 실적이 급증할 것이라는 확신이 들었습니다. 실제로 주가가 급등했고, 저 또한 많은 수익을 올릴 수 있었습니다. 아내가 네이버페이로 쇼핑하는 것을 보고 네이버에 투자하기도 했습니다. 아이디어의 통로를 넓히는 것도 중요합니다. 일상에서 경제신문을 읽는 습관을 들이고, 유튜브 등을 보는 것을 추천하는 이유입니다. 예컨대 뉴스를 꾸준히 봤다면 작년에 정부가 주택 공급을 늘린다는 뉴스를 보셨을 겁니다. 이를 통해 올해는 건설주가 유망하다는 아이디어를 얻을 수 있었을 겁니다.

1.
안정환 CIO가 일상생활에서 아이디어를 얻어 성공한 사례인 하이트진로. 2019년께 술자리에서 사람들이 진로이즈백과 테라를 섞어 마시는 것을 보고 성장을 예상해 투자한 것이 맞아떨어졌다. 이렇게 주변 모든 것을 면밀히 관찰해 아이디어를 얻는 것이 중요하다.

일상생활에서 투자 아이디어 얻고 좋은 기업을 좋은 가격에 사는 습관을 들여 1~2년을 바라보고 투자하라.

아이디어를 바탕으로만 매수하면 위험하지 않습니까.

아이디어를 얻은 다음 업종과 종목을 분석하는 작업이 필요합니다. 당연히 좋은 기업인지, 좋은 가격인지 검증해야겠죠. 저는 매수 시점이나 모멘텀이 좋아도 가격이 많이 오른 상태면 투자를 안 합니다. 업종 내에서도 선별하는 작업이 필요합니다.
예를 들어 삼성전자 냉장고가 잘 팔린다는 이유로 투자해야 할까요? 아닐 것입니다. 삼성전자는 매출의 대부분을 반도체가 차지합니다. 냉장고가 아무리 팔려도 실적에서 차지하는 비중이 작을 것입니다.
같은 논리로 최근 건설주에 투자한다고 생각했으면, 국내 사업 비중이 얼마나 되는지 조사해야 했을 것입니다. 국내 건설경기가 좋아도 해외 매출이 많은 종목이면 혜택을 볼 가능성이 작기 때문입니다.

HOW TO *lesson 4*

여의도 애널리스트의 전설
4. 정우철

거래정지 해제
턴어라운드 기업
유심히 살펴야

정우철
바른투자자문 대표
1969년　서울 출생
1999년　런던대 금융경제학 석사
2000년　대우증권 애널리스트
2007년　미래에셋증권 애널리스트
2013년~　바른투자자문 대표

정우철 바른투자자문 대표(52·사진)는 2000년대 여의도 증권가를 주름잡던 애널리스트 출신이다. 당시 비교적 규모가 작았지만 신산업으로 각광받았던 인터넷·게임 분야를 주로 맡았다. 한경비즈니스 등 주요 경제지의 '베스트 애널리스트' 조사에서 20회 넘게 1위를 차지할 정도로 탁월한 분석력을 자랑했다.

증권업계에 들어온 지 7년 만에 임원(이사)으로 승진하는 등 애널리스트로서 승승장구하던 정 대표는 2013년 투자자문사를 차리며 셀사이드(sell side)에서 바이사이드(buy side)로 옮겨갔다. 이후 저평가된 중소형 가치주에 주로 투자하면서 꾸준히 실적을 쌓았다. 그런 노력의 결과가 지난해 100% 넘는 수익률을 안겨다 주며 빛을 발했다.

정 대표의 투자 철학은 '성장 모멘텀에 기반한 가치투자'로 정리할 수 있다. 그는 기본적으로 실적 등 펀더멘털 대비 주가가 저렴한 가치주를 선호한다. 하지만 성장 모멘텀을 찾지 못해 앞으로 오를 일이 없는 '저성장 저평가주'에 대한 투자는 경계했다.

기업의 성장 모멘텀은 해당 기업이 속한 산업에서 찾았다. 성장 산업을 먼저 파악한 뒤 그 안에서 종목을 고르는 방식이다. 투자 대상 종목은 철저히 밸류에이션을 잣대로 선별한다. 주가가 여기서 더 떨어질 거라고 예상하기 어려울 만큼 실적이나 보유 자산 대비 저평가가 극심한 종목만 찾아내는 것이다. 식품이나 섬유 등 전통 산업에 속했던 회사라도 수소차 등 미래 성장 동력에서 두각을 드러냈다면 과감히 투자했다. 마치 진흙 속에서 진주를 찾는 것처럼 말이다.

과거 애널리스트로 명성을 날렸는데요. 투자자문사를 차리게 된 이유가 궁금합니다.

저는 10년 넘게 증권사 리서치센터에서 철강, 건설, 인터넷·게임, 소프트웨어 등 다양한 산업을 담당하는 애널리스트로 활동했습니다. 특히 인터넷·게임을 오래 담당했는데요. 수많은 기업이 생겼다 사라졌지만 치열한 경쟁에서 살아남은 네이버, 카카오, 엔씨소프트는 이제 국내를 대표하는 기업으로 성장했습니다. 네이버가 아직 주식시장에 상장되기 전 탐방을 갔던 기억도 납니다. 네이버가 기업공개(IPO)를 앞두고 실시한 기업설명회에서 '수익을 내지 못하는 포털 사업을 왜 하느냐'는 질문이 나왔던 것도 생생하네요.
2013년에 증권사를 떠나 바로 투자자문사인 바른투자자문을 설립했습니다. 가장 큰 이유는 새로운 도전을 해보고 싶었기 때문이에요. 당시에는 돈을 직접 굴리는 펀드매니저도 얼마든지 잘할 수 있다고 생각했습니다. 그런데 지금 와서 보니 완전히 다른 직업이더군요. 애널리스트가 자신의 의견을 갖고 시간과 단기 결과에 상관없이 시장을 이끌고 간다고 한다면, 펀드매니저는 시장과 시간에 순응하면서 시장의 방향을 감지해야 하는 직업입니다.

> **성장 산업군에 속해 있는 기업 중 상대적으로 오르지 못해 밸류에이션이 낮은 종목을 택하라.**

성공투자 노하우

1. 선 시장, 후 종목
시장이 별로면 종목이 좋아도 투자 성적이 좋기 어렵다.

2. 밸류에이션 낮은 기업을 보라
성장 산업군에 속해 있는 기업 중 밸류에이션이 낮은 종목을 택하라. 성장 모멘텀이 있는 기업은 향후 시장 기대보다 더 많은 이익을 낼 가능성이 높다.

3 자신만의 기준, 투자 철학을 가져라
누군가의 뒤만 따라다니다간 낭패를 볼 수 있다. 자신만의 기준, 철학이 있어야 흔들리지 않을 수 있다.

애널리스트로서 인터넷·게임 등 고성장 산업을 주로 맛본 경험 때문인지 회사 설립 초기엔 고수익을 추구했어요. 그러다 보니 수익 변동성도 그만큼 커졌습니다. 하지만 투자자문업 특성상 리스크가 전혀 없이 운용할 수는 없다고 생각해요. 꾸준한 리서치를 통해 리스크를 최대한 줄이는 게 맞는 길이라고 봅니다. 그래서 저는 경기에 민감한 시클리컬(경기민감주)보다는 성장 산업에 대한 투자 비중이 높아요. 또한 종목 수를 늘리기보다는 일부 성장 종목에 집중 투자하려고 합니다.

바른투자자문이 지난해 변동성이 심한 장세에서 우수한 성과를 냈다고 들었습니다.

올 2월 1일 기준 저희가 투자자문을 맡은 고객 계좌에서 지난 1년간 약 100%의 수익률을 기록했습니다. 국내 한 대형 증권사가 거래하는 전체 자문사 중 수익률 1등을 달성하기도 했고요. 저희는 총 수탁액이 500억원 미만인 중소형 자문사입니다. 소수 고객의 돈을 자문 형태로 굴리는 거죠. 처음 시작할 때부터 기관투자가 자금보다는 개인이나 법인 등 절대 수익을 원하는 자금 수요를 주로 모집했습니다.

비결은 무엇에 있다고 보십니까.

저희는 기본적으로 '톱다운' 방식으로 산업을 선정한 뒤 '보텀업' 방식으로 종목을 고릅니다. 아무리 좋은 기업이라고 해도 소속된 산업이 시장에서 소외돼 있으면 저평가 국면을 벗어나기 어려워요. 그래서 우선 성장하는 산업을 찾은 뒤 해당 산업 내에서 투자할 만한 종목을 골라 집중 투자합니다. 작년 수

HOW TO lesson 4

익률이 좋았던 건 저희가 생각했던 바이오·2차전지·수소차 등 성장 산업이 적중했고, 주식시장도 여기에 우호적으로 움직였기 때문입니다. 시장이 별로면 아무리 좋은 종목에 투자해도 높은 성과를 내기 쉽지 않아요.

'시장 트렌드나 경제 전망을 사지 말라. 밸류를 사라'는 말도 인상 깊은데요. 이런 관점을 갖게 된 이유는 무엇인가요.
여기서 말한 시장 트렌드는 테마 등 단기에 수급이 집중되는 종목을 말합니다. 시장 트렌드는 자주 변화하기 때문에 그때그때 대응하다 보면 늘 한 발 늦는 투자를 하게 됩니다. 또한 경제 전망은 과거 데이터를 기반으로 하기 때문에 후행적인 측면이 있어요. 지난해 초 코로나19 사태가 터지면서 당시 대부분의 전문가가 실물경제와 주식시장에 대해 비관적 견해를 나타냈지요. 하지만 현실에서는 주식시장이 사상 최고 수준의 강세를 보였다는 점이 이를 입증합니다. 그래서 저희는 성장 산업군에 있는 기업 중 절대적으로 저평가된 종목에 대한 투자를 선호합니다. 이런 종목들이 하락할 경우 추가 매수를 통해 오히려 비중을 늘리고요.

유망 기업 발굴에 일가견이 있다고 알려졌는데요. 자신만의 기업 발굴 노하우를 소개해 주세요.
기본적으로 주가가 많이 오른 종목은 피하고 밸류에이션이 싼 종목을 선호합니다. 여기서 기업의 밸류에이션이 낮다는 말은 주가 상승 가능성이 높다는 걸 의미하는 건 아닙니다. 주가가 더 떨어질 가능성이 낮다는 뜻이죠. 밸류에이션이 낮고 주가가 상당 기간 오르지 못한 기업은 특별한 일이 없다면 앞으로도 오를 가능성이 낮은 저평가 국면에 머물 가능성이 큽니다. 주가 상승을 이끄는 건 밸류에이션이 아니라 성장 모멘텀이기 때문이죠. 따라서 성장 산업군에 속해 있는 기업 중 상대적으로 오르지 못해 밸류에이션이 낮은 종목을 택하는 것이 가장 좋습니다. 성장 모멘텀이 있는 기업은 향후 시장 기대보다 더 많은 이익을 낼 가능성이 높습니다.

기업의 주가 상승이 가장 크게 나올 땐 적자에서 흑자로 전환할 때입니다. 이런 턴어라운드 기업을 미리 찾아내는 것은 기업 탐방을 통해서만 가능합니다. 사실 이런 정보는 회사를 직접 가보지 않으면 알 수 없죠. 또 해당 산업의 업황도 중요합니다. 만약 건설업이 별로라고 한다면 건설사 중 성장 모멘텀이 나오기 쉽지 않습니다. 반면 업황이 좋으면 우리가 생각했던 것 이상으로 이익을 거두는 회사가 분명히 나오게 되죠. 이렇게 산업으로 포커스를 좁힌 다음에 거기에서 밸류에이션이 싼 종목을 찾기 시작합니다.

최근 제가 수소 관련 산업군에서 찾은 종목 중 삼양사라는 곳이 있어요. 시가총액이 6000억원이 채 안 되는데, 지난해 3분기까지 영업이익 1000억원이 넘었습니다. 주가수익비율(PER)은 6배에 불과하고요.

그런데 시가총액 1조1000억원이 넘는 JB금융지주의 최대주주가 바로 삼양사입니다. 삼양패키징, KCI 등 상장회사들의 최대주주이기도 하죠. 그럼 이런 회사가 왜 쌀까요. 삼양사는 화학·식품회사입니다. 밀가루와 설탕 등을 만들고 페트병 관련 사업을 주로 하죠.

이런 사업은 성장성이 거의 없는 게 사실이에요. 전형적인 저성장 저평가주로 보이죠. 하지만 저희는 삼양사의 잠재력을 눈여겨봤습니다. 삼양사가 자회사를 통해 수소차용 이온교환필터 등 수소 관련 사업을 하기 때문이죠. 그뿐만이 아닙니다. 앞으로 미래차의 성공을 좌우할 자동차 경량화에 필요한 소재 등도 생산합니다. 삼양사는 1920년대 만주에서 탄생한 회사예요. 지금까지 기업을 이어온 만큼 쉽게 망할 회사가 아닙니다. 거기다 자동차 경량화, 쇠보다 더 강한 플라스틱, 썩는

2021 유망테마

친환경

신재생에너지와 전기차, 수소차 등의 이슈는 지속될 것.

1. 여의도에 설치된 수소차 충전소. 환경부는 2050년까지 국내 자동차를 100% 전기 및 수소차로 전환하는 것을 목표로 삼았다.

플라스틱인 바이오 플라스틱, 멸균 가능한 페트병 등 미래 산업에 필요한 기술력도 갖추고 있죠. 그런데 이런 잠재력을 시장에서 제대로 인정받고 있지 못하는 것 같아요.

과거 투자에 성공한 대표적 사례를 소개해 주세요.

우선 엘앤케이바이오라는 코스닥시장 상장회사입니다. 이 회사는 과거에 회계 문제로 거래가 정지됐었어요. 그러다 투자 직전에 거래 정지가 풀려 관심을 갖게 됐습니다. 사실 이런저런 이유로 한 번 거래가 정지된 종목은 풀리기 쉽지 않아요.

대부분은 상장폐지로 이어지죠. 오죽하면 '거래 재개는 신규 상장보다 어렵다'는 말까지 나올 정도니까요. 그래서 이 회사로 탐방을 다섯 번이나 다녀왔습니다. 주요 경영진을 다 만나 봤고요. 그런 과정에서 거래 재개를 위해 혹독한 회계감사를 받았다는 사실을 확인했습니다. 결국 거래 정지 14개월 만인 지난해 5월 4일 거래가 재개될 수 있었습니다. 이후 주가는 10배까지 상승했어요.

DI동일이라는 유가증권시장 상장사도 있는데요. 과거 동일방직으로 불렸던 의류소재 기업이에요. 이 회사는 2차전지 산업 테마로 접근했어요.

그런데 당시 시가총액이 보유하고 있던 부동산 가치보다도 적었습니다. 강남 테헤란로에 있는 현대백화점 건너편에 커다란 사옥을 두고 있고 수도권과 지방 여러 곳에도 땅이 많더라고요. 앞서 삼양사 사례처럼 이 회사 역시 주력 업종만 놓고 보면 만년 저평가 종목에 해당됩니다. 그런데 자회사 중 동일알루미늄이라는 곳이 2차전지 소재인 알루미늄박 분야에서 국내 선두 기업이라는 점에 주목했습니다. 지난해 투자 후 주가가 세 배 넘게 올랐습니다.

올해 증시는 어떻게 전망합니까.

과거에 주식투자는 극히 일부만 했었죠. 이제는 전 국민이 하는 걸로 바뀌었습니다. 이런 흐름은 계속 이어질 겁니다. 정부에서도 주식시장의 중요성을 잘 알게 됐죠. 현재 주된 자산 증식 수단으로 부동산이 부각되고 있지만 인구 감소와 저성장 등을 감안하면 상승세가 지속되긴 힘들다고 봅니다. 주식시장은 비록 부침은 있겠지만 길게 보면 계속 올라갈 것이고 그래야만 한다고 생각해요. 주식은 당분간 좋을 겁니다. 코로나19 백신 효과는 내년부터 실물경기에 본격적으로 영향을 미칠 텐데요. 주식은 경기를 선반영하니까 적어도 올해까지는 좋을 것 같습니다. 유망한 테마는 역시 친환경이 될 것 같습니다. 신재생에너지와 전기차, 수소차 등이죠.

새롭게 주식투자에 뛰어든 '주린이'들에게 조언 부탁드립니다.

주식투자에 정답은 없습니다. 확실한 수익을 낼 수 있는 투자 전략도 투자 철학도 없어요. 모든 투자 철학이나 전략은 맞을 때도 있고, 틀릴 때도 있습니다. 시장 상황에 따라 투자 철학이나 전략이 달라진다는 얘기지요. 그러나 우리가 시시각각 변화하는 주식시장에 맞게 그때그때 전략을 세우고 반영하는 건 결코 쉬운 일이 아닙니다. 중요한 것은 남의 말을 듣고 따라 하기보다 확실한 자신만의 투자 기법을 키우는 것입니다. 자신만의 철학이 없으면 늘 따라다니다 낭패를 볼 가능성이 높습니다. 누군가의 뒤만 따라가면 앞으로 나아갈 수 없습니다. 이미 주가는 충분히 상승했을 가능성이 높기 때문이죠.

HOW TO *lesson 5*

혁신기업 발굴 귀재
5. 정성한

단기 수확과
장기 씨 뿌리기를
병행하라

정성한
신한자산운용 알파운용센터장
1976년　부산 출생
2004년　서울대 경영학과 졸업
2007~2011년
신영자산운용 주식운용팀장
2014년~
신한자산운용 알파운용센터장

정성한 신한자산운용 알파운용센터장(45·사진)은 '가치투자'와 '혁신기업'이 만나는 길목을 지키는 투자자다. 투자하는 종목은 '실체가 있는' 혁신기업이다. 시대의 패러다임이 바뀌는 시기에 가치주에서 성장주로 전환하는 기업을 발굴해 몇 배로 수익을 냈다. 삼성전자 한 종목과 채권만을 담은 '삼성전자알파펀드'를 운용할 정도로 삼성전자의 장기 성장성을 믿는 투자자이기도 하다.

그는 서울대 투자연구회 SMIC(SNU Midas Investment Club) 출신이다. 서울대 경영학과 학부생, 대학원생을 중심으로 1999년 설립된 주식투자 동아리다. 이들은 수급 플레이가 아니라 기업 분석을 해야 제대로 된 투자를 할 수 있다고 믿었다. 한국에 가치투자와 관련된 책도 나오지 않던 시절이었다. 워런 버핏의 원서를 돌려 읽고, 상장 기업들의 재무제표와 사업보고서를 복사

해 보며 기업을 연구했다. 버핏의 철학을 한국 기업에 적용한 《한국형 가치투자 전략》을 쓴 최준철·김민국 VIP자산운용 대표는 회사를 차렸고, 정 센터장은 제도권에 들어가 본격적인 투자를 시작했다.

신한자산운용에 합류해 운용을 맡은 '뉴그로스중소형주펀드'의 누적 수익률은 210%다. 벤치마크를 180%포인트 초과하는 성과를 냈다. 1년 수익률은 67%

로, 액티브 중소형주 수익률 톱3에 들었다. 지난해에는 삼성전자와 채권에만 투자하는 삼성전자알파펀드를 출시했다. 삼성전자 주가가 박스권에 머물러 있거나 마이너스를 기록했을 때도 이 펀드는 이를 웃도는 수익률을 냈다.

바이오 비중이 높지 않은 중소형주펀드로 압도적인 수익을 냈는데요. 그 비결이 무엇입니까.
중소형주 펀드는 패러다임 변화에 민감해 수익이 일정치 않다는 한계가 있습니다. 포트폴리오를 짤 때 단기적으로는 현재의 트렌드를 따라가며 '수확'하면서도, 장기적으로는 미래의 패러다임 변화를 예측해 선제적으로 '씨'를 뿌리는 투트랙 투자 방식을 고수했습니다. 씨 뿌리기의 대표적인 사례가 씨에스윈드와 상아프론테크입니다.
2017년 전 세계적으로 친환경 열풍이 아시아까지 확장됐습니다. 유럽 시장에서는 독일 지멘스와 덴마크 베스타스 같은 기업들의 주가가 급등하고 있었습니다. 아시아는 상황이 조금 달랐습니다. 당시 중국 기업들이 태양광과 풍력에 공격적으로 투자하면서 공급 과잉이 우려됐죠. 중국 정부의 지원으로 중국 태양광업계는 살아남았지만, 풍력 발전 제조업계는 잇따라 문을 닫았습니다. 살아남기만 한다면 살아남은 기업에 기회가 커질 것이라고 판단했습니다.
씨에스윈드라는 회사가 글로벌 1위 풍력 발전 기업들로부터 모두 수주를 받고 있더군요. 시가총액은 적은데 풍력 타워 생산 능력은 세계 1위였습니다. 2017년부터 이 회사에 투자해 지난해 큰 성과를 냈습니다.

장기 씨 뿌리기 종목과 단기 수확 종목을 어떻게 구분하나요.
비슷한 시기였던 2018년 5세대(5G) 이동통신 테마인 오이솔루션과 서진시스템에 투자해 큰 수익을 냈습니다. 사실 5G 통신장비 및 부품은 한국 기업들이 세계 1위가 아닙니다. 중국 화웨이 등의 후발주자인 삼성전자에 납품하면서 성장한 회사가 많습니다. 그렇다 보니 장기 투자를 하기보다는 해당 테마가 상승 사이클에 왔을 때 꾸준히 차익을 실현했습니다. 테마별로 구분한다면 노령화 테마를 준비하기 위해 2016년 메지온, 4차 산업혁명에 대비해 2019년 SK머티리얼즈, 자율주행 테마를 준비하기 위해 지난해 현대오토에버 등에 투자했습니다.

성공투자 노하우

1. 흐름을 읽어라
정책, 환경, 경제 등 거대한 뉴스의 흐름은 일반 투자자도 쉽게 이해할 수 있다. 뉴스를 지속적으로 따라가다 보면 정보와 데이터가 쌓인다.

2. 장기 투자, 단기 투자할 것을 나눠라
세계 1위나 독점 기업, 꾸준히 변신해 성장 스토리가 확장되는 기업엔 장기 투자하고, 산업 트렌드에 따라 2~3년 후를 보고 씨를 뿌릴 지, 단기 수확할 것인지 정하라.

> 새로운 산업이 떠오르기 시작하면 뉴스를 지속적이고 적극적으로 따라가야 한다. 그러면서 어떤 기업이 미래를 준비하고 있는지를 찾고, 검증에 들어가라.

씨 뿌리는 종목을 발굴하는 비결은 무엇인가요. 가장 장기 투자한 종목이 무엇인지도 궁금합니다.
세계 1위나 독점 기업, 꾸준히 변신해 성장 스토리가 확장되는 기업 등은 장기 투자에 적합합니다. 예를 들어 한솔케미칼은 제가 회사를 옮길 때마다 투자해 15년 동안 보유하고 있는 종목입니다. 먼저 반도체 과산화수소를 독점하는 회사이기 때문에 안정적인 수익원이 있습니다. 여기에 안주하지 않고 정보기술(IT)산업의 성장에 따라 다양한 신소재를 발굴하기 위해 투자도 아끼지 않았는데요. 2019년 일본의 대(對)한국 규제 당시 대량으로 사용되는 일본 소재를 대체했을 뿐만 아니라 소량씩 필요한 특수 소재들도 국산화하는 데 성공했습니다. 반도체 박막 증착에 사용하는 전구체(프리커서)도 생산합니다. 여기다 더해 QD(퀀텀닷) 소재 생산으로 삼성디스플레이의 차세대 디스플레이 개발에도 협업하고 있죠.

산업의 큰 변화를 읽어내는 능력은 어떻게 기를 수 있나요.
저는 펀드를 운용하지만 지금은 개인 투자자들이 성공할 수 있는 가장 좋은 환경이라고 생각합니다. 지금은 IT 위주로 산업이 발전하면서 정보를 습득하는 방식도 달라졌습니다. 172단 낸드플래시가 출시됐다고 해서 펀드매니저가 직접 낸드를 뜯어볼 수 없기 때문입니다. 재무제표나 공시도 쉽게 확인할 수 있고, 정보도 빠르게 유통되면서 개인과 기관투자가 사이의 정보 격차가 사라졌습니다. 이럴 때일수록 산업의 큰 그림을 읽어내는 능력이 중요합니다. 정책 환경 경제 등 거대한 뉴스의 흐름은 일반 투자자도 쉽게 이해할 수 있습니다. 여러 뉴스를 지속적으로 따라가다 보면 정보가 축적되고, 데이터가 쌓입니다. 새로운 산업이 떠오르기 시작하면 뉴스를 지속적이고 적극적으로 따라가야 합니다. 그러면서 어떤 기업이 미래를 준비하고 있는지를 찾고, 검증에 들어가는 겁니다. 해당 산업에서 1위를 하고 있는 기업도 좋습니다. 산업 트렌드에 따라 2~3년 후를 보고 씨를 뿌릴 종목인지, 단기 수확에 초점을 맞출 것인지를 결정할 수 있습니다.

어떤 시기에, 어떤 기업에 투자해야 할지 감이 오지 않는 '주린이'를 위해 과거의 경험을 공유해 주신다면.

저는 2004년 대한생명(현 한화생명)에서 투자를 시작했습니다. 장기 투자할 수 있는 환경에서 투자하고 싶었어요. 기억에 남는 투자처는 포스코였습니다. 당시 철강 업종 구조조정이 이뤄지고 있었습니다. 일본 철강 기업들이 무너지기 시작했죠. 반면 포스코는 파이넥스 설비라는 최신식 공법으로 원가 절감을 하겠다며 기술 개발에 몰두했습니다. 마침 중국이 인프라 투자를 확대하면서 포스코에 기회가 왔습니다. 아시아권에서는 포스코가 철강 기업 중 1위였으니 중국 투자의 수혜를 온전히 볼 것이라고 생각했습니다. 당시 글로벌 경쟁사와 비교해도 밸류에이션이 가장 쌌습니다. 장기적으로 본다는 마음으로 투자해 다섯 배 이상의 수익을 냈습니다. 기업의 변신과 산업의 구조적인 성장이 맞물리는 시기에 변신 후 시장을 잠식할 만한 종목에 투자하는 겁니다.

기업을 발굴하는 과정에서 겪었던 재미있는 에피소드도 있나요.

2008년 유니퀘스트라는 기업에 투자하고 있었습니다. 마이크로소프트(MS) 윈도우즈 소프트웨어를 유통하는 총판이었는데요. 워낙 저평가된 기업인데 시장 성장세는 꾸준히 눈여겨보고 있었습니다. 어느 날 탐방을 갔는데, 회사에서 "윈도우즈가 미국에서 안 팔려 우리에게 물량도 많이 들어오고, 좋은 조건으로 들여올 수 있었다"고 하더군요. 이상했습니다. 필수 소비재인 윈도우즈가 미국에서 안 팔리다니. 투자하는 기업의 해외 영업하는 분께 연락했더니 비슷한 현상이 다른 산업군에서도 나타나더군요. 글로벌 금융위기의 징조가 기업 현장에선 조금씩 나타나고 있었던 겁니다.

당시 코스피지수가 2100 정도였는데 1900까지 떨어졌을 때 주식 비중을 거의 다 줄였습니다. 이후 지수는 900포인트까지 떨어졌습니다. 이후 1300대까지 반등했을 때 주식 비중을 다시 늘렸습니다.

2021 유망산업

- 보안산업
- 메타버스
- 반도체

1.
지난해 9월 BTS는 신곡 안무 영상을 동영상 플랫폼이 아닌 '포트나이트' 게임 안에서 최초로 공개했다. 메타버스는 인터넷의 다음 버전으로 꼽힌다

IT산업에 대한 지식도 상당한 것으로 알고 있습니다. 운용업계의 대표적인 삼성전자 '덕후'로도 유명한데, 계기가 있었나요.

2011년부터 케이원투자자문 주식운용본부장으로 자리를 옮겼습니다. 당시 회사는 차·화·정 랠리 이후 투자처를 찾느라 애를 먹고 있는 상황이었는데, 삼성전자에 1조원을 투자해 성공했어요. 스마트폰 성공 스토리를 산 겁니다. 삼성전자가 기존의 경쟁자를 제치고 왕좌에 오를 때마다 시가총액은 100조원씩 늘어났습니다. 삼성전자가 2011년 애플을 제치고 세계 스마트폰 시장 1위 기업이 됐고, 2012년에는 그 격차를 벌렸습니다. 주가도 상승 사이클에 올라탔죠. 2012년 4월 삼성전자 시총은 단숨에 200조원을 돌파했습니다. 지난해 삼성전자가 또 한 번 이런 성장 스토리를 쓸 수 있겠다고 생각했어요. 파운드리(반도체 수탁생산)와 5G 통신장비 부문에서 점유율을 높이며 '압도적인 2위' 자리를 다지고 있었기 때문입니다. 특히 파운드리 부문에서는 대만 TSMC와 함께 명실상부한 톱2 기업이 됐죠. 예상대로 그 성장 스토리가 인정받으면서 지난해 11월 삼성전자 시총이 400조원을 돌파했습니다. 업계 2위인데도 이만한 주가를 인정받았다면 업계 1위로 올라가는 순간 더 큰 사이클을 기대할 수 있을 것이라고 생각했습니다. 삼성전자에 대한 장기 전망도 좋게 보는 이유입니다.

앞으로 어떤 산업이 유망하다고 생각합니까. 씨를 뿌릴 만한 산업군이 무엇인지 궁금합니다.

미국이 빅테크 기업에 대한 규제를 시작하면 장기적으로 보안산업이 성장할 것으로 기대됩니다. '메타버스(3차원 가상세계)'도 주목하고 있습니다. 5G 상용화와 가상현실(VR) 증강현실(AR) 기술 발전으로 스티븐 스필버그 감독의 '레디 플레이어 원' 같은 세상이 현실화될 수 있다고 보는 겁니다. 미국 에픽게임즈의 모바일 게임 '포트나이트'도 메타버스 시대를 견인하고 있습니다. 가상 공간에서 트래비스 스콧 콘서트를 열었고, 방탄소년단(BTS)도 포트나이트 안에 있는 콘서트장에서 '다이너마이트' 뮤직비디오를 공개했습니다. 국내에서는 네이버제트가 운영 중인 '제페토'가 있습니다. 구찌가 제페토에서 의류 핸드백 액세서리 등 아이템 60여 종을 출시해 화제가 됐죠. 이런 시대적 변화와 맞물려 반도체의 성장 가능성은 무궁무진합니다. 메모리 비메모리 가리지 않습니다. 엔비디아 TSMC 삼성전자 퀄컴 등에 적립식으로 장기 투자하는 것을 추천합니다. 저는 플랫폼산업보다도 반도체의 미래를 더 긍정적으로 봅니다. 전기차·자율주행차 시대가 예상보다 빨리 다가오고, 경기가 회복되고, 클라우드 서버 투자가 확대되는 등 수많은 스토리에서 반도체를 빼놓을 수 없습니다. 이 스토리들이 한꺼번에 나타나면 한 방에 쇼티지가 발생할 수밖에 없고, 반도체 기업은 우리 예상보다 훨씬 더 많은 돈을 벌 수 있을 것이라고 기대합니다.

HOW TO lesson 6

헤지펀드 업계 진주
6. 이한영

종목 발굴보다 성장 산업 파악이 우선

이한영
디에스자산운용
주식운용1본부장
1980년   부산 출생
2005년   성균관대 경제학과 졸업
2008년   한국투자증권 신탁부
2018년~ 디에스자산운용
           주식운용본부장

이한영 디에스자산운용 주식운용1본부장(41·사진)은 최근 수년간 헤지펀드 업계에서 손꼽히는 성과를 낸 펀드매니저다. 이 본부장은 '시대의 1등주에 투자한다'는 투자 철학을 갖고 있다. 시장을 앞서가려면 산업 패러다임을 근본적으로 변화시키고 있는 대표 성장주에 투자해야 한다는 게 그의 지론이다.
이 본부장이 주로 담는 기업은 삼성전자, SK하이닉스, 현대자동차, LG화학, SK이노베이션, 네이버, 카카오, 셀트리온 등이다. 얼핏 보면 시가총액 상위주를 골고루 담은 것처럼 느껴진다. 하지만 그는 이런 포트폴리오로 지난해 70% 이상의 수익률을 냈다. 같은 기간 코스피지수 상승률(30.8%)의 두 배가 넘는다.
주식투자를 하려면 종목 발굴 이전에 성장 산업을 파악하는 작업이 선행돼야 한다고 이 본부장은 강조했다. 그가 성장 산업을 찾을 때 지표로 삼는 건 다름 아닌 시가총액이다. 먼저 한국 증시 내에서 시가총액 비중이 지난 수년간 꾸준히 증가한 산업을 살핀다. 다음엔 해당 업종을 대표하는 주도주를 찾아낸다. 그는 이런 식으로 'BBIG'라고 불리는 바이오·배터리·인터넷·게임 등 신산업 분야 주도주가 향후 증시를 이끌 것으로 2018년부터 예견해왔다.
이 본부장은 주식 운용에서 일찍이 두

각을 나타냈다. 그는 업계 12년차이던 2016년 코레이트자산운용의 최고투자책임자(CIO)를 맡았다. 당시 운용업계 최연소 CIO였다. 이후 브레인자산운용을 거쳐 2018년 디에스자산운용에 합류했다.

디에스운용에서도 승승장구했다. 이 본부장은 지난 2월 2일 한국경제신문사와 한국펀드평가가 주관한 '2021 대한민국 펀드대상'에서 사모펀드 부문 '올해의 펀드매니저' 상을 받았다. 지난해에 이어 두 번째다. 이 본부장이 운용하는 '디에스福(복)' 펀드도 2년 연속 '올해의 헤지펀드'로 선정됐다.

지난해 펀드 운용 성과를 소개해 주세요.
제가 맡고 있는 주식운용1본부 11개 펀드의 작년 수익률은 평균 70% 수준이었습니다. 디에스복 펀드(75.3%)를 기준으로 시기별로 나눠 보면 지난해 1월부터 코로나19 확산에 따른 급락장이 펼쳐진 3월 말까지 수익률은 14.1%(같은 기간 코스피지수 -20.2%)였습니다. 이후 4월부터 연말까지 수익률은 104.2%로, 역시 코스피지수(63.8%) 성과를 웃돌았습니다.

변동성이 심한 장세에서도 좋은 성과를 낸 비결은 뭡니까.
저는 고객에게 늘 '시대의 1등주에 투자한다'고 말씀드립니다. 성장하는 산업의 대표주에 적극 투자해 시장과 펀드 수익률 간 괴리가 발생하지 않게 하면서, 꾸준한 성과를 내는 게 펀드매니저로서 소임이라고 생각합니다.
이런 철학에 따라 철저하게 성장하는 산업의 대표주로 포트폴리오를 구성했습니다. 다만 코로나19 발생으로 투자 심리가 점차 악화된 작년 2월부터는 최대한 주식 포지션을 줄이고 방어적으로 대응했습니다. 코스피지수가 연중 최저점(1457.64)을 기록했던 3월 19일까지는 헤지 전략을 펼치면서 리스크 관리에 중점을 뒀습니다. 3월 마지막 주부터는 낙폭 과대 업종 대표주를 중심으로 적극적으로 주식 비중을 확대하면서 대응했습니다. 코로나19에 대한 분석이 진전되면서 백신이나 치료제 개발로 극복할 수 있다는 얘기가 나온 것이 이때였습니다. 시장도 극심한 투매에서 벗어나 차츰 안정을 찾기 시작했습니다. 이런 흐름을 타고 줄여놨던 포지션을 본격적으로 확대했습니다. 주도주가 비교적 명확했던 만큼 추가적으로 레버리지를 활용한 결과 4월 이후 반등장에서 좋은 성과를 낼 수 있었습니다. 종합하면 시장 분위기가 어디서 달라질지 변곡점에 대한 판단이 주효했던 것이 지난해 투자에 성공할 수

성공투자 노하우

1. 본인만의 기준을 세우고 공부하라
본인이 견딜 수 있는 투자금액, 기간, 변동성, 투자 근거 등을 정해야 한다.

2. 성장 산업을 발굴하라
산업이 성장해야 해당 산업에 속한 기업이 수혜를 볼 수 있다. MSCI한국지수에서 섹터별 시가총액 비중의 변화 등 장기 시계열 데이터를 통해 확인할 수 있다.

> 한국에서 과거 20년간 데이터를 보면 명확하게 성장하는 산업이 드러난다. 바로 BBIG와 반도체 등 4차 산업혁명 관련 업종이다.

있었던 이유라고 생각합니다. 투자를 안 하고 참는 것도 투자고, 시장에 과감히 베팅하는 것도 투자입니다. 포트폴리오 외적으로는 제가 맡고 있는 주식운용1본부 내 멀티매니저 시스템이 안정화된 것이 도움이 됐습니다.
본부가 출범한 지 3년이 넘으면서 펀드매니저들의 근속 연수가 늘고 그만큼 공부 방향과 양, 협업체계 등의 측면에서 조직이 안정적으로 굴러가고 있어요. 운용 안정성과 매니저들의 숙련도가 함께 올라간 점이 자연스럽게 운용성과로 나타나고 있다고 봅니다. 본부장인 제게 이렇게 함께 오래 일할 수 있는 매니저들이 있다는 건 큰 힘이 됩니다.

구체적으로 어떤 테마(업종)와 종목에서 수익을 냈습니까.
작년 디에스펀드 평균 수익률 70%에서 반도체주인 삼성전자와 SK하이닉스가 20%포인트씩 기여했습니다. 지속적으로 성장하고 있는 반도체산업 밸류체인의 최상단에서 펀더멘털과 모멘텀이 동시에 좋았던 삼성전자를 의미 있는 비중으로 편입한 게 수익률 제고에 가장 도움이 됐다고 봅니다. 현대차가 10%포인트, LG화학·SK이노베이션 등 2차전지주가 10%포인트, 인터넷·바이오·미디어 등 나머지 종목이 10%포인트로 뒤를 이었습니다. 이처럼

HOW TO lesson 6

반도체와 자동차, 2차전지, 바이오, 플랫폼, 미디어·엔터 등 업종 대표주를 중심으로 개화되는 신산업의 1등 기업에 골고루 투자했습니다. 특정 기업에서 수백% 수익률을 내려고 하기보다 대표 기업들에 의미 있게 투자한 점이 주효했다고 봅니다.

투자하려는 산업군과 종목은 어떤 방법으로 발굴하십니까.

종목 발굴보다 성장하는 산업을 파악해 내는 것이 더욱 중요하다고 생각합니다. 산업이 성장해야 해당 산업에 속한 기업이 수혜를 볼 수 있습니다. 이들 중 시장 점유율이 높아지거나 확고한 기업이 해당 산업을 장악하면서 주도주 역할을 하게 됩니다. 어떤 산업이 점차 커지고 있는지는 MSCI한국지수에서 섹터별 시가총액 비중의 변화 등

1.
ESG 경영을 전면에 내건 SK그룹은 미래 에너지로 꼽히는 수소 시장 선점을 위해 미국 수소 전문기업 플러그파워에 약 1조6000억원을 투자했다.

2.
코로나19 극복 여부에 따라 화장품, 면세점 등 코로나19 피해주 반등도 기대할 수 있다.

2021 유망테마

 ESG(환경·사회·지배구조)

앞으로의 기업 발전에 있어서 친환경, 사회적 책임 경영, 지배구조 개선 등이 중요한 성장 포인트가 될 것이다. 기업들이 ESG 평가지표를 충족하려면 자금력과 실행력이 필요하다. 결국 펀더멘털(기초체력)이 튼튼한 기업이 ESG 전략을 원활히 실행하고, ESG 전략이 다시 해당 기업의 펀더멘털을 뒷받침하는 선순환 구조가 만들어 질 것이다.

장기 시계열 데이터를 통해 확인할 수 있습니다. 한국에서 과거 20년간 데이터를 보면 명확하게 성장하는 산업이 드러납니다. 바로 BBIG와 반도체 등 4차 산업혁명 관련 업종입니다. 이런 식으로 성장하는 산업을 파악하고, 해당 산업이 왜 성장하는지를 생각해보면 답은 나오게 돼 있습니다. 바이오의 경우 2000년에는 MSCI한국지수 내 시가총액 비중이 0.27% 정도에 불과했습니다. 지난해에는 7.62%까지 상승했죠. 한국 시장에서 20년간 바이오 섹터 비중이 28배 이상 커진 겁니다.
이렇게 성장하는 산업을 알아본 뒤 밸류체인 분석을 통해 먹이사슬로 치면 최상위에서 지배하는 기업을 파악합니다. 글로벌 시장 점유율이 1~2위인 기업들도 확인해볼 수 있습니다. 이후 개별 기업에 대해 판단하면서 투자 대

 성장산업에 속한 기업 중 시장점유율이 높아지거나 확고한 기업에 주목해야

주의 반등이 나타날 수 있다고 봅니다. 장기적으로는 ESG(환경·사회·지배구조)를 유망 투자 테마로 제시하고 싶습니다. 기업들이 ESG 평가지표를 충족시키려면 자금력과 실행력이 함께 필요합니다. 결국 펀더멘털(기초체력)이 튼튼한 기업이 ESG 전략을 원활히 실행하고, ESG 전략이 다시 해당 기업의 펀더멘털을 뒷받침하는 선순환 구조가 만들어질 것입니다.

주식시장에 새로 뛰어든 '주린이'에게 하고 싶은 말이 있습니까.
주식은 살아 움직이는 생물과 같습니다. 위로 아래로 옆으로 항상 움직이죠. 내가 보고 있는 모니터 뒤로 수백만 명의 사람이 동시에 매매합니다. 이는 주식이 내 마음대로 되지 않을 가능성이 높다는 뜻입니다. 투자자는 내 마음대로 안 될 것을 항상 염두에 두고 대응해야 합니다. 그러려면 반드시 본인만의 기준을 세우고 공부해야 하죠. 여기서 기준이란 본인이 견딜 수 있는 투자금액(비중), 기간, 변동성, 투자 근거 등을 의미합니다. 공부량이 부족해 기준을 세우지 못하면 주변의 말에 현혹되기 쉽습니다.

매번 남의 말을 듣고 투자하면 주가가 급등락하는 순간에 액션을 취할 수 없죠. 하지만 해당 주식에 대해 공부량이 충분하다면 적당한 주가 수준에서 차익 실현을 할 수 있고, 급락 구간에서도 추가 매수 혹은 손절매 등 나름의 대응이 가능해집니다. 주식 투자는 소중한 재산인 돈이 걸린 문제입니다. 주식을 처음 접하시는 분은 반드시 투자 대상과 방식에 대해 기준을 잡고 공부를 제대로 하셨으면 좋겠습니다.

상을 선별합니다. 개별 기업 분석을 위해서는 자료 수집 이외에 기업 탐방과 애널리스트 세미나를 항상 병행하고 있습니다.

코스피지수가 3000선 돌파 후 횡보 중입니다. 단기 급상승에 따른 고평가 부담도 있는 것 같은데요.
코스피지수가 1월에 3200선을 넘어선 뒤 기간 조정 형태로 숨 고르기에 들어간 건 사실입니다. 코스피지수 3200포인트는 앞으로 12개월치 순이익을 한 번에 반영한 숫자이기 때문입니다. 단기 지수 급등은 분명 투자 심리에 부담을 줬습니다. 호재보다는 악재에 민감한 구간에 진입한 것이죠. 하지만 이는 정상적인 조정 과정에 불과합니다. 향후 경기지표 회복과 실적 개선에 힘입어 상승 추세는 유지될 가능성이 높습니다. 시가총액을 국내총생산(GDP)으로 나눈 '자본화 비율'을 보면 미국은 다우·나스닥·S&P500 등 3대 지수가 150~170%에 달합니다. 반면 한국은 이제 막 100%를 넘긴 수준입니다. 한국 증시가 고평가됐다고 말하기엔 아직 이른 시점이란 것이죠. 한국의 시가총액 상위 종목이 신산업을 위주로 선진국형으로 재편되면서 실적 우상향 추세가 유지될 것인 만큼 고평가 논란을 충분히 극복할 것입니다.

향후 유망한 테마와 종목은 무엇입니까.
올해는 새로운 테마가 등장하기보단 기존 주도주와 테마가 여전히 우위를 보일 것으로 판단합니다. 다만 코로나19 극복 상황에 따라 화장품·면세점 등 중국의 '한한령(한류 금지령)' 해제 수혜주, 항공·여행 등 코로나19 피해

HOW TO *lesson 7*

미래 산업 투자의 리더
7. 황우택

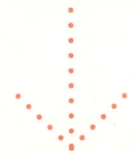

나의 관심사를
투자 아이디어로
활용하라

황우택
한국투자신탁운용 차장
1986년　서울 출생
2011년　포항공대
　　　　산업경영공학·수학 전공
2011년~　한국투자신탁운용
　　　　멀티전략본부

황우택 한국투자신탁운용 차장(35·사진)은 최근 여의도에서 가장 주목받는 성과를 내는 30대 펀드매니저다. 그는 국내자산운용사 해외주식형 펀드 가운데 최대 규모(순자산 1조1236억원) 상품인 '한국투자글로벌전기차&배터리 펀드'를 운용하는데, 이 펀드는 지난해에 만 74.92%의 성과를 올렸다. 이는 설정액 100억원 이상인 해외주식형 펀드 가운데 다섯 번째에 해당하는 성적이다.

황 차장이 시장에서 주목받는 또 하나의 이유는 그가 혁신기업 및 성장주 투자 테마를 발굴하고, 펀드를 기획해 운용하는 행보를 보여왔기 때문이다. 황 차장은 2017년 국내 최초 전기차 펀드인 '한국투자글로벌전기차&배터리 펀드'를 기획 및 운용했을 뿐 아니라, 2018년에는 블록체인산업에 투자하는 '한국투자 글로벌 4차 밸류체인 펀드'도 내놨다.

황 차장은 혁신기업을 발굴·투자하는 것이 특별한 기술이나 재능이 필요한 일은 아니라고 강조했다. 자신이 관심 있는 분야가 어떻게 변화하고 있는지를 탐구하고, 이를 투자로 연결지을 수 있다면 높은 수익을 올릴 수 있다는 것이 그의 투자 철학이다.

지난해 높은 수익을 낸 전기차펀드가 국내 최대 해외주식형 펀드 자리에 올랐습

니다. 지난 1년의 성과에 대한 소개 부탁 드립니다.

제가 운용하는 '한국투자글로벌전기차&배터리'는 전기차를 기반으로 한 모빌리티에 투자하는 펀드입니다. 전기차가 주도하는 모빌리티산업 성장이 펼쳐지는 과정에서 수혜를 볼 수 있도록 밸류체인상에 있는 핵심 기업들을 포트폴리오에 편입하는 전략을 사용합니다.

구체적으로 어떤 기업에 투자해 좋은 성과를 올렸나요.

지난해 폭발적으로 주가가 상승한 테슬라가 대표적입니다만 사실 테슬라 비중은 전체 포트폴리오의 7.91%에 불과합니다. 오히려 테슬라 이외의 종목들이 전체 수익률에 기여한 정도가 더 큰데요. 가장 자랑스러운 투자 사례로는 중국의 전기차 제조사인 니오를 꼽고 싶습니다. 보다 최근 사례로는 리오토와 샤오펑이 존재합니다. 니오는 이제 국내 투자자들에게도 친숙한 기업이 됐지만, 제가 처음 투자를 결정한 2019년에는 미국에서도 그리 알려진 종목이 아니었습니다. 펀드를 운용하다 보면 기업 이름을 먼저 알게 되고, 이 기업이 가진 특성을 살펴보고 매수에 나서는 경우와 반대로 특정 특성을 갖춘 기업을 찾다가 종목을 발견하는 두 가지 사례가 모두 존재합니다. 니오는 후자였습니다.

구체적으로 어떤 과정을 거쳐 니오를 발굴했나요.

2019년 당시 저는 중국에서 내수 시장 기반을 갖추고, 동시에 순수 전기차 사업을 진행하면서, 상대적으로 하이엔드(고가+고품질) 차량을 판매하는 기

변화가 성장 산업에서만 펼쳐지는 것은 아니다.
가장 보수적인 산업에서도 혁신기업은 등장할 수 있으니 자신의 관심을 투자에 연결시켜야 한다.

성공투자 노하우

1. 세상의 변화에 관심을 가져라
변화에 대한 관심이 있어야 혁신기업에 대한 관심으로 이어질 수 있다.

2. 해외 투자 시엔 개별 종목에 집착하지 말 것
관심 분야에 집중하고, 종목은 그 분야에 투자하는 수단 정도로만 생각하는 것이 좋다.

3. 미국 ETF 시장을 살펴라
금융시장 변화는 미국이 가장 빠르고, 미국 안에서는 ETF 시장이 가장 빠르다. 어떤 ETF가 출시되고 있고, 어느 ETF에 돈이 쏠리는지를 보면 변화의 흐름을 읽을 수 있다.

업을 찾고 있었습니다. 솔직히 말씀드리면 테슬라의 조건을 그대로 구현한 제조사를 찾고 있었다고 할 수 있습니다. 니오는 놀랍도록 이 조건을 모두 충족시키는 기업이었습니다. 중국 내수 시장에서 기반을 다지고 있었고, 비야디(BYD)보다는 고가의 차량을 제조하는 기업이었습니다. 테슬라를 추종하는 경영 전략이 보이기도 했습니다만 집착에 가까울 정도로 테슬라를 따라 했기 때문인지 어설픈 느낌은 없었습니다. '테슬라데이'를 복사한 '니오데이'까지 진행할 정도였으니까요. 이런 과정을 거쳐 니오를 펀드에 편입했고, 지금까지 니오는 1000%가 넘는 수익을 올린 포트폴리오의 효자 종목이 됐습니다. 지난해 대폭 확대한 리오토와 샤오펑 역시 비슷한 과정을 거치며 편입한 기업입니다. 당시 저는 완성차 업체의 포트폴리오 비중을 높이고 싶었고, 펀드로 자금 유입이 지속되는 시점이라 신규 종목을 추가할 필요가 있었습니다. 리오토와 샤오펑은 중국 전기차 업체 가운데 생산능력이 검증되고, 최고경영자(CEO)가 시장과 소통하려는 의지도 엿보였습니다.

개인투자자가 참고할 만한 황 차장님의 운용 전략이나 운용 철학이 궁금합니다.

사실 거창한 투자 철학은 없습니다. 그저 좋은 기업을 빨리 찾아내 투자하는 것이 가장 중요하다고 생각합니다. 문제는 이것을 어떻게 실천하냐인데, 결국 '변화에 관심을 갖는 태도'가 핵심이 아닐까 생각합니다. 사람들은 주식투자와 운용을 높은 지능이 필요한 분야라고 생각합니다. 일정 부분 맞는 말일 수도 있습니다만, 그건 거대한 규모의

HOW TO *lesson 7*

자금을 움직이는 전문 운용역들에게나 해당하는 얘기입니다. 자신의 돈을 투자하고, 원할 때 투자를 시작하고 그만둘 수 있는 개인은 훨씬 유리한 입장에 놓여 있습니다. 이들에게 주식투자는 관심의 영역입니다. 자신이 관심을 갖는 분야를 파고든다면 개인도 충분히 높은 수익을 올릴 수 있습니다.

말은 쉬워 보여도 실제로 행동하기는 어려운 것 같습니다.

너무나 당연한 조언처럼 들리겠지만, 남들보다 먼저 행동하는 것이 마냥 쉽지는 않습니다. 코로나19 사태가 처음 터졌을 때 우리 모두 일상생활에 변화가 생기는 경험을 했습니다. 집에 머무르게 되면서 게임 등 실내 여가활동이 늘어났고, 배달음식을 마구 시켜 먹기 시작했습니다. 발 빠른 투자자라면 자신이 새롭게 이용하게 된 앱 제작사나, 주문한 오락기의 제조사를 찾아보고 투자해 수익을 올릴 수 있었을 것입니다. 변화에 대한 관심은 이렇게 혁신 기업의 관심으로 이어질 수 있습니다. 저는 전기차와 배터리산업에 투자합니다만, 꼭 변화가 성장 산업에서만 펼쳐지는 것은 아닙니다. 지난해 화학 시장이나 음식료 시장의 변화만 봐도 가장 보수적인 산업에서도 혁신기업은 등장할 수 있습니다. 자신의 관심을 투자에 연결시키는 게 중요합니다.

해외주식에 투자하려는 투자자가 주의해야 할 점이나 참고할 만한 조언이 있다면 어떤 것이 있을까요.

해외투자에 대한 환상을 갖지 말라고 말씀드리고 싶습니다. 투자하다 보면 국내 기업보다는 해외 기업이 세련돼

1.
니오는 레노버, 바이두 등의 중국 대기업으로부터 투자받아 2014년 설립된 중국의 신생 전기차 제조사다.

2.
'테슬라 3'와 대적할 모델로 꼽히는 니오의 전기차 '니오ET'. 부분 자율주행 시스템이 적용됐다.

> 66
> 기업보다는 내가 관심을 가진 혁신 분야에 초점을 맞출 때 해외 투자의 장점인 '방대한 선택의 폭'이 비로소 빛을 발합니다.
> 99

보일 때가 있습니다. 솔직히 매니저인 저 또한 그렇습니다. 지금 저는 펀드에 현대차와 기아차를 편입하고 있지만, 투자하는 과정에서도 괜히 해외 기업이라면 거치지 않을 의문이 들곤 했습니다. 결국 미국이나 중국, 일본 어느 나라에 가더라도 주식시장은 같은 주식시장입니다. 위태로운 기업이 존재하고, 엄청난 리스크가 내재된 기업에 베팅하게 될 수도 있습니다. 겉보기에만 그럴싸하고, 성장성이 없는 기업도 많습니다. 이런 기업에 오히려 국내 투자보다 더 쉽게 노출될 수 있는 게 해외 투자의 리스크라는 점을 명확히 인지해야 합니다. 다만 장점은 있습니다. 국내 펀드를 운용하면 내가 투자하고 싶은 분야에 맞춰 국내의 수혜주를 찾아야 합니다. 반면 글로벌 투자는 이런 불편함이 없습니다. 그냥 대표 업체를 사면 됩니다. 한 가지 더 조언을 드린다면

해외 투자를 할 땐 개별 종목에 대한 집착을 버리라고 말씀드리고 싶습니다. 나의 관심 분야에 집중하고, 종목은 그 분야에 투자하는 수단 정도로만 생각하는 것이 바람직합니다. 기업보다는 내가 관심을 가진 혁신 분야에 초점을 맞출 때 해외 투자의 장점인 '방대한 선택의 폭'이 비로소 빛을 발합니다. 헬스케어, 언택트, 우주, 유전학, 무엇이라도 상관없습니다. 투자자가 자신만의 큰 그림을 갖고 그 분야에서 생겨나는 변화에 대한 관심을 갖고 대표 기업을 찾아내는 것이 중요합니다.

국내 투자자는 과거와 달리 성장주 및 대형주에 직접 투자하는 것을 선호하는 모습입니다. 이런 모습은 국내주식뿐 아니라 해외주식에서도 관찰되고 있습니다. 이런 상황에 대한 견해가 궁금합니다.

직접 투자와 간접 투자는 개인의 성향과 상황에 따라 선택해야 합니다. 다만 개인적으로는 아직도 해외 투자는 간접 투자 상품을 이용하는 게 낫지 않나 싶습니다. 이것은 비단 제가 펀드매니저라서 하는 말이 아닙니다. 유튜브와 인터넷을 통해 정보력 격차는 많이 해소됐지만, 결국 우리는 한국에서 해외 주식에 투자해야 합니다. 현실적으로 생업을 가진 개인투자자가 시장에 대응하기도, 정보에 반응하기도 쉽지 않은 환경입니다. 해외에 투자한다면 상장지수펀드나 액티브 펀드를 통한 간접 투자가 장기적으로는 더 현명한 선택인 이유입니다.

국내 증시에선 개인이 시장의 주인공으로 올라섰다는 평가가 나오고 있습니다. 지난해 이후 개인의 성과를 어떻게 평가하십니까.

정말 대단하다고 생각하고, 또 옳았다고 생각합니다. 저 역시 개인투자자에게 많이 배우고 있습니다. 이들은 주식시장에서 정보의 비대칭성이 사라진 걸 잘 활용했습니다. 개인은 시장에 어렵게 접근하지 않습니다. 시간이 그들 편입니다. 지금처럼 사회의 변화가 기업의 변화로 이어지는 국면을 참을성 있게 기다리며 투자한다면, 앞으로도 개인은 성공적인 투자를 이어나갈 것으로 예상합니다. 다만 레버리지형 ETF처럼 지나치게 공격적인 포트폴리오를 꾸리는 것은 조심해야 합니다.

개인적으로 투자 아이디어를 어디서 찾는 편입니까. 개인투자자들에게 적용할 만한 조언이 있을까요.

책이나 유튜브, 신문 등 뻔한 답변은 다른 분이 많이 소개해 주실 것 같습니다. 저는 조금 구체적으로 미국의 ETF 시장을 보라고 말씀드리고 싶습니다. 누차 강조했지만 성장주 투자의 핵심은 남들보다 앞서가는 것입니다. 금융시장의 변화는 미국이 가장 빠르고, 또 미국 안에서는 ETF 시장이 가장 빠릅니다. 꼭 미국의 ETF에 투자하라는 건 아닙니다. 미국 ETF 시장은 의외로 국내에 비해 보수도 높고 구성이 아쉬운 상품도 많습니다. 그보다는 어떤 ETF가 출시되고 있고, 어느 ETF에 돈이 쏠리는지를 봐야 합니다. 지금 글로벌 투자의 핵심 전략으로 부상한 ESG(환경·사회·지배구조)도 2년 전에는 정말 깜깜했습니다. 수익률이 시장 주요 지수나 전략에 비해 낮았죠. 그러나 그때도 미국에선 ESG 관련 ETF 상품이 활발하게 출시됐고, 적잖은 자금이 유입됐습니다. 투자자들은 이런 시장의 변화를 바라봐야 합니다.

HOW TO lesson 8

우량주 장기투자 고수
8. 서범진

생활의 일부가 변할 때를 포착하라

서범진
삼성액티브자산운용
그로스본부 본부장
1972년 　서울 출생.
2007년 　고려대 경영학 석사 졸업.
1999년 　대신투자신탁운용 입사.
2018년~ 　삼성액티브
　　　　　자산운용 그로스본부
　　　　　본부장

서범진 삼성액티브자산운용 그로스본부 본부장(49·사진)은 외환위기 이후 증시가 급등했던 1999년 증권업계에 발을 들였다. 코스피지수가 1년 만에 300포인트에서 1000포인트까지 수직상승하면서 객장은 개인투자자들로 발 디딜 틈이 없던 시절이다. 코스피지수는 이후 등락을 반복했다. 20년 이상 증권업에 몸담으면서 그는 '결국 1등 기업이 살아남는다'는 것을 깨달았다고 한다. 장이 출렁이는 시기에도 산업 내 1등 기업은 어려움을 극복하고 이내 주가가 반등했다. 그가 대형 우량주 중심의 펀드를 운용·총괄하는 것도 이 같은 이유 때문이다. 확실한 캐시카우와 성장동력을 고루 갖춘 종목에 투자한다.

새로운 1등 기업을 선점하기 위해 그는 세상의 변화에 주목한다. 변화는 생활 속에서 찾는다. 도로에 전기차가 많이 다니고, 주변 친구들이 모바일 게임을 시작하고, 카카오톡으로 선물을 주고받는 등 생활의 일부분이 변하는 시점에 주목하라고 강조했다.

'투자란 무엇인가'라는 질문에 그는 "투자는 공부"라고 대답했다. 그는 "코로나19 이후 상승장에서 대부분이 수익을 냈겠지만 주식은 변동성이 큰 자산임을 기억해야 한다"며 "장이 빠지거나 변동성이 극심한 장세에서 공부한 투자자와 우량주를 장기투자하되, 성장할 수 있는 1등 기업이나 테마를 잘 선택해서 4~5년 투자하라.

그렇지 않은 투자자는 견딜 수 있는 힘에 차이가 있다"고 말했다. 소문이나 뉴스에 의해 주식을 매수하는 것이 아니라 본인이 관심 있는 기업이나 산업을 집중적으로 파보라고 조언했다.

서 본부장은 장기 투자는 최대 10년이라고 강조했다. 새로운 산업이 계속 등장하기 때문에 은퇴 시점을 생각하고 30년을 투자하는 방식은 지양해야 한다는 의미다. 그는 "20년 전만 하더라도 시가총액 상위 종목을 차지했던 은행, 시클리컬(경기 민감) 관련주는 시총 상위 목록에서 사라진 지 오래"라며 "성장성이 돋보이는 테마의 1등 기업을 매수해 4~5년 투자하는 방식을 추천한다"고 말했다.

주로 어떤 기업에 투자하는지 종목 발굴법을 알고 싶습니다.

기업이 변화할 때 그것을 포착해서 수익을 내는 것이 제 비결입니다. 캐시카우가 되는 기본 사업이 있고 미래 성장동력을 가진 신사업을 진행하는 기업을 좋아합니다. LG화학과 한화솔루션이 제가 발굴한 대표적인 종목입니다. LG화학은 화학업체에서 2차전지회사로, 한화솔루션도 화학회사에서 태양광회사로 바뀌었습니다. 이 부분이 높은 평가를 받으면서 밸류에이션이 높아졌죠. 그래서 저는 '세상의 변화에 투자하자'는 철학으로 펀드를 운용하고 있습니다.

세상이 변한다는 것은 알지만 개인투자자들이 전문가들보다는 감각이 떨어질 수밖에 없는 것 같습니다. 어떤 방법으로 세상의 변화에 기민하게 대응할 수 있을까요.

어려울 것 없습니다. 본인 생활의 일부분이 변할 때를 찾으면 됩니다. 도로에서 전기차가 많이 보이기 시작할 때, 태양광이나 풍력 관련 정책이 쏟아질 때, 네이버를 많이 사용하게 됐을 때, 카카오톡으로 선물을 주고받을 때 등이요. 예전 일이긴 하지만 중국인이 한국에 와서 화장품을 싹쓸이해가는 것을 보고 그 제품을 생산한 회사에 투자해 큰 수익을 내기도 했습니다.

재무제표 이외에 중요하게 보는 부분이 있습니까.

최고경영자(CEO)의 능력도 유심히 살펴봅니다. CEO가 갖고 있는 경영 마인드와 펼치는 전략에 그 기업의 발전이 달려 있다고 생각합니다. 제가 경험했던 사람 중에서는 차석용 LG생활건강 대표가 기억에 남습니다. 차 대표는 2005년부터 지금까지 약 10년간 대표를 맡아오고 있는데 인수합병(M&A), 신제품 출시, 가격 인상 등 어떤 방법을 써서든지 매년 기업이 커나갈 수 있게 회사를 운영하더라고요. 예전에 음료회사였던 LG생활건강은 화장품으로 포트폴리오를 확장했고 작년에는 손소독제로 소위 '대박'이 났지요. 이렇게 포트폴리오를 갖춰 나가면서 회사를 계속 성장시키는 능력이 중요합니다. 구광모 LG그룹 회장의 행보도 인상적입니다. 되는 사업에 집중하는 '선택과 집중' 능력이 뛰어난 것 같아요. LG전자의 적자 부문이었던 휴대폰 사업을 정리하고 LG화학도 2차전지 사업 부문(에너지솔루션)을 분할상장시켜 자금을 마련하는 등 구조조정과 성장을 같이 생각하는 사람입니다.

최근 해외주식 투자가 급증했습니다. 테슬라는 물론이고 아크운용의 액티브 ETF나 변동성이 높은 개별 종목으로도 돈이 가고 있고요. 해외주식에서도 비슷한 방법으로 종목을 선정하면 될까요.

네. 마이크로소프트(MS) 아마존 애플처럼 우리가 다 아는 종목에 투자하는 게 제일 좋아요. 이 기업들은 글로벌 1등 기업이기 때문에 어려움이 있더라도 조정폭이 작고 추가 상승 여력이 높습니다. 또 국내에 투자하기 어려운 테마

성공투자 노하우

1. 공부하라, 선택적으로!
본인이 관심있는 기업이나 산업을 집중적으로 공부하자. 애널리스트 리포트를 적극 활용할 것.

2. 사회의 변화에 기민할 것
사람들의 일상이 변하는 순간에 기회가 있다.

3. ETF를 활용하라
개별 종목 투자 시의 위험을 줄여준다.

4. 장기투자는 최대 10년
과거와 달리 새로운 산업 등장 속도가 빠르니 성장성 돋보이는 테마의 1등기업을 매수해서 4~5년 투자하라.

HOW TO lesson 8

나 섹터가 있다면 해외로 눈을 돌릴 것을 권합니다. 대표적 예가 자율주행입니다. 국내에는 자율주행 관련주가 극히 드물어요. 해외에는 라이다(LiDAR)를 생산하는 벨로다인라이다와 루미나테크놀로지 등이 있죠.

자동차 반도체도 마찬가지입니다. NXP반도체, 인피니언, 르네사스 등 우리나라 기업들이 약한 자동차 반도체를 이 회사들이 많이 만들고 있어요. 현재 자동차 반도체는 수요는 많은데 공급은 부족해서 가격이 오를 것으로 보고 있습니다. 액티브 ETF에 투자하는 것도 세상의 변화에 투자하는 하나의 방법입니다. 캐시우드는 성장하는 섹터에 많은 투자를 하고 투자 중인 기업의 밸류에이션도 굉장히 높아요. 아크 ETF에 돈이 몰린다는 것은 아크가 유입된 자금으로 해당 종목들을 또 산다는 의미거든요. 지금 진입하는 건 괜찮습니다. 유동성이 워낙 풍부한 시장이니까요. 다만 2~3년 뒤 그 기업들이 이익을 내고 돈을 벌기 시작하면서부터는 밸류에이션 논란으로 주가가 한 번 빠질 수 있습니다. 그리고 유동성 공급이 끝나고 하락장이 오면 주가가 크게 조정받는다는 것도 기억해야 합니다. 하락장에서 아크가 그간 매수했던 종목을 팔 텐데, 자금이 많이 몰린 ETF에 담겼던 종목의 낙폭이 특히 클 겁니다. 핫할 때 들어간 펀드는 잘 빠져나와야 합니다.

많은 투자 고수들이 장기 투자를 강조합니다. 2030세대는 실제로 장기 투자할 시간도 충분하죠. 사서 30년 묻어두는 식으로 투자해도 될까요.

주식투자는 빠르면 빠를수록 좋습니

1.
국내에 투자하기 어려운 테마나 섹터가 있다면 해외로 눈을 돌리자. 대표적 예가 자율주행. 국내에는 자율주행 관련주가 극히 드물다. 해외에는 라이다를 만드는 벨로다인라이다와 루미나테크놀로지 등이 있다.

2021 유망산업

 자율주행·전기차

 신재생에너지

 미디어콘텐츠

자율주행·전기차, 신재생에너지 등은 미래 시대의 주요한 흐름이 될 것이다. 미디어콘텐츠는 코로나로 억눌린 섹터여서 코로나 진정 국면으로 접어들 하반기 이후 큰 폭의 상승세가 예상된다

다. 만약 실패하더라도 4050세대보다 노동 가능 시간이 더 길기 때문에 손해를 메꿀 수 있는 기간이 충분하고, 또 그런 것들이 다 경험이 되거든요. 금융자산의 일부는 꼭 주식으로 가져가야 합니다. 우량 주식을 장기 투자하면 정말 큰 수익을 낼 수 있습니다. 이것이 필승 전략이죠. 그렇다고 한 종목을 30년씩 들고 있는 건 추천하지 않습니다. 20년 전 시가총액 상위 종목을 생각해볼까요. 당시엔 시클리컬, 은행주 등이 많았는데 지금은 네이버, 카카오, 삼성바이오로직스, LG화학 등이 시총 10위권에 있어요. 우량주에 장기 투자하되, 성장할 수 있는 1등 기업이나 테마를 잘 선택한 뒤 4~5년 투자하는 게 좋을 것 같아요.

금융주는 성장이 끝난 산업인지요.
네. 이익은 나는데 배당주로서의 가치만 있을 뿐 성장은 끝났다고 봅니다. 은행,

보험 등은 정부의 규제가 있는 산업이어서 그런 쪽은 장기 투자하기엔 적합하지 않다고 생각해요. 한국전력 등 유틸리티 기업도 마찬가지고요. 그보다는 성장 산업에 투자하는 게 낫겠습니다.

정보가 넘치는 상황에서 코로나19를 계기로 주식시장에 들어온 개인투자자들에게 조언해 주고 싶은 것이 있다면요?

상승장이 계속됐기 때문에 코로나19 이후에 들어온 분은 많은 수익을 냈을 겁니다. 본인이 주식을 잘한다고 생각하는 분도 많겠죠. 하지만 주식시장은 변동성이 매우 심한 곳임을 알아야 합니다. 빠지는 장에서는 대책이 없을 수 있어요. 그래서 공부가 필요합니다. 저는 투자란 '공부'라고 생각합니다. 개인투자자도 마찬가지입니다. 정보 접근성이 높아진 만큼 공부를 더 많이 해야 합니다. 장이 빠지거나 변동성이 심해질 때 공부한 투자자와 그렇지 않은 투자자는 견딜 수 있는 힘에 차이가 있거든요. 소문이나 뉴스에 의해 매매하면 꼭지에 물리거나 바닥에서 팔고 나올 수 있어요.

공부하라고 하셨는데, 양이 굉장히 많지 않나요? 어떤 걸 공부해야 하나요.

개인투자자들이 모든 섹터나 모든 기업을 볼 필요는 없습니다. 본인이 관심 있는 기업이나 산업을 집중적으로 공부한 뒤 투자하는 것이 좋겠습니다. 애널리스트 리포트를 적극 활용하세요. 또한 포트폴리오에 많은 것을 담을 필요는 없습니다. 10개 종목 이내에서 투자하세요. 만약 어떤 유망한 산업을 발견했다면 그 산업 전체에 투자하는 ETF를 담는 것도 개별 종목 투자의 위험을 줄이는 방법입니다. 종목 하나하나에 투자하는 리스크를 줄일 수 있는 수단이라고 생각합니다.

올해 유망 산업을 꼽자면 어떤 것들이 있나요?

반도체, 자율주행과 전기차, 신재생에너지, 미디어콘텐츠 등 네 가지 테마가 올해 유망합니다. 반도체는 요즘 기관 매도로 주가가 눌려 있지만 D램 가격이 2분기에 많이 오를 것 같아요. 수요는 많은데 공급은 한정된 상태가 되는 거죠. 기관이나 외국인 매도만 수그러들면 결국엔 실적을 기준으로 매매할 텐데, 삼성전자와 SK하이닉스의 1분기 실적이 잘 나올 거라고 봅니다. LG전자도 MC사업부 매각을 통한 매각 대금이 생각보다 클 수 있어요. MC사업부가 연간 1조원씩 내던 적자가 사라지고 매각대금이 반영되면 지금 10배 초반인 주가수익비율(PER)은 굉장히 싼 가격입니다. 미디어콘텐츠는 코로나 시대에 억눌렸던 섹터라서 더 좋을 거예요. 세계적으로 코로나19 백신을 맞고 확진자가 줄어드는 상태라서 하반기로 갈수록 코로나19 피해주가 반등할 수 있다고 생각합니다. 주가는 기대를 선반영하니까 확진자가 줄고 백신 접종이 확대되는 지금 주식을 매수하는 게 좋아요. 미국에서 카지노, 여행주, 항공주들이 뜨고 있는 것도 같은 논리죠. 웹툰·웹소셜 콘텐츠도 주목할 만합니다. 네이버를 위시로 커질 수 있는 섹터라고 봅니다. 이 분야에서 한국 기업들이 정말 잘하고 있거든요. 지식재산권(IP)을 보유한 에이스토리, 키이스트, 팬엔터테인먼트 등의 올해 실적이 좋을 것 같아요.

바이오기업 투자는 어떻게 접근해야 할까요?

고령화 시대에 바이오제약은 성장하는 섹터죠. 2000년도 초반에는 바이오섹터 비중이 유가증권시장 내 1.5%였는데 최근에 많이 올랐을 땐 10%까지 높아졌어요. 올해는 바이오 분야에서 작년과 같은 주가 상승 모멘텀이 사라지는 분위기이긴 해요. 오히려 에이치엘비, 오스코텍 등이 신약 개발에 실패하면서 투자자 신뢰를 잃고 있어 지금은 주가가 잠시 쉬고 있죠. 매니저들도 바이오섹터를 공부하지만 어떤 신제품이 성공할지는 아무도 몰라요. 그래서 바이오는 ETF로 투자하는 게 맞다고 생각합니다. 한 종목에 투자했을 때의 리스크는 너무 크니까요. ETF에는 30~50개 종목이 들어 있으니까 몇 개 기업이 나가떨어져도 성공한 기업 몇 개만 있으면 시장 성장분을 향유할 수 있습니다.

HOW TO *lesson 9*

2020년 펀드 신화의 주역
9. 오화영

시장이 좋은 면만 볼 때 변곡점이 아닌지 의심해라

오화영
마이다스에셋자산운용
주식운용본부 과장
1985년   서울 출생
2010년   고려대 경영학과 졸업
2012년   한국투자신탁 운용
2019년~ 마이다스에셋 자산운용

지난해 공모펀드 시장에서 가장 큰 관심을 받은 펀드 중 하나는 '마이다스 미소 중소형주펀드'다. 개인들의 직접 투자가 활발해지며 공모펀드업계에서 돈이 빠져나간 작년에도 2억원가량이 순유입됐다. 오화영 마이다스에셋자산운용 주식운용본부 과장(36·사진)은 이 펀드를 운용해 지난해 62%의 수익률을 올렸다. 국내 액티브 중소형주 펀드 중 '톱3'에 꼽히는 성과다.

오 과장은 단 하나의 혁신기업을 알아맞히는 방법은 없다고 강조했다. 10배 오를 주식을 콕 집어 투자하는 건 불가능하다는 것이다. 큰 수익을 내는 방법이 없는 것은 아니다. 그는 여러 기업 주식에 투자한 뒤 2~3년에 걸쳐 성과를 점검한다고 말했다. 그 과정에서 기업을 탈락시키기도 하고, 새로운 기업을 편입하기도 한다. 오 과장은 "인내와 공부의 과정을 거치면 자신의 포트폴리오에 담았던 여러 종목 안에서 테슬라처럼 커다란 수익을 내는 '혁신기업'이 발굴된다"고 강조했다.

운용하고 있는 '마이다스 미소 중소형주 펀드'의 지난해 수익률이 62%를 웃돌았습니다. 코로나19로 시장이 급격하게 변화할 때 어떻게 종목을 고르셨나요.

작년 코로나19 초기 국면에는 아무도 시장이 V자로 반등하리라고 예상하지 못했습니다. 실제 이번 하락장은 1930년대 대공황만큼 빠른 하락이 문제였거든요. 반대로 2008년 금융위기 때는 6개월 이상 시차를 두고 서서히 장이 빠지면서 중간중간 반등도 있었습니다. 이번에는 2주 만에 지수 자체가 40~50% 추락하고 연초 대비 반토막이 났죠. 4월 초부터 시장이 반등하기 시작할 때 포트폴리오를 많이 변경했습니다. 단순히 많이 떨어진 '낙폭과대주'를 담지는 않았습니다. 사회 변화를 주도할 계획이 있는 기업, 코로나라는 커다란 변화 속에서 역으로 혜택을 볼 수 있는 기업을 찾았습니다. 네이버와 카카오로 대표되는 인터넷 소프트웨어 기업을 많이 담았습니다. 또 바이오 기업도 지난해 백신과 코로나 치료제 생산으로 모멘텀이 좋았습니다. 이 분야의 비중을 많이 늘렸던 게 유효했습니다.

섹터나 트렌드를 이해하더라도 종목 선택에 대한 질문이 남습니다. 종목을 어

성장성이 높아 보이는 10개의 주식을 골고루 담고 2~3년 그 종목을 추적하라.

성공투자 노하우

1. 인내와 공부의 시간을 가져라
여러 주식에 투자하고 2~3년 추적하면서 탈락할 기업은 탈락시키고 새로운 것이 있다면 편입하라. 그 과정에서 테슬라와 같은 혁신기업이 남을 것이다.

2. 예측보다 중요한 것은 대응
변화를 예측하는 것은 어렵지만, 변화하는 사회가 어느 방향으로 가는지 살피고 이를 포트폴리오에 반영하라.

3. 변곡점을 알고 팔라
기업의 매출과 이익 성장세보다 시장이 기대하는 추정치가 높아졌을 때 주식을 팔라.

떻게 고르셨나요.

국내 소프트웨어 분야에서는 네이버와 카카오를 제외하고는 대안이 크게 없습니다. 중소기업 토양이 약한 편이기 때문입니다. 바이오 분야도 우리가 내용을 100% 이해하기 어렵습니다. 기업을 분석하고 필드의 논문을 추적해도 업계 최전선에 있는 분들의 연구를 완전히 이해할 수 없습니다. 그렇기 때문에 가능성이 있는 종목 여러 개를 바스켓으로 담아야 합니다. 전체적인 트렌드와 섹터를 보고 그에 부합하는 여러 개 종목을 담는 겁니다. 특히 한국에 있는 많은 바이오테크 기업은 초기 국면이기 때문에 미세하게 하나씩 종목을 고르기는 쉽지 않습니다. 그래서 바스켓으로 접근했던 게 수익률에 기여했습니다.

장기적으로 어떤 분야가 성장할지는 어떻게 알아볼 수 있을까요.

미래의 어느 시점에 어떤 변화가 달성될지는 예측할 수 없습니다. '몇 년도면 세계 시장에서 전기차 침투율이 20%가 될 것'이라는 식의 예상은 어렵다는 거죠. 투자자는 사회의 방향성을 읽으려는 노력해야 합니다. 우리 사회가 어느 쪽으로 방향을 틀었고, 어느 쪽으로 움직이고 있는지 읽어야 합니다. 그 커다란 흐름을 자신의 포트폴리오에 반영하는 노력만으로도 충분히 의미 있습니다. 예를 들어 최근 기업을 평가할 때 ESG(환경·사회·지배구조) 척도가 중요해졌죠. 어떤 기업이 이익을 잘 내고 있더라도 환경부문에서 마이너스 요소가 있고, ESG와 동떨어져 있다면 사회 변화를 따라가지 못하는 기업입니다. 또 시장 상황에서 트렌드를 읽을 수 있습니다. 지난해에는 테슬라처럼 당장 이익은 못 내도 미래 성장성이 큰 기업의 주가가 좋았습니다. 시장이 단순히 이익으로 주가를 평가하지 않고 3~5년 뒤 매출과 이익 성장을 끌어오고 있었던 거죠. 종목을 선택할 때 이런 시장 경향도 고려해야 합니다.

트렌드를 읽더라도 과감히 투자하기가 쉽지 않습니다. 예를 들어 전기차가 유망한 산업이라는 인식은 널리 있었지만, 지난해처럼 크게 오를 거라는 예상은 하기 어려웠습니다. 또 테슬라의 경우 지난해처럼 오르기 전에도 과대평가라는 주장이 많이 있었습니다.

정확하게 미래를 예측하는 건 누구도 할 수 없습니다. 테슬라 같은 경우도 결과적으로 생각하는 거죠. 테슬라가 10배 올랐다고 하면 대부분 결과론적으로 '그때 내가 테슬라를 샀으면 돈을 10배 벌었을 텐데'라고 쉽게 얘기하는 겁니다. 하지만 앞으로 10배 오를 종목을 정확하게 미리 찍는 건 불가능합니다. 실제로 10배 되는 주식을 어떤 식으로 투자해서 보유하게 되는지 복기해볼 필요가 있습니다. 처음부터 하나를 고르지 않습니다. 성장성이 높아 보이는 10개의 주식을 골고루 담는 거죠. 그리고 2~3년 그 종목을 추적합니다. 분기마다 이 기업이 기존에 제시한 비전에 맞는 전략을 실행하고 있는지, 투자하고 있는지, 제품은 잘 만들어지고 있는지, 제품의 초기 반응이 좋은지 확인합니다. 이 과정에서 탈락하는 종목도 생기고, 추가되는 종목, 비중을 늘리는 종목도 있습니다. 이 과정을 반복하면 기존에 담았던 10개 중 한두 개 종목이 10배가 나게 되는 거죠. 처음부터 '이

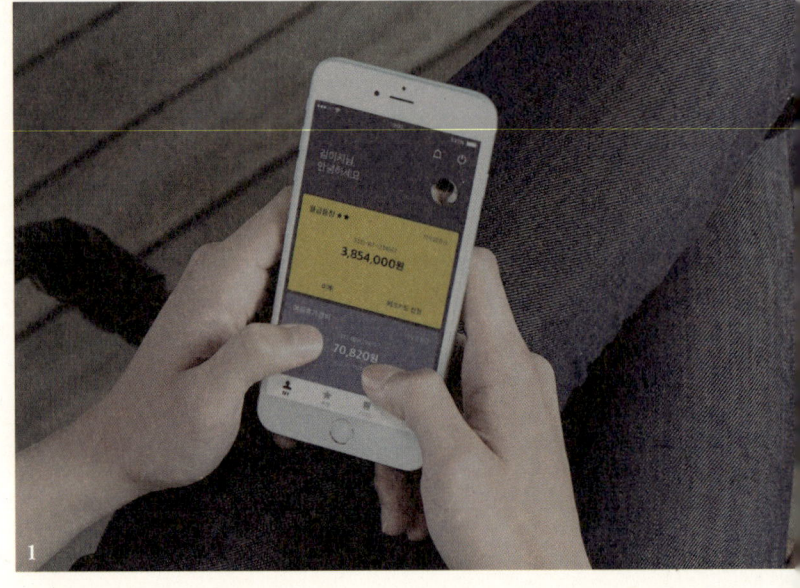

2008년 금융위기 vs 2020년 코로나19 코스피 변동
단위: 포인트

2008년 금융위기 주가

2020년 코로나19 주가

자료: 한국거래소

주식이 10배를 갈 거야'라는 접근은 절대 못합니다. 그런 방법은 잘못됐고, 불가능합니다.

미리 알려고 하는 것보다 현재 상황을 잘 파악하고 대응하는 게 중요하다는 말 같은데요.
변화는 갑자기 일어나지 않습니다. 시간이 걸립니다. 전기차도 완전히 새로운 변화는 아니죠. 테슬라가 처음으로 로드스터라는 신제품을 냈을 때가 7~8년 전입니다. 한참 시간이 지난 요새 결국 전기차가 내연기관 자동차를 대체하기 시작하고 있습니다. 전기차를 등한시했던 글로벌 완성차 업체들도 올해, 내년에 전기차 신차를 내놓을 것입니다. 변화는 몇 년을 두고 이뤄집니다. 그래서 '어느 기업이 올해 몇 대를 팔았으니 매출과 이익이 반영돼 주가가 오르고, 올랐으니 끝났다'는 식으로 한 번에 포지션을 정리하지 않는 거죠. 그렇기

때문에 예측보다 중요한 것이 대응입니다. 남들보다 미리 트렌드를 예측하기는 어렵습니다. 하지만 세상의 변화는 단 몇 분기 안에 찾아오는 게 아니죠. 긴 시간 동안 몇 년 단위로 꾸준히 이뤄집니다. 변화에 대응하고, 변화를 반영하기 위해 노력하는 게 중요합니다.

가장 투자 결과가 좋았던 것은 어떤 종목인가요.

2013~2015년 화장품 슈퍼 사이클 때 아모레퍼시픽과 코스맥스 성과가 좋았습니다. 주가가 한 번 오르고 만 게 아니라 3년 가까이 계속해서 올랐습니다. 당시 아모레퍼시픽의 중국 매출 비중은 20% 초반이었습니다. 설화수라는 브랜드는 거의 유일하게 동양적인 컬러를 지닌 럭셔리 화장품 브랜드였고, 중국 소비자에게도 반응이 좋았습니다. 아모레퍼시픽이라는 대장주의 매출 이익이 성장하니 그 밑단의 밸류체인 업체들도

1.
2020년 코로나로 비대면 흐름의 확산으로 관련 인프라가 탄탄한 카카오 주식은 큰 성장을 거뒀다.
2.
2019년 열린 '후 궁중연향 in 상하이' 행사 현장. LG생활건강의 '후'는 지난해 연 매출 2조6000억원을 달성했다. 고급화 전략으로 중국 시장 공략에 성공한 것이 주효했다.

2013~2015년의 아모레퍼시픽 주가 추이
단위 : 원

최고 403,103
최저 85,722

자료 : 한국거래소

몇 년에 걸쳐 계속 주가가 상승했죠. 국내 중소기업 강자인 더존비즈온, 의류시장 강소기업인 F&F도 투자 경험이 좋았습니다. F&F는 다양한 브랜드를 모아 자기 기업만의 브랜드로 개발해 국내 시장에서 1~2년 만에 최고 매출을 만들어냈습니다. 중소형 종목이지만 해당 산업 내에서 제품 경쟁력이 확실하고 혁신을 이끄는 기업들이었습니다. 특히 사업의 성장 가능성이나 확장성에 대해 담대하리만큼 높은 목표를 갖고 있던 기업들입니다. 또 현재 진출해 있는 시장보다 5~10배 큰 시장을 새로운 타깃으로 잡고 큰 목표를 세운 기업들이었습니다.

아모레퍼시픽의 경우 2021년 현재는 과거처럼 주가가 좋지 않습니다. 추세가 변하고 기업 성장이 꺾이기 시작하는 시점은 어떻게 알아봐야 할까요.

변곡점을 딱 찍기는 정말 어렵습니다. 변곡점이라고 판단해 쉽게 팔아버리면 이후 주가가 더 올라서 후회하는 경우도 많죠. 시장의 기대가 극대화될 때, 변곡점이 오지 않을지 의심해봐야 합니다. 기업의 매출과 이익 성장세보다 시장이 기대하는 추정치가 높아졌을 때 주식을 팔아야 합니다. 주가가 좋을 때 사람들은 좋은 것만 보려는 경향이 있거든요. 아모레퍼시픽도 '중국 시장에 진출해 이 정도인데, 설화수가 미국에 진출하면 더 성장하는 것 아니냐'라거나 '중국인은 이제 화장하기 시작했다는데 수요가 앞으로 훨씬 오래 지속되는 것 아니냐'란 반응이 나왔어요. 이렇게 시장이 좋은 면만을 볼 때 변곡점을 의심해보고, 비중을 줄일 필요가 있습니다.

65조원 개인투자자 예탁금 규모

SECTION 03 NEW

Trend 1
코스피 사상 첫 3000선 돌파

코스피지수가 3000선을 돌파했다. 지정학적 리스크 등 저평가된 '코리아 디스카운트'를 이겨내고 이룩한 쾌거다.

Trend 3
주린이의 탄생

규제로 인해 부동산 투자가 어려워지자 주식시장에 돈이 모여들면서, 이른바 주식을 처음 시작하는 '주린이'들이 대거 탄생했다. 개인투자자 예탁금은 지난해 말 65조원까지 늘었다.

63조 9240억원

Trend 2
개인투자자 시대

지난해 개인이 순매수한 주식 규모는 약 64조원어치. 작년 3월 1400선까지 주저앉았던 코스피지수를 3000으로 밀어올린 것이 바로 개인투자자들이었다는 의미다.

Trend 4
테슬라에 전격 투자한 국내 투자자들

2019년 말까지만 해도 국내 투자자의 테슬라 주식 보유 잔액은 1억4000만달러에 불과했다. 하지만 2020년 말 기준 국내 투자자의 테슬라 보유 잔액은 78억 달러에 달했다.

78억$ (2020년)
1억4000만$ (2019년)

NORMAL

과연, 혁신이 필수가 된 건가?
주식 시장의 일상으로 자리잡은 새로운 투자 환경과 경향들.

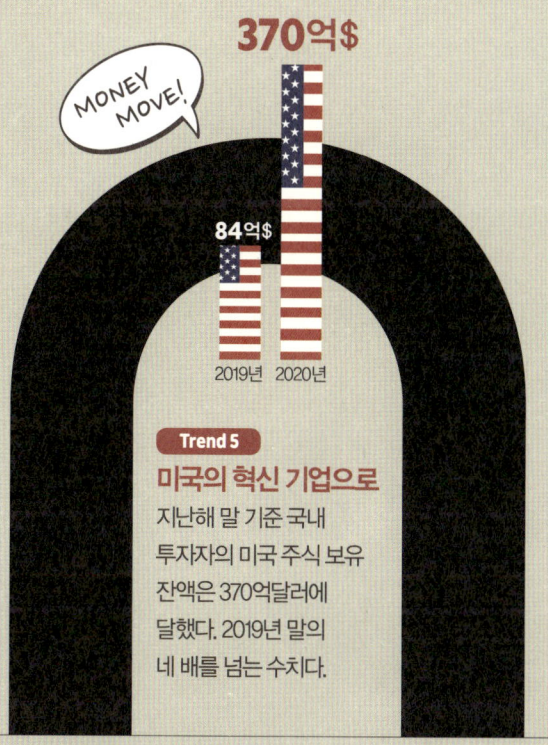

MONEY MOVE!

370억$ (2020년)
84억$ (2019년)

Trend 5
미국의 혁신 기업으로

지난해 말 기준 국내 투자자의 미국 주식 보유 잔액은 370억달러에 달했다. 2019년 말의 네 배를 넘는 수치다.

Trend 7
적자여도 괜찮아, 미래의 '게임체인저'라면

수소연료전지 기업 두산퓨얼셀은 연간 영업이익이 수백억원에 불과한데도 시가총액이 조 단위에 달한다.

두산퓨얼셀의 시가총액
- 영업이익: 260억원
- 시가총액: 4조원

Trend 6
'BBIG', 새로운 주도주로 급부상

코로나19 사태 후 급성장한 BBIG(바이오·배터리·인터넷·게임) 분야 종목이 시장 평균에 비해 높은 밸류에이션(PER)을 인정받고 있다.

- 카카오 71배
- 삼성SDI 52배
- 셀트리온 47배

Trend 8
주가꿈비율(PDR), 새로운 평가 기준의 가능성

주가꿈비율(PDR)은 주가수익비율(PER)과 주가순자산비율(PBR)로는 설명할 수 없는, '꿈같은' 주가를 설명할 때 사용한다.

PDR — Price to Dream Ratio

MARKET HISTORY *Inforgrapic*

우상향의 역사

코로나19라는 위기 속에서 국내 증시는 코스피지수 3000포인트를 돌파하며 놀라운 회복력을 보여줬다.
글로벌 증시에서 가장 빠른 회복 속도였다. 68년 역사를 가진 국내 주식시장,
어떤 부침 속에 성장동력을 키워왔을까. 역사를 돌아보면 그 안에 답이 있다.
돌고 도는 주식 시장, 역사를 통해 미래 주가의 향방을 가늠해보자.

1953년 11월
대한증권업협회 설립

1956년 3월
대한증권거래소 출범
경성방직, 우리나라 상장 1호 기업이다. 1919년 '우리 옷감은 우리 손으로'라는 기치를 내걸고 출발해 한국 산업 발전에 큰 영향을 미쳤다.

대한증권업협회 설립 인가증

1962년 1월
증권거래법 제정
주식은 1980년 이전부터 거래됐지만 지금처럼 전산 기록에 남아 있는 기준은 1980년 1월. 1980년 1월 4일을 기준 100으로 놓고 지수를 계산한다.

1989년 3월
1000
코스피지수가 종가 기준 첫 1000포인트를 돌파했다. 이 당시 주도주 역할을 한 것은 건설, 금융, 무역(종합상사) 등. 시가총액 1위는 국민주 1호인 포항종합제철이었다. 은행은 포항종합제철 공모주 청약을 하려는 개인투자자로 문전성시를 이뤘다.
상승 원인 3저(저유가·저금리·저달러) 현상. 트로이카(금융·건설·무역)주 활황

1998년 5월
주식시장 외국인 전면 개방

1997년 7월
지수옵션시장 개설

1993년 8월
금융실명제 시행

2002년 1월
개별주식옵션 시장 개설

2000년 3월
코스닥지수 최고가 2925.20포인트 기록
코스닥은 당시 정부의 IT(정보기술) 활성화 정책에 힘입어 급성장하며 최고치를 기록했다.

START!

1983년 1월
KOSPI
현재의 시가총액 방식으로 지수 산출 시작. 이전까지는 다우존스식 수정주가 평균 방식으로 주가지수를 계산했다.

1986년 6월 시가총액 10조원 돌파
10조원

1997년 1월 코스닥지수 산출 개시

1997년 12월
외환위기
일부 종금사 등이 해외에서 자금을 끌어 장기로 운용하다 외환 부족 상황이 도래해 국 경제 재난 상태를 불러온 사 주가가 3분의 1 수준까지 추

2007년 7월
2000
중국 관련주와 주식형 펀드가 코스피지수를 부활시켰다. 미래에셋자산운용이 일으킨 펀드 열풍도 증시 상승에 한몫했다.
상승 원인 중국 시장 성장, 적립식 펀드 열풍, 국민연금 주식투자 확대

2007년 7월 자본시장법 통과

2005년 1월
한국증권선물거래소 창립

2005년 12월
주식워런트증권(ELW) 시장 개장

2004년 1월
코스닥지수 기준단위 변경

2002년 10월
상장지수펀드(ETF) 시장 개설
ETF
적은 비용으로 다양한 상품에 투자할 수 있는 ETF 시장이 열렸다.

2009년 9월
FTSE
서브프라임 사태에도 국내 경제는 비교적 짧은 시간 안에 진정 국면에 접어들었고, 2009년 FTSE 선진국 지수에 편입됐다.

2010년 3월
천안함 침몰, 남북 관계 악화로 조정

2014년 10월
미국 양적완화 종료

2013년 4월
일본 양적완화 본격화

2013년 7월
코넥스 개장
중소기업의 원활한 자금 조달을 위해 증권을 발행·판매할 수 있는 자격을 주고 판매 장소를 제공하는 코넥스 개장. 공모를 목적으로 상장하는 시장이다. 개장 이후 조달 규모는 꾸준히 성장 중이다.

2016년 8월
주식시장 매매거래시간 30분 연장

2018년 3월
미·중 무역분쟁 발발

2017년 10월
2500
드디어 코스피지수가 2000~2200선을 오가는 6년간의 지루한 박스권에서 벗어났다.
상승 원인 반도체 호황, 외국인 투자 증가

2019년 7월
일본, 한국 기업 화이트리스트 제외

2020년 3월
코로나19 사태로 급락
2020년 들어 2000포인트 선에 머물던 코스피지수는 코로나19 여파로 1400포인트 선까지 하락했다.

2021년 1월
3000
13년 만에 코스피지수 3000포인트 돌파. 2021년 1월 6일 처음으로 장중 3000포인트를 넘겼다. 시가총액 1위는 여전히 삼성전자지만 LG화학, 셀트리온, 삼성바이오로직스, 네이버 등이 시가총액 톱10에 들며 달라진 산업 흐름을 반영했다.
상승 원인 동학개미 열풍, 유동성 증가, 초저금리

2008년 서브프라임 사태 발발
미국의 초대형 모기지론 대부업체가 연쇄 파산하며 시작된 경제위기. 이 사태로 미국에서 연기금 부동산 퇴직금 예금 채권 등의 가치가 5조달러 이상 증발했고, 600만 명 이상이 집을 잃었다. 코스피지수 또한 2008년 10월 말 890선까지 떨어지며 대폭락했다.

NEW NORMAL Point 1

코스피 3000시대

: 사상 처음으로 '코스피 3000시대'를 연 주인공은 개인과 우량 기업들이었다.

2020년 '투자의 판'이 바뀌었다. 코로나19 사태는 우리에게서 익숙했던 것을 앗아갔지만 '머니 무브(돈의 이동)'의 계기가 됐다. 제로금리 시대와 맞물려 개인투자자는 대거 주식시장에 뛰어들었다. 예·적금을 깨고 대한민국 1등 재테크 수단이던 부동산마저 팔아 주식을 샀다. 코스피지수가 2000선 문턱을 넘어선 지 13년 만에 사상 처음으로 '코스피 3000시대'를 연 주인공은 개인과 우량 기업들이었다. 개인은 지난해 64조원어치의 주식을 순매수했다. 폭락기에는 주가를 떠받쳤고, 상승기에는 앞장서 주가를 끌어올렸다. 1457.64(작년 3월 19일)로 주저앉았던 코스피지수를 3000으로 밀어올린 293일간의 '반전 드라마'를 썼다.

주식시장은 당대 경제 상황을 반영하는 거울과도 같다. 경제를 이끄는 주도 산업은 높은 주가로 평가받고 빠르게 변화하는 생활 패턴은 시장 원리에 따라 값이 매겨진다. "주식시장이 1970년대 이후 50년간 한국 경제의 성장 과정을 고스란히 보여주고 있다"는 평가가 나오는 이유다.

'코스피 3000시대 개막'도 마찬가지다. 지정학적 리스크, 불투명한 지배구조, 성장성에 대한 의문 등으로 저평가된 '코리아 디스카운트'를 이겨내고 '코리아 프리미엄' 시대를 열었다는 의미가 담겨 있다. 반도체, 배터리, 바이오, 미래자동차 등 차세대 먹거리로 중무장한 국내 기업들이 국제 무대 주역으로 자리매김한 덕이다.

1970년대, 본격 주식 투자의 시작

국내 첫 유가증권 거래는 일제강점기에 이뤄졌다. 주식보다 국채 중심으로 거래됐다. 서울 여의도가 증권가를 대표하게 된 것은 1970년대 들어서다. 지금과 같은 형태의 현대적인 주식 거래가 활발해지자 명동에 있던 거래소를 여의도로 이전하면서 금융투자의 메카가 됐다.

1972년 '기업공개 촉진법'이 주식 투자에 불을 붙였다. 일정 수준 이상인 기업이 의무적으로 상장하도록 강제하는 법이다. 이 때문에 1972년 66개였던 국내 상장사는 1970년대 말 356개로 불어났다. 이 기간 시가총액은 865억원에서 2조6094억원, 하루 평균 거래대금은 421억원에서 1조3278억원으로 급증했다. 중동 건설 붐이 일던 1970년대 가장 뜨거운 종목은 건설주였다. 신규 상장 열풍과 함께 1977년 정진건설 공모주 청약률은 210 대 1에 달했다. 1975~1979년 건설주 수익률도 962%나 됐다. 1978년 전체 시가총액 중 건설주가 차지하는 비중은 27.1%였다.

'3저 호황'의 1980년대

1980년대는 국내 증시가 한 단계 도약한 시기로 꼽힌다. 수작업으로 하던 주식 매매가 전산화됐고, 코스피지수는 저금리·저유가·저달러 등 이른바 '3저 호황' 덕분에 사상 처음으로 1000포인트 고지에 올라섰다. 1987년

1.
1962년 4월 증권투자 홍보탑의 모습. 홍보탑에는 '증권투자저축으로 불어가는 우리살림'이라는 경쾌한 문구가 적혀있다.
2.
2007년 7월 25일, 드디어 코스피가 2000을 돌파했다.

64

64조 원
개인들은 작년에 약 64조 원어치의 주식을 순매수했다. 이들은 폭락기에는 주가를 떠받쳤고, 상승기에는 앞장서 주가를 끌어올렸다.

노태우 대통령이 '국민주 공모'를 공약으로 내걸면서 주식 투자 인구가 또 한 차례 급증했다. 국민주 공모는 우량 대기업의 상장을 통해 저소득층의 재산을 불려주겠다는 의도로 시작됐다. 국민 공모 1호인 포항제철(현 포스코)의 주주는 321만 명으로 늘었고, 2호 한국전력 주주는 600만 명에 달했다. 이로 인해 상장법인 주주는 1970년대 말 75만3000명에서 1989년 854만 명까지 증가했다. 직장인들이 대출을 받아 투자하고 농촌에선 키우던 소를, 어촌에선 어선을 팔아 주식 투자에 나선 모습들이 언론에 소개됐을 정도다. 1980년대 코스피지수가 매년 평균 24.6% 급등했으니 주식투자에 대한 관심은 어쩌면 당연한 일이었다.

1970년대 대표주가 건설주였다면 1980년대엔 증권주가 떠올랐다. 증권업종지수는 3000%나 폭등했다. 하루 주식 거래대금이 10년 새 1조원에서 8조원으로 늘어나자 수수료로 먹고사는 증권사들이 돈을 쓸어담았다. 증권주와 함께 금융주까지 투자자의 관심을 받으며 1989년 말 금융 관련주의 시총 비중은 30%를 넘어섰다.

외환위기 딛고, 코스피 2000시대 개막

외환위기가 발발한 1990년대는 주식시장에도 시련기였다. 1994년 11월 당시 고점인 1138까지 올랐던 코스피지수는 280까지 추락했다. 기아, 삼미, 한보 등이 줄줄이 쓰러졌다. 암흑기를 발판삼아 세대교체도 이뤄졌다. 건설주, 증권주가 줄줄이 급락한 사이 반도체 호황 등에 업은 삼성전자가 한국 증시 대표주자로 떠올랐다. 벤처 열풍에 코스닥시장도 활기를 띠었다. 2000년대 들어 지지부진하던 박스권을 뚫고 코스피지수는 네 자릿수에 안착했다. 1990년대 말 외국인 투자한도가 풀리면서 본격적으로 외국인 투자자들이 국내 증시에 입성한 데다 유동성의 힘이 더해지면서 코스피 2000시대를 열었다. 펀드 열풍까지 가세해 국내 자본시장에 간접투자 문화가 자리잡는 계기가 됐다. 이 시기 중국 수혜주도 존재감을 떨쳤다. 중국의 가파른 경제 성장에 힘입어 조선과 해운, 기계업

2007 KOSPI 2,004.22 (+11.96)

종이 특수를 누렸다. 김학균 신영증권 리서치센터장은 "당시 중국 관련주들이 성장하면서 한국 증시는 정보기술(IT)과 산업재, 소재, 금융 등이 고르게 분포돼 있는 균형 잡힌 시장으로 자리 매김하게 됐다"고 평가했다.

코로나19 만난 국내 증시, 직접투자가 대세

2008년 글로벌 금융위기로 또 한 차례 위기를 맞았던 국내 증시는 '차·화·정(자동차·화학·정유)'이라는 주도주를 배출했다. 차·화·정 랠리는 1000포인트 아래로 떨어졌던 코스피지수의 'V자 반등'을 주도했다. 하지만 이내 '박스피' 오명을 썼다. 글로벌 금융위기의 후폭풍으로 세계 경제가 저성장 시대에 접어든 데다 중국이 한국의 주력 산업을 맹추격하는 데 대한 우려가 겹친 결과였다.

국내 증시는 코로나19 사태를 계기로 가보지 않은 길로 접어들었다. 코로나19 폭락장에서 직접투자 열풍이 불면서 'BBIG(바이오·배터리·인터넷·게임)'라는 새로운 주도주가 급부상했다. 70조원에 육박하는 투자자 예탁금 등 유동성의 힘은 국내 기업 재평가로 이어졌다. 투자자들은 당대 가장 유망한 분야에서 경쟁력 있는 종목을 찾아내 시가총액 상위에 앉혔다. 반도체(삼성전자 SK하이닉스)부터 바이오(삼성바이오로직스 셀트리온), 미래차(현대차·기아), 배터리(LG화학 삼성SDI SK이노베이션) 등 미래 먹거리를 장착한 기업들이다. 급등한 증시에 대한 우려보다 기대가 더 큰 것도 이들 기업이 끊임없는 변신을 통해 새로운 비즈니스를 창출하고 있기 때문이다.

NEW NORMAL Point 2

'머니 무브' 종착지는 글로벌 혁신株

: 유가가 떨어졌는데 왜 전기차 기업의 주가가 끊임없이 오르고 있는 걸까?
그 답은 혁신의 파괴적 힘이다.

코로나19 이전까지만 해도 전기차 대중화의 가장 큰 적은 '유가 하락'이었다. 휘발유 가격이 떨어질수록 내연기관차의 경쟁력이 높아질 수밖에 없기 때문이다. 2020년 코로나19 사태로 세계 경제가 멈췄고, 국제 유가는 사상 처음으로 마이너스를 기록했다. 이런 유가 대폭락의 시기에 증시에서는 예상치 못한 일이 벌어졌다. 전기차 대표 기업 테슬라 주가가 연일 질주했다. 지난 한 해 동안 서부텍사스원유(WTI) 가격이 23% 하락할 때 테슬라 주가는 743% 뛰었다.

어려운 시기일수록 사람들은 '꿈'을 좇는다. 코로나19로 사상 초유의 저금리 환경이 조성된 지난해도 마찬가지였다. 김학균 신영증권 리서치센터장은 "주식 투자는 항상 '꿈'을 사는 비즈니스였다"며 "경기 비관론이 커질수록 성장 가능성이 무궁무진하다는 '꿈'이 있는 주식의 가치는 더 오른다"고 설명했다. 성장이 귀해진 시기인 만큼 얼마 없는 성장주에 더 높은 밸류에이션을 주게 된 것이다.

경기 비관론 껑충, BBIG 산업

꿈을 먹고 자란 BBIG(바이오·배터리·인터넷·게임)는 그렇게 지난해 한국 증시를 지배했다. 전기차 배터리를 생산하는 LG화학과 삼성SDI는 내연기관차 기업의 시가총액을, CMO(의약품 수탁생산)와 바이오시밀러(바이오 약품 복제약)에 특화된 삼성바이오로직스와 셀트리온은 전통 제약회사 시가총액을 잠식했다. 인터넷 플랫폼 기업인 네이버와 카카오는 유통과 금융의 영역까지 차지했다.

과거의 전통 산업도 '혁신'의 엔진을 달고 변신에 나섰다. 각각 내연기관차, 가전, 정유회사였던 현대자동차(전기·수소차) LG전자(전장부품) SK이노베이션(전기차 배터리)은 전기차 관련 기업으로 변신을 시도했다. 시장은 여기에 반응했다. 올초 기준 한국의 시총 상위 10대 기업은 모두 미래 산업으로 채워졌다. 삼성전자 SK하이닉스(반도체) LG화학 삼성SDI(배터리) 삼성바이오로직스 셀트리온(바이오) 네이버 카카오(IT 플랫폼) 현대차 현대모비스(친환경차) 등이 대표적이다.

'머니 무브'의 주인공은 테슬라

코스피지수 수직 상승에 증시로의 머니 무브는 가속화했다. 일부 개미는 신속하게 세계에서 가장 혁신적인 기업이 많은 곳으로 눈을 돌렸다. 미국이었다. 대표 종목은 테슬라였다. 지난해 한국 투자자가 보유한 테슬라 주식 규모가 이 회사 9대 주주보다 큰 수준으로 불어난 사건이 발생했다. 지난해 말 기준 국내 투자자의 테슬라 주식 보유 잔액은 78억달러로 집계됐다. 당시 테슬라 시가총액(8341억달러)의 0.93%에 해당하는 규모다. 테슬라 9대 주주인 JP모간(0.92%)보다 많다.

2019년 말까지만 해도 국내 투자자의 테슬라 주식 보유 잔액은 1억4000만달러에 불과했다. 2020년 한 해 동안 국내 투자자는 테슬라를 30억달러어치 순매수했다. 애플(18억달러) 아마존(8억달러) 엔비디아(6억달러) 마이크로소프트(4억달러) 등의 혁신 기업이 뒤를 이었다. 지난해 말 기준 국내 투자자의 미국 주식 보유 잔액은 370억

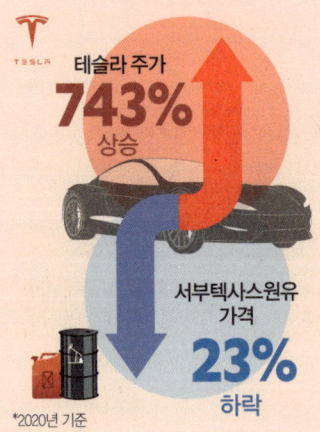

유가 하락 속 성장한 테슬라

테슬라 주가 **743%** 상승

서부텍사스원유 가격 **23%** 하락

*2020년 기준

1.
국내 개미 투자자들은 세계에서 가장 혁신적인 기업으로 눈을 돌렸다. 대표 종목은 테슬라. 지난해 말 기준 국내 투자자의 테슬라 주식 보유 잔액은 78억달러로 집계됐다.

2.
아크인베스트는 핀테크, 자율주행, 유전공학을 거쳐 이제는 우주로까지 투자 대상을 확장하고 있다.

달러에 달했다. 2019년 말(84억달러)의 네 배를 넘는 수치다. 혁신의 영역에서 미국 기업의 독주 체제가 이어졌기 때문이다.

'제2의 테슬라'를 찾아라

지난해 투자자들이 FAANG(페이스북·아마존·애플·넷플릭스·구글) 등 앞으로 절대 망하지 않을 것 같은 기업에 투자했다면, 올해는 '미래의 FAANG'이 될 만한 혁신 기업 발굴에 나섰다. 올해 '서학개미'의 순매수 7위 종목은 처칠캐피털IV. 이름도 생소한 이 종목은 스팩(SPAC·기업인수목적회사)이다. 미국 전기차업체 루시드모터스와의 합병설 때문이다. 루시드모터스는 아직 차량 인도조차 시작하지 않았고, 재무정보도 공개하지 않았다. 그럼에도 '제2의 테슬라'를 찾는 투자자는 이 회사에 꽂혔다. 올해 초 10달러였던 처칠캐피털IV 주가는 2월 19일 52.94달러까지 치솟았다. 상승률이 429%에 달한다.

ARK Innovation ETF(ARKK)도 서학개미의 관심을 한몸에 받고 있다. 올해에만 2억7000만달러어치를 순매수했다. 올해 순매수 종목 4위다. 아크인베스트는 '파괴적 혁신'에 집중하는 운용사다. 창립자이자 최고경영자(CEO)인 캐시 우드는 일찌감치 테슬라의 가치를 알아보고 베팅했다. 실제 '파괴적 혁신에 대한 믿음'은 수익으로 돌아왔다. 아크인베스트가 운용하는 7개 ETF 중 5개 상품이 지난해 1년간 100% 이상 수익을 냈다. 운용 자산이 가장 많은 상품은 ARKK다. 지난해 연간 153% 수익률을 기록했다.

캐시 우드에게 기업의 현재 실적 중요치 않아

우드는 FAANG에는 투자하지 않는다. 이미 FAANG은 자신에게 '안전자산'과 같다고 했다. 대신 미래의 FAANG이 될 만한 혁신 기업을 발굴한다. 이들에게 현재 실적은 중요하지 않다. 미국 빅데이터 분석 소프트웨어 기업 팔란티어는 지난해 4분기 영업적자를 냈다고 발표한 날(2월 16일) 주가가 12.75% 폭락했다. 팔란티어는 아크인베스트가 사들이면서 주가가 급등한 바 있다. 우드는 여전히 팔란티어의 가치를 높게 평가한다고 했다. 팔란티어가 지금 당장의 수익보다는 미래를 위해 공격적으로 투자하려는 회사라는 것이 믿음의 이유였다.

78
국내 투자자의 테슬라 주식 보유 잔액
지난해 말 기준 국내 투자자의 테슬라 주식 보유 잔액은 78억달러다.

달라진 '좋은 주식' 눈높이

> 미래 산업의 판도를 바꿀 '게임체인저'라면,
> 적자를 내고 있어도 괜찮다는,
> 이른바 '혁신적인 적자 기업'이 '좋은 주식'이 된 시대.

주가가 실적에 따라 움직인다는 건 투자의 기본 상식이었다. 단기적으로는 주가가 '적정 가치'보다 더 많이 오르거나 떨어질 수 있지만 곧 실적에 맞는 수준으로 수렴한다고 많은 사람이 믿었다. 벤저민 그레이엄, 워런 버핏 같은 전설적인 투자도 이런 원칙에 따라 투자했기 때문에 필부필부(匹夫匹婦) 개미들은 으레 그게 맞다고 생각했다. 2019년까지만 해도 이 같은 믿음에 의문을 제기하는 사람은 거의 없었다.

적자 기업에 투자하는 이유

코로나19 사태 후 산업 환경이 급변하자 분위기가 달라졌다. 10년도 넘는 먼 미래의 실적에 대한 기대가 주가에 반영되는 사례가 속출했다. 기존에는 멀어야 2~3년 내다보는 게 전부였는데 이제는 주가에 반영되는 미래 이익의 범위가 훨씬 더 넓어진 것이다. 포문은 미국 전기자동차 기업 테슬라가 열었다. 2019년까지 테슬라는 연간 흑자를 낸 적이 한 번도 없었다. 지난해 처음 흑자를 봤지만 시가총액 상위권에 있는 다른 기업에 비하면 미미했다. 그러나 테슬라는 지난해 700% 넘게 올라 미국 증시의 시총 10위권 자리를 꿰찼다.

테슬라 한 기업만 그랬다면 예외적인 현상으로 치부하고 넘어갈 수 있었다. 그러나 다른 기업도 비슷한 주가 흐름을 보이는 사례가 속출했다. '사기' 의혹에 휩싸여 주가가 폭락하기는 했지만 니콜라도 한때 1개월 만에 500% 치솟았다. 니콜라는 전기차와 함께 미래 주요 운송수단으로 평가받는 수소차 전문 기업을 표방했다. 수소연료전지 기업 블룸에너지, 비대면 물류 기업 도어대시 등 다른 미국 기업이 적자를 보고 있음에도 수조원 이상의 기업가치를 인정받았다.

한국에서도 비슷한 현상이 나타났다. 적자까지는 아니지만 연간 영업이익이 수백억원에 불과한데 시가총액이 조 단위에 달하는 기업이 생겨난 것이다. 수소연료전지 기업 두산퓨얼셀이 대표적인 사례다. 이 기업은 지난해 260억원의 영업이익을 기록했지만 시가총액은 4조원(올해 2월 기준)에 달한다. 작년 한해 주가는 510.73% 뛰었다. 코로나19 사태 후 급성장한 BBIG(바이오·배터리·인터넷·게임) 분야 종목도 시장 평균에 비해 높은 밸류에이션을 인정받고 있다. 12개월 예상 순이익을 기준으로 PER을 따져보면 셀트리온은 47배, 카카오는 71배, 삼성SDI는 52배 등이다. 코스피지수의 PER은 최고 14배 정도다.

미래의 '게임체인저'를 찾아라

이 같은 기업이 속출하는 이유는 뭘까. 주가가 급등한 종목을 살펴보면 답이

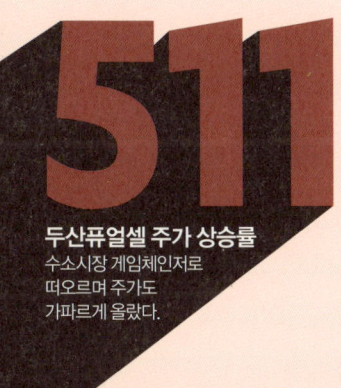

511

두산퓨얼셀 주가 상승률
수소시장 게임체인저로
떠오르며 주가도
가파르게 올랐다.

나온다. 이들 종목은 산업의 판도를 바꾸는 '게임체인저'가 될 수 있다는 공통점이 있다. 테슬라는 내연기관차 일색인 자동차 시장이 전기차 중심으로 바뀌는 과정에서 주도적인 역할을 할 수 있을 것으로 전망된다. BBIG 종목은 코로나19 사태 후 본격화될 비대면 경제에서 핵심 역할을 할 것으로 예상된다. 수소연료전지 기업도 차세대 발전산업을 선도할 것으로 보인다. 요컨대 투자자들이 기업가치를 평가하는 기준이 지금까지와는 크게 달라졌다. 당장 혹은 가까운 미래의 실적이 아닌, 먼 미래의 성장 가능성이 주가에 큰 영향을 미치고 있다. 백두산 한국투자증권 연구원은 "증시 반등을 주도한 대표종목이 과거(코로나19 사태 이전)와 달라졌다면 성적을 평가하는 기준도 달라져야 한다"고 설명했다. 박현주 미래에셋그룹 회장은 "가치주·성장주 이렇게 나누지 않고 혁신하는 기업과 혁신하지 않는 기업으로 (나눠서) 본다"고 자신의 투자 철학을 밝혔다.

'주가꿈비율' PDR의 등장

증권가의 종목 평가 기준에도 변화가 생겼다. 지금까지 애널리스트가 가장 많이 활용한 종목 평가 기준은 PER과 PBR이었다. 이 지표에 반영되는 기업 실적은 가장 멀리 내다본 게 향후 12개월이 고작이었다. 이를 보완하기 위해 수십 년 뒤 실적 전망치까지 주가에 반영해 평가할 수 있는 '주가꿈비율(PDR)'도 새로 등장했다. 지난해 한국투자증권은 PDR에 관한 보고서를 내고 특허청에 상표등록을 하며 관련 이슈를 선점하기 시작했다. PDR은 증권가의 보수적인 분위기를 깨고 게임체인저 종목의 밸류에이션 평가 기준으로 활용되기 시작했다.

지난 세기 증권가를 주름잡은 투자 방법론은 '가치투자'였다. 기업의 펀더멘털이 좋음에도 불구하고 주가가 오르지 못한 저평가 종목을 매수한 뒤 주가가 오를 때까지 기다리는 방식의 투자다. 경이로운 투자 수익률은 대부분 가치투자에서 나왔다. 월스트리트의 전설 피터 린치가 13년간 마젤란 펀드를 운용하면서 연평균 29.2%의 수익을 낸 비결도 가치투자였다.

그런데 가치투자자는 가시적인 현금 흐름을 중요시하기 때문에 PDR을 통한 기업 평가와는 결이 다른 면이 있다. '한국의 워런 버핏'이라고 평가받는 한 가치투자 대가는 PDR에 대해 "가당치도 않은 끼워 맞추기"라고 평가절하했다. 정용택 IBK투자증권 리서치센터장도 "급격히 증가한 유동성으로 기업 이익 할인율과 리스크 프리미엄이 낮아진 게 미래산업 종목의 주가가 오른 이유"라며 "PDR 같은 지표를 동원하지 않아도 최근의 주가 흐름을 설명할 수 있다"고 말했다.

가치투자는 코로나19 사태 이후 저조한 수익률에서 벗어나지 못하고 있다. PDR이 양호한 종목 또는 신산업을 창출하고 주도할 능력이 있는 대형주에 매수세가 몰리며 이들 종목의 주가가 힘을 받고 있기 때문이다. 그렇다고 가치투자자들이 '패배'를 선언한 건 아니다. 이들은 "세상이 돌고 돌듯이 가치투자의 시대가 다시 올 것"이라고 강조했다. 유동성은 언젠가 회수될 수밖에 없고, 증시도 조정 국면을 거친다는 점에서 이들의 말도 일리 있다는 평가가 많다. 지금으로서는 어느 쪽 말이 맞을지 알 수 없다. 세상이 돌고 돌지, 계속 가보지 않은 길을 갈지 관심이다.

1. 흑자는 미미하지만, 현재 최고 혁신 기업으로 꼽히는 테슬라는 지난해 주가가 700% 넘게 올라 미국 증시 시총 10위권에 진입했다.

2. 대산 수소연료전지 발전소.

게임체인저가 바뀌었다

• 강력한 매수 주체로 떠오른 개인 투자자의 시대가 왔다.

'주가는 많은 개인을 태우고 올라가지 않는다.' '개인은 기관과 외국인에게 맞설 수 없다.'
지난해 초까지만 해도 이 같은 증권업계의 오랜 '격언'은 맞아떨어졌다. 지난 10년 이상 주식시장에서 개인은 기관과 외국인이 만든 주도주를 추격매수하거나 테마주를 쫓아다니기 급급한 주체로 취급됐다.
2020년엔 바뀌었다. 개인이 강력한 매수 주체로 떠올랐다. 단순히 사기만 하는 게 아니라 시장의 변화를 빠르게 읽고 주도주를 적극 발굴하는 모습을 보였다. 유튜브 등으로 주식시장과 산업의 변화를 빠르게 읽어낸 투자자가 많아진 영향이 컸다. 2019년 한 해 동안 개인은 국내 주식시장에서 5조4839억원어치를 순매도했지만 지난해에는 무려 63조9240억원어치를 순매수했다. 같은 기간 기관(-36조924억원)과 외국인(-24조7261억원)이 던진 물량을 개인들이 받아냈다.
이 기간 개인들이 보인 수급 행태는 이전과 전혀 달라졌다. 과거에는 기관과 외국인이 수급을 흔들면서 일명 '개미털기'에 나설 때마다 개인들은 우수수 떨어졌다. 공포에 민감했다는 뜻이다. 하지만 이젠 달라졌다. 우선 가격이 떨어져도 쉽게 매도에 나서지 않았다.

1. 1월 26일 코스피 3200 사상 첫 돌파.
2. 한국주식투자자연합회 회원들이 정부서울청사 근처에서 공매도 폐지를 촉구하는 피켓 시위를 하고 있다.

> 미국에서 벌어진 '게임스톱 사태' 역시 개인들의 막강한 영향력을 보여준 사례였다.

BBIG(바이오·배터리·인터넷·게임) 업종이 상승장을 이끌 때도 주요 종목을 산 다음 상승장에서 팔지 않고 기다리곤 했다. 그리고 주가가 조정받을 때마다 추가 매수에 나섰다. 비중 조절을 기계적으로라도 해야 하는 기관과 외국인으로선 오히려 개인들에게 '물량 뺏기기'를 당하는 꼴이었다.

일희일비하던 개인은 가라
올해도 이 같은 패턴은 반복됐다. 기

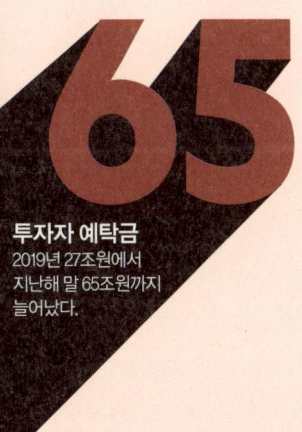

65
투자자 예탁금
2019년 27조원에서 지난해 말 65조원까지 늘어났다.

관과 외국인이 수조원어치씩 순매도해도 개인은 그만큼 순매수하며 대응했다. 개인과 기관의 수급 전쟁을 방불케 했다. '떨어지면 담는다'는 개인의 전략은 지금까지 거의 맞아떨어졌다. 증권업계에서는 "떨어지면 사고 오를 때까지 기다리는 개인들의 매매 행태에 단기 매매를 해야 하는 기관이나 외국인이 오히려 밀린다"는 평가가 나왔다.

개인들이 이처럼 적극적인 매수에 나서는 배경에는 투자자예탁금이 있다. 2019년 말 27조원이던 투자자예탁금은 지난해 말 65조원까지 늘었다. 저금리 시대에 유동성이 넘쳐났지만 부동산은 규제로 투자가 어려워지면서 주식시장에 돈이 모여들었기 때문이다.

돈을 싸매 주식시장으로 모여들었지만 과거처럼 무작정 테마를 좇아 일희일비하던 개인이 아니었다. 변화하는 산업에 투자하고, 우량주를 중심으로 사들였다. 지난해 순매수 상위 종목만 봐도 개인의 매매 행태 변화는 뚜렷하다. 2019년 개인이 가장 많이 사들인 종목은 KT&G, 셀트리온헬스케어, 아난티 등으로 시장 주도주와는 거리가 멀었다.

개인들은 생활 속에서 느끼는 변화를 토대로 투자했고, 기다렸다. 그리고 투자전략은 적중했다.

더 똑똑해진 투자전략

개인이 지난해 가장 많이 사들인 종목은 삼성전자다. 우선주를 포함해 15조6964억원어치를 사들였다. 총 순매수액의 24.5%가 삼성전자였다. '삼성전자는 결국 오른다' '삼성이 망하면 어차피 국내 주식시장도 망한다'는 믿음이 개인들 사이에서 커진 영향이었다.

현대차(2조5899억원)와 네이버(2조524억원)가 뒤를 이었다. 현대차는 지난해 코로나19 영향 속에서도 내수 판매가 견조한 모습을 보였다. 개인들이 신차를 받으려면 몇 개월씩 기다려야 한다는 얘기를 접하고 현대차 주식을 샀다는 이야기가 자주 들렸던 이유다. 전기차로의 빠른 변화를 개인들이 체감하고 투자한 사례도 많았다.

네이버는 코로나19로 외출이 줄어든 개인들이 인터넷 플랫폼주의 성장 가능성을 보고 산 종목이다. 네이버쇼핑 등을 이용하면서 네이버가 코로나19 수혜주라는 걸 체감했다는 것이다. 순매수 5위(1조2171억원)인 카카오도 마찬가지다. 개인들은 일상에서 카카오 사용 비중이 높아지는 걸 느끼고 당장의 밸류에이션보다 향후 성장성에 높은 점수를 줬다.

해외 종목 직접 고르고 투자해

해외시장에서도 개인들의 혁신기업 투자는 빛을 발했다. 테슬라가 대표적이다. 한국예탁결제원에 따르면 테슬라는 지난해 국내 투자자들이 가장 많이 산 해외 종목으로, 30억달러(약 3조3000억원)어치를 매수했다. 애플(18억9956만달러) 아마존(8억3317만달러) 엔비디아(6억4768만달러) 등이 뒤를 이었다. 모두 미국의 혁신 기업이다. 순매수 9위에는 수소차 스타트업으로 분류되는 니콜라(3억331만달러)도 이름을 올렸다. 2019년에는 순매수 상위 종목 중 간접투자를 하는 ETF가 6개에 달했다. 지난해엔 1개뿐이었다. 개인들이 직접 해외 종목을 고르고 투자하기 시작했다는 뜻이다. 특히 엔비디아 매수금이 늘어난 시기는 엔비디아가 신형 GPU(그래픽처리장치)를 내놓고, 국내 시장에서 물량 부족을 겪던 때다. 생활 속에서 체감한 투자 아이디어가 이젠 해외 투자로까지 이어진 셈이다.

개인 투자자의 영향력 커졌다

힘이 세진 개인들은 단순히 투자 주체에 머물지 않았다. 주식시장에서 불합리하거나 불공정하다고 생각하는 부분을 개선해달라고 현실 정치에 적극 주문하기 시작했다. 지난해 3월 한국 금융당국이 6개월간 금지했던 공매도를 6개월 더 연장하게 한 것도 개인의 영향력이 컸다.

미국에서 벌어진 '게임스톱 사태' 역시 개인들의 막강한 영향력을 보여준 사례였다. 게임스톱은 미국 비디오게임 유통 체인점이다. 미국의 인터넷 커뮤니티 사이트인 '레딧'에 모인 개인투자자들이 게임스톱에 공매도를 건 헤지펀드에 맞서면서 주가를 폭등시켰다. 공매도한 헤지펀드의 손해가 눈덩이처럼 커졌다. 이는 한때 미국을 넘어 글로벌 주식시장을 흔들 정도의 파급력을 보였다.

NEW NORMAL *Issue 1*

PANDEMIC NEW WAVE

팬데믹이 몰고온 쌍방향 혁신 웨이브

: 위기를 기회로, 코로나19 팬데믹이 남긴 것이 있다. 바로 4차 산업혁명 가속화와 그린 뉴딜의 급부상이다. 전 세계에 팬데믹의 혁신 바람은 어떻게 불어올까.

코로나19 팬데믹이 던진 메시지는 분명하다. 지구촌에 닥친 위기 앞에 모두 동등하다는 것, 세계인 모두가 똑같은 영향을 받는다는 것이다. 언제나 그렇듯 위기는 곧 기회로 다가온다. 모두가 똘똘 뭉쳤다. 각국은 막대한 재정을 풀었고, 기업과 가계는 생존 능력을 키웠다. 비대면·비접촉은 디지털 혁신을 앞당겼고, 4차 산업혁명을 가속화했다.
인류가 처한 본질적인 문제도 수면 위로 불거졌다. 전염병보다 더욱 심각한 재앙이 무엇인지를 확인한 것이다. 기후 변화와 그 영향이다. 코로나19는 이런 이유로 글로벌 그린 뉴딜의 본능을 깨웠다. 그린 뉴딜은 모빌리티 혁명, 재생에너지 보급 확대 등과 맞물려 있다. 그린 뉴딜은 디지털 뉴딜을 불러올 수밖에 없다. 그리고 디지털 뉴딜은 다시 그린 뉴딜로 이어진다. 팬데믹이 부른 혁신 바람이 단발적이 아니라 구조적으로 장기간 지속될 것으로 보는 이유다.

디지털 혁신을 앞당긴 코로나 팬데믹
코로나19가 터지기 전에 4차 산업혁명은 이미 시작됐다. 새로운 산업과 기술의 리더가 속속 모습을 드러내고 있다. 자본시장에서도 FAANG(페이스북 애플 아마존 넷플릭스 구글) 등이 독주하고 있었다. 이렇게 가파르게 진행 중이던 4차 산업혁명 그리고 이 혁신의 과정을 더 가속화한 사건이 코로나 팬데믹이다. 지난해 시작된 코로나19의 확산은 인류의 경제활동을 위협하고 사회생활 전반에서 제약을 초래하는 엄청난 위력을 발휘했다. 경제지표는 단숨에 전쟁에 버금가는 충격을 받으며 후퇴했고, 각국에선 실업자가 폭증하고 소비가 감소하며 투자가 멈추는 상황이 발생했다.

각국 모든 정부는 이런 상황을 타개하기 위해 금리를 내리고 통화를 공급했다. 또 재정지출을 통해 소득을 보전하고 소비를 회복시키기 위해 애쓰고 있다. 이와 더불어 백신과 치료제의 개발 등 의료적인 대처가 이뤄지면서 점차 안정과 회복 국면에 접어들고 있다. 하지만 앞서 지적했듯이 금융시장은 이미 코로나19 이후의 세상을 선반영하고 있으며, 풍부한 유동성에 힘입어 탄력적인 가격 상승으로 이어지고 있다. 특히 더 효율적이고 혁신적인 기업에 관심이 집중되고 있다.

이는 코로나 팬데믹이 가져온 변화가 혁신의 동력으로 전환되고 있기 때문에 가능한 모습이다. 특히 코로나 시대에 요구되는 비대면·비접촉, 사회적 거리두기는 통신망과 데이터에 기반한 새로운 '언택트 현상'을 만들어냈다. 이는 4차 산업혁명의 진행 속도를 획기적으로 끌어올리고 있다.

기술력에서 확실히 앞서나가는 리딩 기업들도 빠르게 추려지고 있다. 코로나 시대의 주도주는 그렇지 않은 종목들과의 격차를 'K자'로 벌리며 가파르게 성장하고 있다. 원격 근무와 교육을 위한 플랫폼 경쟁이 가속화하는 가운데 압도적인 점유율을 확보해 표준화하려는 시도도 이어지고 있다. 활발한 인수합병(M&A) 과정에서 경쟁이 조직화되는 모습도 나타난다. 혁신을 위한 조건들이 갖춰지고 있는 셈이다. 5G(5세대 통신)망과 대규모 데이터센터 등 물리적인 인프라뿐 아니라 각종 제도와 규칙도 빠르게 정립되고 있다.

AI·데이터 기반의 새로운 디지털 생태계와 재생에너지 기술에 기반한 그린 생태계가 빠르게 구축되고 있다.

'그린 산업'은 또 다른 혁신축

코로나19 이후 경제 및 사회의 변화는 새로운 도덕과 가치 판단을 강요할 가능성도 높아 보인다. 인간의 개입으로 지구 환경이 파괴돼 나타날 수 있는 현실적인 충격을 경험했기 때문이다. 인간의 경제활동이 초래할 수 있는 재앙 가운데 전염병보다 더 큰 위협으로 거론되는 것도 있다. 탄소 배출과 이로 인한 기후 변화 문제다.

온실가스 배출량은 1850년부터 급격히 증가해 지구 온도를 1~2도 끌어올렸다. 빙하기 때 지구 온도가 지금보다 6도 낮았다는 점을 생각하면 1~2도 변화는 엄청난 것이다. 2050년까지 기후 재앙을 막지 못하면 이로 인한 사망률은 2100년에 코로나의 다섯 배가 될 것이라는 무서운 경고도 나오고 있다.

이미 기후 변화로 인한 각종 이변이 빈번하게 관찰되고 있다. 기후 변화와 관련해선 이미 오래전부터 우려가 제기됐고, 문제의 심각성도 꾸준히 커졌지만 인류 공동의 대응 노력은 매우 더디게 진행됐다. 하지만 코로나19를 겪으면서 더 많은 이가 자연으로부터 비롯되는 재앙을 현실적으로 인식하기 시작했다. 기후 변화에 대한 공동 대응에도 가속도가 붙고 있다. 파리 기후협정에 미국이 다시 가입하고, 각국에선 탄소 배출 중립 선언이 이어지고 있다. '그린 산업'도 통 큰 투자와 빠른 성장이 예상된다. 또한 태양광, 풍력 등 청정에너지 체계와 수소산업, 전기차를 비롯한 친환경 운송 수단 등의 기술 발전과 현실 적용 속도는 더 가팔라질 전망이다. 새로운 산업이 각광받고, 이에 따른 신기술의 개발 경쟁이 심화되고, 산업을 조직화하려는 정책과 자본의 노력이 합쳐지는 과정은 과거 경험했던 혁신기업의 성장 스토리와 비슷한 형태를 띠게 될 것이다.

고도화된 정보와 인공지능(AI), 데이터 기반의 새로운 생태계에 이어 자연에 도전하는 새로운 그린 산업의 성장도 '포스트 코로나19' 세상의 혁신 방향으로 자리잡고 있다.

이미 변화에 가속도가 붙은 언택트 기반의 새로운 사회 질서에 더해 기후 변화에 대응하는 에너지 체계의 변화를 보면 코로나 이후 세상을 주도할 혁신의 방향이 확실해 보인다. 변화가 빠르게 이뤄지고, 성과에 대한 신뢰가 높아지고 있다. 지금이 혁신기업에 투자할 적기라고 보는 증시 전문가가 수두룩하다. 앞서나가고 있는 업종과 기업을 골라내고 치밀한 성장 전망을 기초로 투자 대상을 구체화하는 작업이 필요하다.

되풀이하는 혁신기업의 승자독식

: 혁신테마 투자는 기업의 장기적 성장 스토리에 투자하는 것이다. 기업의 승자독식 스토리를 보면 혁신의 파괴력을 알 수 있다.

혁신기업에 투자하는 건 단기 테마주 투자를 의미하는 것이 아니다. 소문에 달려드는 뇌동매매 성격의 투기와는 거리가 멀다. '혁신테마 투자'는 장기적인 성장 스토리에 투자하는 방법이다. 기업과 산업의 미래에 동행하겠다는 의지와도 같다.

혁신기업에 투자하려면 1~2년의 스토리가 아니라 더욱 긴 안목으로, 경기 사이클을 뛰어넘는 메가 트렌드를 읽어야 한다. 특정 지역과 국가, 섹터에 국한하지도 않는다. 관심 있는 특정 테마에 장기 투자할 경우 더욱 높은 수익률을 기대할 수 있다.

변화하는 혁신 트렌드
1900년대 초반에 전기, 라디오, 자동차 등이 인간의 삶 속으로 들어왔다. 이후 컬러TV, 컴퓨터, 휴대폰, 인터넷까지 새로운 혁신이 역사에 등장했다. 새로운 기술과 제품이 일정한 시간을 거쳐 삶의 곳곳으로 스며들었다.

그 영향력은 막강했다. 스마트폰이 대표적인 예다. 스마트폰은 지난 100여 년간 진행된 디지털 혁신을 하나로 통합시켰다. 기존에는 단순히 통화 기능을 제공하는 데 그쳤던 전화기부터 라디오, 컬러 TV, 컴퓨터, 카메라까지 다 합쳐놓은 만능 디바이스로 변모했다. 혁신이 집대성된 스마트폰 시장에서 애플은 그 보상을 받고 있다. 애플은 미국 나스닥시장에서 시가총액 2000조원을 돌파했다. 시총 기준으로 세계에서 가장 가치가 높은 회사의 자리에 앉았다.

작년부터 전기차가 이 같은 흐름을 이어받고 있다. 전기차 보급률은 아직 5%가채 되지 않는다. 하지만 최근 들어 확산 속도가 빨라지고 있다. 혁신이 일상에 파급력을 미치려면 가격과 성능 등에서 소비자를 만족시켜야 한다. 전기차는 이런 기준을 일정 수준 이상 넘기면서 빠르게 영역을 확장하고 있다. 내연기관차와 어깨를 나란히 하기 시작했다. 테슬라를 필두로 전기차 관련 업체들은 그 혁신에 대한 보상을 받기 시작했다. 친환경 열풍과 맞물려 전기차 시장의 전망은 더욱 밝아졌다. 애플 등 수많은 업체가 전기차 시장에 뛰어들겠다고 밝힌 배경이다.

혁신은 스마트폰, 전기차와 같은 상품뿐 아니라 서비스산업에서도 이뤄지고 있다. 전자상거래(e커머스)가 대표적이다. e커머스도 국가마다 10~20%의 침투율을 기록 중이다. 아직 e커머스를 활용하지 않는 사람이 세계적으로 80%가 넘는다는 얘기다. 코로나19로 e커머스의 편리함을 맛본 소비자가 늘면서 앞으로 이 비율이 높아질 것이란 예측을 누구나 할 수 있다. 디지털 헬스케어도 이제 막 시작된 산업이다. 원격의료는 선택이 아니라 필수가 됐다. 게임산업도 마찬가지다. 게임은 이제 아이들만의 놀이수단이 아니다. 3차원 가상세계인 '메타버스'에서 나만의 아바타가 활약하는 세상도 머지않았다.

세상에 새로운 혁신을 선보였을 때 시장은 그에 상응하는 충분한 보상을 해준다는 사실을 역사 속에서 반복적으로 확인했다. 투자자로 기업의 지분을 나눠 갖는 데 동참한다면 그 보상을 같이 누릴 수 있다는 점도 마찬가지다.

앞으로는 4차 산업혁명의 근간이 되는 클라우드, 인공지능(AI), 5세대(5G) 이동통신, 사이버 보안 등이 그 대상이 될 확률이 높다. 이런 기본적인 인프라를 기반으로 다양한 이동수단(mobility)과 메타

혁신으로 차별화되는 기업은 사업 내 경쟁자를 압도하고, 성과의 대부분을 차지할 수 있다.

혁신 수용 곡선

버스, 핀테크, 로봇 등이 함께하는 삶도 다가오고 있다.

혁신기업 투자 기준은?

"실물 경제가 헤어나오기 어려운 충격을 받고 있는데 주가는 왜 거꾸로 급등하는 거죠?"

코로나19 이후 가장 자주 등장했던 질문이다. 코로나19의 그림자는 2021년에도 여전하다. 마스크를 벗어 던질 시점은 요원해 보인다. 여행도, 취미활동도 어렵고 가족 모임도 제한되는 초유의 상황이 이어지고 있다. 글로벌 경제는 크나큰 충격을 받았고 본격적인 회복이 가시화되는 시점을 기다리고 있다.

금융시장의 상황은 다르다. 특히 주식시장, 그중에서도 혁신기업에 대한 관심은 시장을 뜨겁게 달구고 있다. 코로나19가 세계를 혼란에 빠뜨린 2020년, 테슬라 주가는 743% 폭등했다. 3월 저점과 비교하면 876% 뛰었다. 테슬라만 관심을 받은 게 아니다. 글로벌 주식시장(MSCI AC World지수)은 2020년 한 해 동안 14.3% 상승했다. 특히 기술주가 집중돼 있고 혁신기업 상당수가 포진해 있는 나스닥지수는 43.6% 올랐다. 코로나19 팬데믹상황이 오히려 혁신기업의 성장에 대한 기대를 높이고 있다.

아직도 팬데믹 상황에서 벗어나지 못하고 있는 지금, 혁신기업 투자는 어떻게 해야 하는가. 무엇보다 혁신기업을 선별하는 기준은 무엇이 돼야 할지 알아야 한다.

The Winner Takes It All

승자독식. 흔히 혁신기업의 성과를 거론할 때 사용되는 표현이다. 혁신으로 차별화되는 기업은 사업 내 경쟁자를 압도하고, 성과의 대부분을 차지할 수 있다는

다른 전기차 업체와의 기술 격차, 자율주행에서 축적한 데이터, 미래 운송 비전 등 다양한 분야에서 시장은 테슬라에게 압도적 지지를 보내고 있다.

뜻이다. 투자 대상으로서 혁신기업의 성과 또한 여타 기업을 압도하는 이유가 된다. 전기차 시장에서는 선두 주자인 테슬라가 그런 모습을 보여주고 있다.

2021년 1월 중순 기준으로 테슬라의 시총은 글로벌 자동차 업계 내에서 압도적인 1위를 기록하고 있다. 8000억달러에 육박하는 테슬라의 시총은 업계 2위 도요타 시총의 네 배에 가깝다. 글로벌 자동차 업체 2위부터 10위까지의 시총을 모두 합해도 7914억달러로 테슬라에 미치지 못한다.

시총, 즉 기업의 가치는 엄청나지만 자동차 생산대수나 판매대수 기준으로 테슬라의 점유율은 미미한 수준이다. 2020년 세계 자동차 판매대수는 6200만 대로 추정된다. 테슬라가 판매한 차량은 이 중 49만9535대밖에 안 된다. 점유율이 1%에도 미치지 못한다. 현재를 기준으로 하면 자동차 회사 시총 1위는 합리화하

테슬라의 주가 추이

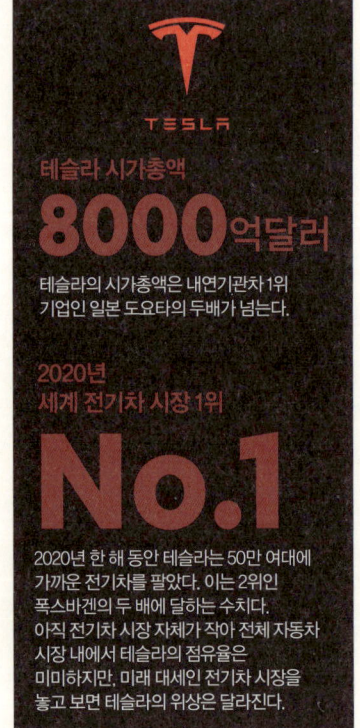

테슬라 시가총액

8000억달러

테슬라의 시가총액은 내연기관차 1위 기업인 일본 도요타의 두배가 넘는다.

2020년
세계 전기차 시장 1위

No.1

2020년 한 해 동안 테슬라는 50만 여대에 가까운 전기차를 팔았다. 이는 2위인 폭스바겐의 두 배에 달하는 수치다. 아직 전기차 시장 자체가 작아 전체 자동차 시장 내에서 테슬라의 점유율은 미미하지만, 미래 대세인 전기차 시장을 놓고 보면 테슬라의 위상은 달라진다.

스마트폰 시장 내 애플의 이익 점유율

60%

애플은 2019년 세계 스마트폰 시장점유율은 18.6%였다. 하지만 전체 스마트폰 업체 이익중 60%를 애플이 가져갔다.

애플의 주가 상승률

50배

현재 애플의 주가는 2007년 아이폰을 처음 출시했을 당시보다 50배가 넘게 올랐다.

애플의 아이폰 시리즈는 2007년 첫선을 보인 뒤 2021년 현재까지도 글로벌 스마트폰 시장을 이끌고 있다.

기 힘들다.

하지만 자동차의 현재가 아니라 미래를 기준으로 할 때 테슬라의 위상은 달라진다. 2020년 생산된 세계 전기차 시장에서 테슬라는 1위 업체다. 한 해 전기차 판매대수 49만9535대는 2위 폭스바겐의 전기차 판매대수 22만220대의 두 배를 넘어선다. 미국 시장에서의 선전뿐 아니라 세계에서 가장 큰 전기차 시장인 중국에서도 성공적인 판매를 기록하고 있다. 2020년 미국 시장에서 판매대수는 20만4000대, 중국 시장에서 판매대수는 14만8000대에 달했다.

시총에서 보여주는 압도적인 점유율을 자동차 생산·판매 수치로 정당화하기는 어렵다. 전기차 시장 내 점유율도 20%에 미치지 못하고 있는 상황을 감안하면 자본시장의 평가는 일방적이라고 할 수 있다. 이것이 바로 승자독식 시장의 모습이다. 현재 기록하고 있는 판매량의 격차를 넘어서 테슬라와 여타 전기차 업체의 기술 격차, 자율주행 자동차에서 축적한 데이터의 격차, 미래 운송 비전에 대한 시장의 평가가 일방적으로 테슬라에 지지를 보내고 있다.

기존 산업과 시장의 질서를 바꿔나가는 혁신기업에 대한 기대는 이렇게 강렬하게 반영되고 있고, 투자의 관점에서 그 중요성이 더욱 강조된다.

"혁신기업에 대한 관심 더 커진다"

스마트폰산업도 비슷하다. 2007년 충격적으로 등장했던 애플의 아이폰은 여전히 스마트폰 시장을 이끌고 있다. 애플의 시총은 세계 모든 기업의 수위를 다투고 있다.

애플의 2019년 스마트폰 시장 점유율은 판매대수 기준으로 삼성(27.3%)에 이은 2위(18.6%)다. 판매액 기준으로는 삼성(23.3%)을 앞선 1위(31.27%)였다. 전체 스마트폰 시장에서 안드로이드의 운영체제(OS) 점유율은 72%인 반면 애플 iOS는 27%에 그쳤다. 하지만 스마트폰 시장 내 이익 점유율은 애플이 60%를 넘는다. 압도적인 1위다. 삼성은 24% 수준이었다. 새로운 산업을 창조하고 산업 기술의 표준을 제시한 혁신기업의 모습을 10년이 훨씬 지난 현재 시점까지 보여주고 있는 사례다.

주식시장의 평가 역시 폭발적이다. 애플 주가는 2007년 1월 아이폰을 출시하기 직전과 비교할 때 50배 넘게 뛰었다. 스마트폰이라는 시장을 스스로 만들어내고 그 기준을 제시하고 있는 기업에 대한 시장의 평가인 것이다.

혁신에 성공한 기업의 놀라운 성과는 이후에도 계속 이어지고 있다. 특히 4차 산업혁명에 이어 디지털 혁신이 진행 중인 현시점에서 혁신기업에 대한 관심은 더욱 증폭될 수밖에 없다.

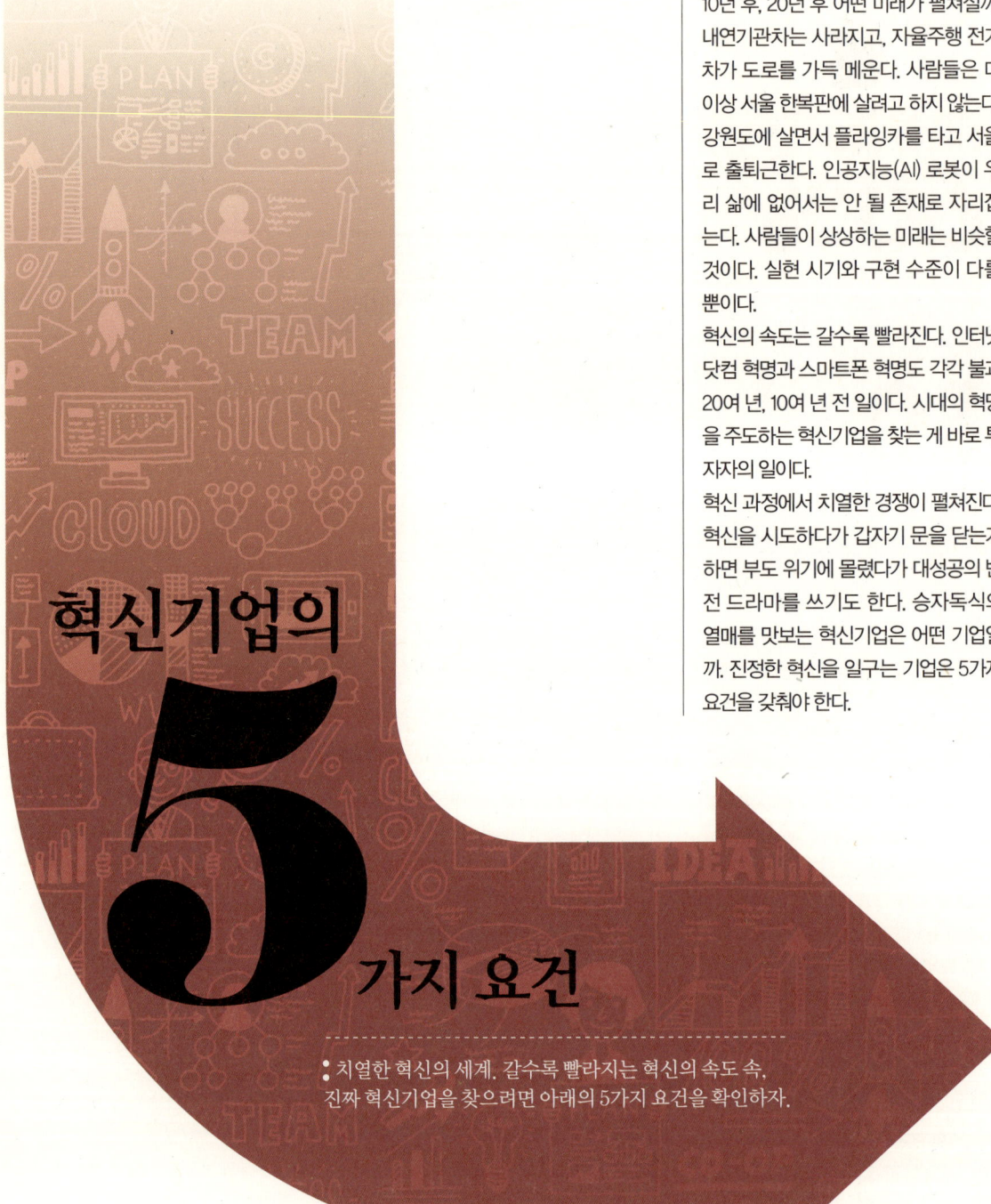

혁신기업의 5가지 요건

10년 후, 20년 후 어떤 미래가 펼쳐질까. 내연기관차는 사라지고, 자율주행 전기차가 도로를 가득 메운다. 사람들은 더 이상 서울 한복판에 살려고 하지 않는다. 강원도에 살면서 플라잉카를 타고 서울로 출퇴근한다. 인공지능(AI) 로봇이 우리 삶에 없어서는 안 될 존재로 자리잡는다. 사람들이 상상하는 미래는 비슷할 것이다. 실현 시기와 구현 수준이 다를 뿐이다.

혁신의 속도는 갈수록 빨라진다. 인터넷 닷컴 혁명과 스마트폰 혁명도 각각 불과 20여 년, 10여 년 전 일이다. 시대의 혁명을 주도하는 혁신기업을 찾는 게 바로 투자자의 일이다.

혁신 과정에서 치열한 경쟁이 펼쳐진다. 혁신을 시도하다가 갑자기 문을 닫는가 하면 부도 위기에 몰렸다가 대성공의 반전 드라마를 쓰기도 한다. 승자독식의 열매를 맛보는 혁신기업은 어떤 기업일까. 진정한 혁신을 일구는 기업은 5가지 요건을 갖춰야 한다.

· 치열한 혁신의 세계. 갈수록 빨라지는 혁신의 속도 속, 진짜 혁신기업을 찾으려면 아래의 5가지 요건을 확인하자.

Check 1.
압도적 기술력

우선 '확고한 기술적 우위'다. 새로운 산업이 태동할 때 그 산업을 주도할 수 있는 압도적인 기술력을 가져야 한다. 기술 발전과 더불어 산업혁명이 진행됐고, 획기적인 기술의 보편화 과정에서 혁신기업이 탄생했다.

PC가 도입되는 시점에서 마이크로소프트뿐 아니라 인텔이 승자독식 지위를 누릴 수 있었던 것은 반도체 분야의 독보적 기술력을 갖추고 있었기 때문이다. 인텔은 기술력을 앞세워 컴퓨터 하드웨어의 핵심인 중앙처리장치(CPU) 시장을 독점했다. 2010년대 중반에도 컴퓨터 CPU 시장 점유율을 80%대까지 끌어올린 저력을 보였다.

최근 반도체 시장에서 주목받고 있는 파운드리 생산업체 TSMC, 반도체 생산공정에서 핵심적인 노광장비를 생산하는 ASML 등은 모두 압도적이고 확고한 기술적 우위를 바탕으로 시장 내 높은 점유율을 기록하고 있다.

현대 자본주의 경제체제는 이런 혁신동력을 자극하기 위한 제도로 특허권, 지식재산권 등을 가지고 있다. 앨런 그린스펀은 '미국 자본주의 역사(American Capitalism)'라는 책에서 미국 경제성장에 기여한 핵심 요인의 하나로 특허권을 명시한 미국 헌법과 특허법을 들고 있다. 창조적이고 새로운 아이디어를 사업에 접목해 혁신적인 결과를 만들어내는 과정에서 특허법만큼 훌륭한 인센티브를 찾기는 어렵다. 현시점에서도 이런 기술적 우위와 이를 확인할 수 있는 특허 동향 등이 혁신기업을 구별하는 조건이 될 수 있을 것으로 판단된다.

인텔의 2020년 4분기 노트북 PC CPU 시장 점유율

81%

전 분기 대비 1.3% 포인트 성장한 수치다. CPU가 다양한 환경에서 안정적으로 구동할 수 있는 기술력 확장에 꾸준히 공들인 덕분이다.

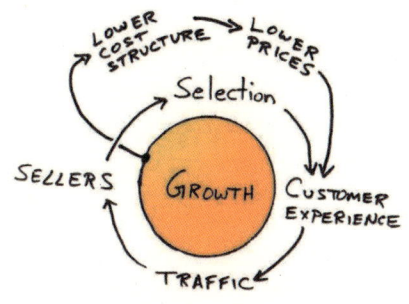

플라이휠(Flywheel)
제프 베조스의 냅킨 스케치를 뜻하는 용어. 스케치를 보면, 낮은 비용구조가 저가상품을 가능케 해 고객 만족도를 높이고, 이는 또다른 고객을 불러 기업의 협상력을 높이고 우수한 공급사를 선정할 수 있게 한다. 결국 모두 고객만족으로 이어진다. '고객 가치'를 중심으로 성장을 추구한다는 철학이 경영전략에 잘 반영된 사례로 꼽힌다.

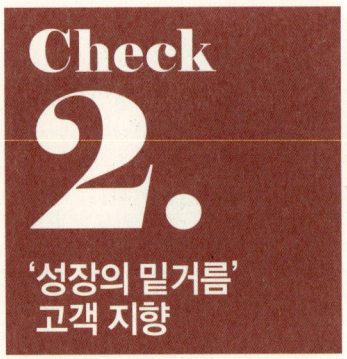

Check 2.
'성장의 밑거름' 고객 지향

고객의 선택을 받을 수 있는 능력도 매우 중요한 조건이다. 혁신기업의 대명사 아마존이 고객 지향의 혁신을 보여주는 대표적 사례이다. 아마존의 핵심가치는 그들의 비전에 녹아 있다. "지구상에서 가장 고객 중심적인 회사가 되자(To be earth's most customer-centric company)"는 비전이 아마존을 전자상거래 시장의 절대강자로 올려놓았다. 아마존은 창립 이래 이익을 내고 배당하기보단 고객 지향적인 관점에서 성장을 위한 투자에 집중해왔다.

아마존은 2000년대 들어 꾸준하게 20%가 넘는 매출 증가율을 기록했다. 하지만 이익 규모는 정체된 상태를 보이다가 2018년 이후에야 본격적으로 증가하기 시작했다. 철저하게 고객 지향의 혁신이라는 핵심 철학 아래 아마존이 존재해왔기 때문이다.

소비자 만족도 조사(ACSI) 결과는 2000년 이후 80%대를 꾸준히 유지했다. 아마존 성장의 핵심동력이 된 것이다. 그 결과는 강력한 시장 지배력이다. 2019년 말 기준 미국 전자상거래 시장에서 아마존이 차지하는 점유율은 52.4%에 달한다.

성공의 역사를 만들어낸 혁신기업의 성장 스토리에는 일관되게 유지되는 기업 고유의 핵심 철학이 존재한다. 이를 이해하는 것은 재무제표를 넘어선 성장에 대한 전망을 공유하는 수단이 될 수 있다. 정량적인 분석만큼이나 정성적인 판단도 중요한 투자 판단 요소다.

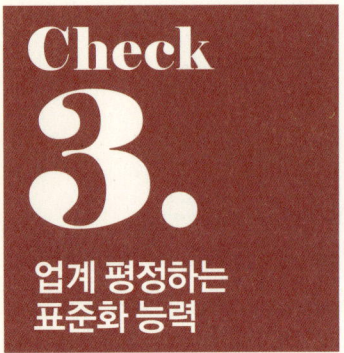

Check 3.
업계 평정하는 표준화 능력

창조적이고 혁신적인 기술이나 아이디어만큼 중요한 게 표준화 능력이다. 기술력이 사업화 과정에서 시장의 선택을 받으려면 반드시 표준화, 보편화 문제를 뛰어넘어야 한다.

내연기관 이후 전기차 시장도 표준화 전쟁을 벌이고 있다. 전기차 진영 내부의 배터리 방식에 대한 표준화 경쟁, 자율주행을 위해 채용되는 센서의 종류와 방식에 대한 표준화 경쟁, 축적된 데이터를 활용한 완전 자율주행의 선점을 위한 경쟁, 전기차와 수소차 등 다른 동력원 간 표준화 경쟁 등에서 수많은 전투가 벌어지고 있다. 표준화 전쟁에서의 승리는 혁신기업이 산업 내 경쟁에서 우위를 점하는 핵심적인 조건이 될 수 있다.

테슬라가 전기차 시장을 선점하고 있지만 산업의 표준으로 확고하게 자리잡을지 속단하기는 어렵다. 경쟁에는 수많은 변수와 이변이 발생할 수 있기 때문이다. 표준화 경쟁의 승리는 반드시 기술적 우위로만 가려지지 않는다. 다양한 변수가 개입할 수 있다.

그 변수들을 통제하는 능력이 혁신기업

의 핵심 능력 중 하나다.

표준화 경쟁의 대표적인 사례는 소니와 JVC의 비디오테이프와 VCR 표준 전쟁이다. 1975년 소니는 최초로 베타 방식의 비디오테이프 방식을 발표한다. 뒤이어 JVC가 VHS 방식을 제시하면서 표준화 전쟁이 시작됐다. 후발 주자였던 VHS 방식은 더 긴 녹화시간과 대여 방식의 VCR 보급을 무기로 시장 점유율에서 앞서나가면서 표준화 전쟁에서 승기를 잡게 됐다. 또 파나소닉 등을 VHS 진영으로 끌어들였고, 영화 제작사들과 제휴를 통해 콘텐츠 경쟁에서도 우위에 올라서며 승리했다. 이처럼 기술적인 문제뿐 아니라 경쟁업체, 연관산업 등과의 협력 같은 비기술적 요인들이 표준화 경쟁의 핵심 요소가 될 수 있다.

새로운 기술이 발명되고 고안된 이후 산업화되고 보편적인 소비의 대상으로 발전하는 과정에서 표준화 문제는 중요한 분기점을 형성한다. 승자독식의 혁신기업으로 성장하는 과정에서 표준화 문제는 중요한 판단 기준이 될 수 있다.

Check 4.
'넘어야 할 산' 반독점 이슈

산업 내 경쟁을 넘어서는 완벽한 지배자의 지위에 올라서려는 모든 혁신기업이 직면하는 문제가 반독점 이슈다. 반독점 이슈와 관련해 기업분할 명령이 내려지며 직접적인 타격을 받은 경우도 있고, 분할을 모면하고 영속적인 영업이 가능했던 사례도 있다. 반독점법 위반으로 34개 기업으로 분할됐던 스탠더드오일이 최악의 사례라고 한다면, 3분의 2에 달하는 시장 점유율을 기록하고도 영업이 유지됐던 US스틸, 인터넷 브라우저 익스플로러의 끼워팔기 이슈로 제소당했던 마이크로소프트는 비교적 충격을 작게 받은 사례들이다.

미국의 독점은 셔먼법, 클레이턴법, 연방거래위원회법 등이 규제하고 있다. 주요 사안 모두 복잡하고 지루한 소송 끝에 결론이 내려진 바 있다. 사안마다 쟁점이 되고 다투어졌던 내용이 상이하지만 핵심이 되는 지점은 '경쟁을 제한해 소비자의 이익을 침해했는가' 여부다.

1997년 기소된 마이크로소프트가 기업분할의 결정을 피해갈 수 있었던 점이 최근 기술 분야의 대기업들에도 중요한 교훈이 될 것이다. 그 당시 마이크로소프트의 핵심 주장은 상품의 우수성에 따라 소비자가 선택한 결과로 나타난 독점은 불법이 아니라는 점이었다. 결국 혁신의 방향은 소비자를 향하고 소비자의 이익에 부합해야 한다. 이것이 2차 산업혁명, 자본주의 발전에 기록된 거인의 시대 이후 지금까지 이어져온 교훈이다.

Check 5.
인프라 없는 혁명은 없다

혁신적인 기업의 성장 스토리 이면에는 그것을 가능하게 하는 인프라 확충이 반드시 있었다. 특히 산업혁명 같은 큰 변화가 진행될 때 인프라의 영향이 더욱 크게 부각될 수밖에 없다.

1차 산업혁명 때는 증기를 동력으로 기계화가 이뤄졌다. 대표적인 발명품으로 증기기관차, 증기선 등이 등장했다. 이를 운행하기 위한 철도의 부설, 수상운송을 가능하게 한 운하 등의 시설이 핵심적인 인프라에 해당한다. 석유산업도 제품 운송을 위한 철도, 해운 등의 인프라 위에 성장할 수 있었다.

2차 산업혁명은 전기동력에 기반한 대량생산이라고 정의할 수 있다. 내연기관 발명에 따른 자동차가 인류의 생활을 바꿔놓기도 했다. 대규모 발전시설과 송배전, 도로망 건설 등이 핵심적인 인프라 투자에 해당했다. 인프라 구축 진척도에 따라 산업시설 배치가 가능해졌다.

3차 산업혁명은 컴퓨터, 인터넷에 기반한 정보화 혁명이다. 데이터 통신이 가능한 통신망 구축이 핵심적인 인프라 건설에 해당한다. 한국의 초고속 인터넷망이 이후 정보통신업계 경쟁력의 핵심으로 작용했고 선진 경제권으로 올라서는 견인차 역할을 했다.

4차 산업혁명은 데이터센터와 더욱 고도화된 통신망을 기반으로 본격적인 인공지능(AI), 사물인터넷(IoT) 시대를 열 것이다. 인프라가 완비되지 않은 상태에서 혁신기업의 부상을 기대하기는 어렵다. 사회적, 국가적 차원에서 준비되는 인프라는 해당 국가의 혁신기업을 배양하는 기본 조건이다. 투자의 관점에서도 인프라 확충 여부를 반드시 확인해야 한다.

> **Tip**
>
> **Hyper Scale Data Center**
>
> 하이퍼스케일 데이터센터 시대다. 하이퍼스케일 데이터센터란 최소 10만대 서버를 운영하고 2만2500㎡ 이상의 규모를 갖춘 곳을 뜻한다. 클라우드, 인공지능(AI), 빅데이터, 사물인터넷(IoT) 등 4차 산업혁명의 성장과 함께 증가할 대용량 데이터 관리를 위한 필수 인프라로 꼽힌다. 2016년 전세계 338개였지만 2021년 628개로 늘어날 전망이다.

New Item 3

DRONE 드론 지나갑니다! 하루 24시간, 주 7일을 쉬지 않고 일하는 배달용 드론은 한 대에 약 1만달러로

ELECTRONIC CAR

RENEWABLE ENERGY

-98%

New Item 1
ELECTRONIC CAR

설립 후 내내 적자만 기록하던 테슬라는 지난해 드디어 첫 흑자를 기록했다고 한다. 적자였어도 테슬라의 전기차는 잘나갔지만 말이다. 단연 앞서는 전기차 판매량을 보라. 그나저나 '서학개미'들은 벌써 '제2의 테슬라'를 찾고 있다고. 오, 혁신주여.

New Item 2
이산화탄소 98% 감소

생산된 수소를 철강산업에 적용한다면 현재 코크스를 대체하면서 발생하는 이산화탄소를 98% 가까이 줄일 수 있다.

주요 브랜드별 전기차 판매량
단위 : 대

브랜드	판매량
테슬라(미국)	49만9535
폭스바겐(독일)	22만220
BYD(중국)	17만9211
SGMW(중국)	17만825
BMW(독일)	16만3521
메르세데스벤츠(독일)	14만5865
르노(프랑스)	12만4451
볼보(스웨덴)	11만2993
아우디(독일)	10만8367
상하이차(중국)	10만1385
현대차(한국)	9만6456
기아차(한국)	8만8325
푸조(프랑스)	6만7705

자료 : EV세일즈닷컴 *2020년 기준

SECTION 04

INNOVATION

비행기도 띄우는 수소

생산된 수소를 이용해 합성 연료를 만든다면, 장기적으로 항공기 연료를 대체할 수도 있다.

추산되며, 사용 연수가 1년이라고 해도 연간 최저임금(한국 기준)의 절반에도 미치지 못한다.

METAVERSE

New Item 4

2024년 글로벌 인게임 광고 시장 예상 성장 규모

20조 6868억원

New Item 5

CLOUD COMPUTING

클라우드 컴퓨팅은 2024년까지 매년 20%가량 성장할 것으로 예상된다. IT 지출 성장률이 평균적으로 3%대이므로 클라우드 산업이 전체 IT 시장에서 차지하는 비중은 점차 커질 것이다.

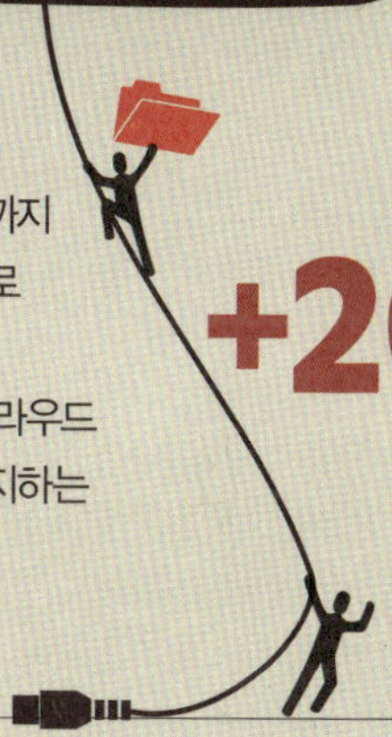

+20%

is NEW NORMAL

글로벌 혁신주를 모르면 평범한 일상조차 따라가기 어려울지도 모른다. 혁신적 산업의 혁신 종목 100여 곳을 꼽았다.

글로벌 인게임 광고 시장은 2019년 75억8000만달러(약 8조4304억원)에서 연평균 20%의 성장률로 규모가 커질 전망이다. 2019년 글로벌 게임 사용자는 전년 동기보다 5% 늘어난 27억 명. 이는 페이스북 글로벌 사용자 수와 비슷한 수준이다.

New Item 6

TELEMEDICINE

세계적 전략컨설팅 기업인 맥킨지는 미국 의료비용 2500억달러 이상이 원격의료로 대체될 것이라고 발표했다. 미국은 세계에서 의료비용이 가장 높은 국가로, 약제비는 전체 의료비용의 약 9%에 불과하지만 병원비 및 인건비가 53%에 달한다. 장기적으로 미국 의료는 원격과 오프라인의 토털 솔루션으로 발전할 가능성이 매우 높다는 의미. 원격의료 플랫폼 회사에 대한 관심이 지속적으로 필요한 이유다.

2500억달러

원격의료로 대체될 미국 의료비용 규모

THEME Mobility 1

가속 붙은 전기차 혁신

전기차 혁신이 예상보다 빠르게 진행되고 있다. 혁신 속도가 빨라지면서 자동차산업도 급격한 변화를 예고하고 있다. 먼 미래라고 생각했던 일이 불과 2~3년 후의 이야기가 될 지도 모른다.

2020년 글로벌 신차 판매 중 전기차 비중(침투율)은 4%에 불과했다. 현재 시장에서 예상하는 전기차 침투율은 2025년 신차 판매의 15~20%, 2030년 30% 안팎 수준이다. 그러나 실제 전기차 시장의 성장 속도는 이보다 더 빠를 가능성이 높다. 배터리 가격 하락, 전기차 플랫폼 채택 등으로 전기차가 향후 2~3년 안에 경제성을 확보할 것으로 예상되기 때문이다. 정부 지원 정책도 지난해부터 본격화하면서 이 같은 변화를 가속화하고 있다. 자금력과 기술력, 경쟁력을 갖춘 글로벌 기업들이 전기차 시장에 뛰어들고 있다.

배터리 혁신 주도한 테슬라

전기차가 내연기관 자동차와 경쟁할 수 있는 경제성을 확보하려면 배터리 원가를 떨어뜨리는 것이 필수적이다. 전체 배터리 원가에서 재료비가 차지하는 비중이 50%를 넘기 때문이다. 결국 배터리의 에너지 밀도를 높여 단위당 전력 생산량을 늘려야 한다.

에너지 밀도를 높이기 위해서는 니켈 비중이 큰 양극재를 적용하거나 음극재에서 실리콘 비중을 높이는 등 배터리 소재를 바꿔줘야 한다. 이 과정에서 생기는 수명 저하, 화재 위험 등을 제어할 수 있어야 한다. 하지만 소재산업의 특성상 새로운 기술을 적용했을 때 대량 생산이 쉽지 않았다. 이 때문에 배터리 가격 하락은 최근 수년간 두드러지지 않았다.

반전은 전기차 1위 주자인 테슬라가 만들어냈다. 테슬라는 LFP(리튬·철·인산) 배터리를 중국산 모델3에 적용하기 시작하면서 단위당 배터리 가격을 낮췄다. LFP 배터리는 NCM(니켈·코발트·망간), NCA(니켈·코발트·알루미늄) 배터리와 비교하면 에너지 밀도가 절반 수준에 불과해 전기차용으로는

30%

전기차 침투율은 2030년 신차 판매의 30% 안팎을 기록할 것으로 예상된다. 시장 전문가들은 실제 전기차 시장의 성장 속도는 이보다 더 빠를 것으로 보고 있다.

1. 각국 정부의 전기차 지원 정책이 본격화하면서 전기차 시장은 더 빠르게 성장하고 있다.

급증하는 테슬라 매출
단위: 억달러

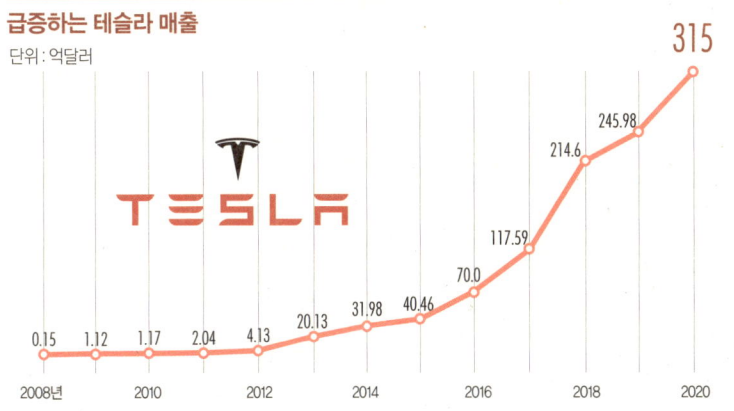

연도	매출
2008	0.15
2009	1.12
2010	1.17
2011	2.04
2012	4.13
2013	20.13
2014	31.98
2015	40.46
2016	70.0
2017	117.59
2018	214.6
2019	245.98
2020	315

사용할 수 없는 것으로 알려져 왔다. 그러나 테슬라는 CATL 등 중국 배터리 업체들과 협력해 LFP 배터리를 모듈 없이 바로 팩으로 만드는 CTP(Cell to Pack) 기술을 적용했다. 이로써 에너지 밀도를 팩 기준으로 NCM 배터리 대비 80% 수준까지 끌어올려 2020년 하반기부터 중국산 모델3에 적용했다.

CTP LFP는 NCM 대비 에너지 밀도가 여전히 낮아 고가형 스포츠유틸리티차량(SUV) 등에는 적용하기 어려울 것으로 예상되지만 단위당 배터리 가격이 낮은 만큼 저가형 승용 전기차의 저변을 확대할 수 있을 것으로 기대된다. 테슬라는 이같이 CTP LFP 배터리를 적용해 중국산 모델3 판매 가격을 기존

높아지는 전기차 비중
단위: %

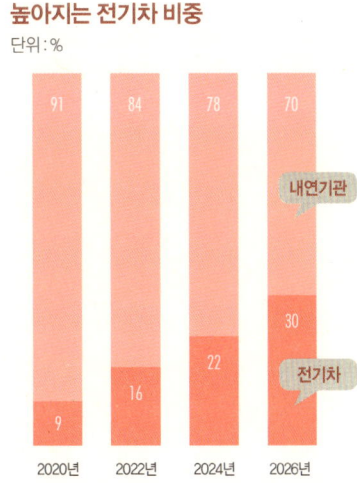

연도	내연기관	전기차
2020년	91	9
2022년	84	16
2024년	78	22
2026년	70	30

*전기차는 순수전기차(BEV)+플러그인하이브리드(PHEV)+하이브리드(HEV)
자료: SNE리서치, 증권업계

보다 2만위안 추가 인하할 수 있었다. 중국산 모델3 가격은 보조금을 받으면 25만위안(약 4300만원)까지 떨어진다. 내연기관 자동차와의 가격 격차가 더 축소된 것이다.

중국 전기차 기업인 BYD 역시 자체 개발한 CTP LFP 배터리를 적용한 신규 전기차 모델 'Han'을 출시했다. 배터리 단위당 주행 거리가 크게 개선되면서 긍정적인 반응을 얻고 있다.

테슬라는 작년 9월 '배터리 데이'를 통해 반값 배터리 로드맵을 제시했다. 기존 NCM·NCA 배터리의 원가 절감 방안도 포함됐다. 향후 수년 내 배터리 가격을 절반으로 떨어뜨리겠다는 계획이다. 구체적으로 셀 디자인 변경(배터리 사이즈 확대), 공정 변경(공장 자동화 및 건식 전극 기술 도입), 양극재 및 음극재 변경, 배터리와 자동차 생산 공정 통합 등이 포함됐다.

임박한 배터리 가격 급락

사실 테슬라의 배터리 데이 발표 내용은 기존 배터리 업체들이 내부적으로 개발하고 있던 것으로 새로운 건 아니었다. 하지만 세계 최대 전기차 업체 테슬라가 배터리를 직접 싸게 만들겠다고 발표했다는 점에서 큰 주목을 받았다. 기존 배터리 업체와 자동차 업체는 긴장할 수밖에 없었다.

초반에는 배터리 양산 경험이 없는 테슬라가 독자적으로 대규모 배터리 생산을 할 수 있을지 불확실성이 있었다. 그러나 테슬라의 발표 직후 파나소닉이 4680셀(지름 46㎜, 높이 80㎜) 생산을 준비하기 시작하면서 양산 가능성은 상당히 높아졌다. 4680셀은 기존 2170셀(지름 21㎜, 높이 70㎜) 대비 셀당 용

1. 테슬라 전기차를 충전하는 모습은 이제 세계 곳곳에서 익숙한 풍경이 됐다. 테슬라가 배터리를 직접 만들어 싸게 공급하겠다고 발표하자 기존 배터리 업체들도 기술 개발에 속도를 내고 있다.

량이 5배 이상 확대됐다. 과거 1865셀에서 2170셀로 발전했을 때도 팩 관련 비용이 절감되는 등 원가가 낮아졌는데, 2170셀에서 4680셀로의 변화는 양산 시 10% 이상의 원가 절감을 기대할 수 있다.

이 같은 테슬라의 움직임에 대응하기 위해 기존 배터리 업체들도 기술 개발에 속도를 내고 있다. LG화학 등은 이미 내부적으로 개발하고 있던 대형 셀의 상용화를 본격화하고 있다. 과거 테슬라가 2170셀을 적용하자 2170셀이 새로운 업계 표준이 됐듯 4680셀 역시 새로운 표준이 될 가능성이 높아졌다. LFP 진영에서 적용한 CTP 기술도 NCM·NCA 진영에서 자체 개발 중이다.

LG화학은 니켈 비중을 높여 에너지 밀도를 개선한 NCMA 양극재 적용 시기를 앞당기고 있다. NCMA 양극재는 니켈 비중이 80~90% 수준으로 높아 기존 대비 10~20%의 원가 절감이 기대된다. 삼성SDI 역시 원가 절감을 위해 니켈 비중이 높은 NCMA 양극재를 대형 배터리에 적용하기 시작했다.

처음 연간 순이익 흑자 낸 테슬라
단위: 억달러

2016년	2017년	2018년	2019년	2020년
-6.75	-19.62	-9.76	-8.62	7.21

생산비 줄이는 전기차 전용 플랫폼

전기차의 경제성 확보에 배터리 못지않게 중요한 부분이 전기차 전용 생산 플랫폼이다. 전기차 전용 플랫폼을 사용하면 단위당 생산성을 높이고 고정비를 절감할 수 있다.

그동안 자동차 업체들은 내연기관 자동차 플랫폼에서 전기차를 생산했기 때문에 효율성이 떨어졌다. 상당수는 기존 내연기관 시장 잠식에 대한 우려로 전기차 전환에 소극적이었다. 그러나 2020년을 기점으로 자동차 업체들의 전기차 전환 의지가 변곡점을 지났다는 판단이다.

글로벌 자동차 기업들은 전기차 전용 플랫폼을 속속 내놓고 있다. 그동안 내연기관·전기차 통합 플랫폼을 사용하던 BMW도 전기차 전용 플랫폼 전략으로 선회했다. 폭스바겐은 전기차 전용 플랫폼인 MEB 플랫폼을 통해 생산성을 30% 개선할 수 있을 것으로 추정된다. 자동차 업체들의 전기차 판매 의지가 강해지면서 원가 하락이 가속화할 전망이다. 규모의 경제와 시장 지배력 확대를 위해 전기차 판매 목표도 지속 상향 조정하고 있다. 배터리 가격 하락과 고정비 개선 효과가 합쳐지고 있다.

향후 2~3년 내 배터리 가격이 현재보다 20~30% 하락해 셀 기준으로 kWh당 100달러 수준에 도달할 가능성이 상당히 높아졌다. 전기차 시장이 본격적으로 열리게 된다는 의미다.

'넘사벽' 배터리산업

양질의 배터리를 공급할 수 있는 업체는 상당히 제한적이다. 2020년 기준 전

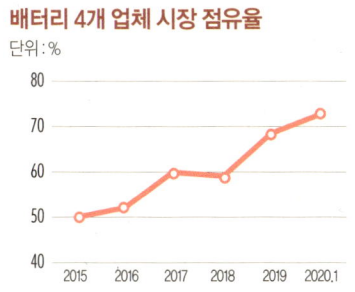

배터리 4개 업체 시장 점유율
단위 : %

*LG화학, 삼성SDI, CATL, 파나소닉 시장 점유율 합계
자료: SNE리서치

100달러

향후 2~3년 내 배터리 가격은 현재보다 20~30% 하락해 셀 기준 kWh 당 100달러 수준까지 내려갈 것으로 전망된다. 배터리는 전기차 출고가의 상당 부분을 차지하는 만큼, 배터리 가격 하락은 전기차 가격 하락을 이끌 것으로 예상된다.

기차 배터리 시장은 톱4 업체가 전체의 70% 이상을 차지하고 있다. 이들 상위 업체의 점유율은 2015년 이후 지속적으로 확대돼 왔다.

배터리 시장의 공급 과잉 우려는 계속 제기됐다. 2015년 이후 중국을 중심으로 100여 개 업체가 배터리 시장에 진출했다. 그러나 결과적으로 중국에서는 1위 업체인 CATL의 지배력이 지속적으로 확대됐다. 글로벌 시장에서는 파나소닉, LG화학, 삼성SDI 등 상위 업체들의 점유율이 더 높아졌다.

배터리 시장이 과점화된 이유는 높은 기술 진입 장벽에 있다. 배터리는 재료비 비중이 크기 때문에 인건비 등 고정비를 줄이는 것보다 에너지 밀도를 높여 동일한 재료로 더 많은 전력량을 생산하는 것이 중요하다. 이를 위해서는 하이니켈 양극재, 실리콘 음극재 등 양극, 음극의 소재를 바꿔줘야 하고 이 과정에서 생기는 여러 문제를 제어할 수 있어야 한다. 그러면서도 양산 수율을 높게 유지할 수 있어야 한다. 배터리 기술의 핵심인 소재 기술은 아날로그적 측면이 커 오랜 기간 생산 경험을 통해 노하우를 축적해야 확보할 수 있다.

원가 절감을 위해 배터리 기술은 지속적으로 진화해 왔다. 만약 배터리 기술이 이미 성숙 단계라면 후발 업체가 어느 정도 추격할 수 있다. 하지만 기술은 계속 진화하고 있다. 양산 경험이 풍부한 선발 업체들이 새로운 기술을 적용하는 데도 유리할 수밖에 없다. 전기차 배터리는 기존 IT 제품 배터리보다 높은 안전성이 요구된다. 신규 모델에 들어가기 위해서는 2~3년간의 테스트가 필요하다는 점도 후발 업체의 시장 진입을 어렵게 하는 요인이다.

주요 브랜드별 전기차 판매량
단위 : 대

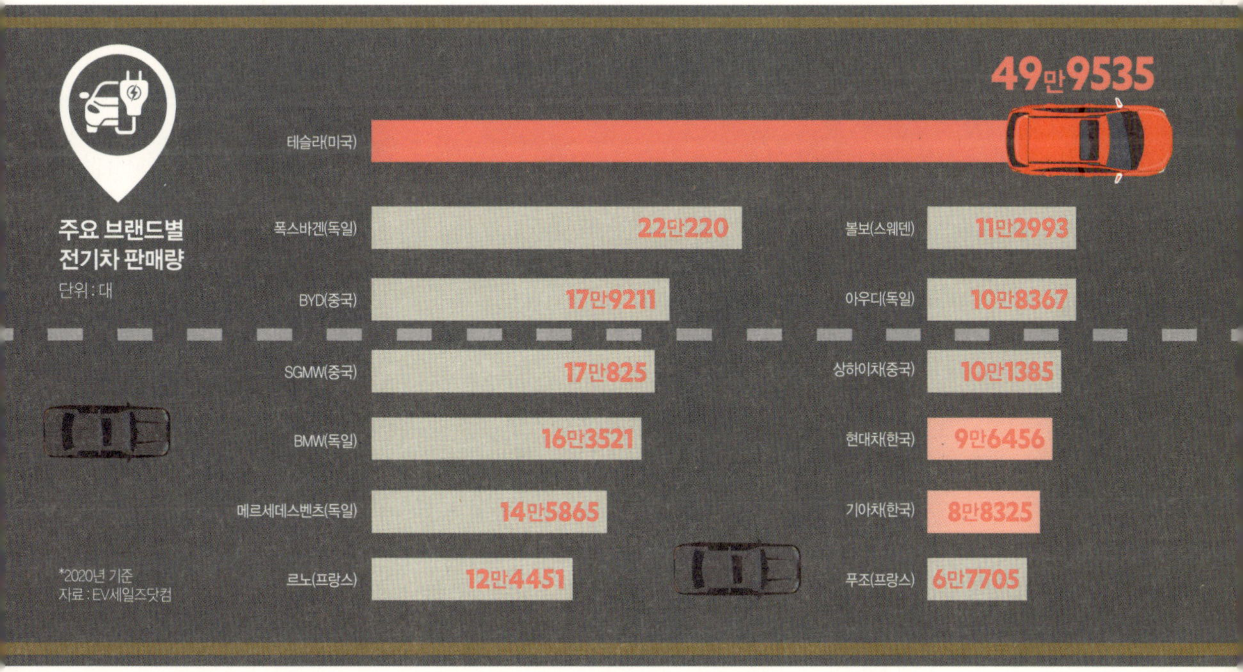

브랜드	판매량
테슬라(미국)	49만9535
폭스바겐(독일)	22만220
BYD(중국)	17만9211
SGMW(중국)	17만825
BMW(독일)	16만3521
메르세데스벤츠(독일)	14만5865
르노(프랑스)	12만4451
볼보(스웨덴)	11만2993
아우디(독일)	10만8367
상하이차(중국)	10만1385
현대차(한국)	9만6456
기아차(한국)	8만8325
푸조(프랑스)	6만7705

*2020년 기준
자료: EV세일즈닷컴

유럽 이어 미국도 정책 지원

글로벌 주요국의 지원 정책도 2020년을 변곡점으로 빠르게 확대되고 있다. 유럽은 코로나19 팬데믹(대유행) 이후 경기 부양책의 하나로 전기차산업 지원을 대폭 늘렸다. 전기차 원가가 하락하는 가운데 정부 지원책까지 더해지면서 일부 모델은 보조금을 받으면 동급 내연기관 모델 대비 오히려 경제성이 높아지는 사례도 나타나고 있다. 폭스바겐 ID. 3는 보조금을 받으면 동급 내연기관 모델인 '골프(Golf)'와 비교 시 오히려 경제성이 높다.

유럽 국가들은 자동차산업이 중장기적으로 경쟁력을 확보하기 위해선 전기차 전환이 불가피하다고 판단하고 적극적인 지원을 아끼지 않고 있다. 2021년에는 미국에서 상당한 변화가 기대된다. 도널드 트럼프 전 행정부에서 전기차에 대한 지원이 제한적이었다. 하지만 조 바이든 대통령 당선으로 블루웨이브가 현실화하면서 친환경 정책을 본격적으로 시행할 수 있는 여건이 됐다. 향후 전기차 보조금 상향, 충전 인프라 확대, 연구개발(R&D) 지원 확대 등 다양한 정책이 미국 전기차 시장의 성장을 앞당길 것으로 예상된다.

글로벌 IT기업들의 전기차 시장 진출 현황

애플(미국)
2024년 전기차 출시 계획 세우고
완성차 업체들과 협력 타진

구글(미국)
웨이모 등 자율주행차 사업 키우고,
로보택시 상용화 추진

바이두(중국)
지리자동차와 합작사 설립해
전기차 출시 예정

알리바바(중국)
상하이자동차 등과 합작사 설립

SONY

소니(일본)
통신, 엔터테인먼트 기술 결합해
전기차 '비전S' 개발 중

혁신 플레이어들의 시장 참여

전기차 시장에서 주목되는 또 다른 변화는 글로벌 대형 정보기술(IT) 업체부터 스타트업까지 새로운 시장 참여자가 늘어나고 있다는 점이다. 전기차는 엔진이 없기 때문에 내연기관 자동차보다 진입 장벽이 낮다. 게다가 자율주행과 결합하면 성장성은 무궁무진하다.

중국 시장에서는 니오, 샤오펑 등 신생 업체 전기차가 내연기관 업체 전기차보다 좋은 반응을 얻고 있다. 미국에서는 리비안 등 신생 업체들이 매력적인 전기 픽업트럭을 다수 출시할 예정이다.

대형 IT 업체들도 자율주행 전기차 시장 진출을 선언하고 있다. 애플이 자율주행 전기차 시장에 진출할 것으로 관측된다. 중국에선 알리바바가 상하이자동차와 손잡고, 바이두가 지리자동차와 제휴를 통해 각각 자율주행 전기차 시장에 진출하겠다고 발표했다.

자금력과 기술력 등 경쟁력을 갖춘 시장 참여자들이 전기차 시장에 진입하면서 전기차의 상품성은 빠르게 개선될 것으로 기대된다. 과거 자동차 업체들이 만든 전기차 모델이 실패한 이유는 경제성보다 소비자들을 만족시킬 수 있는 상품성이 부족했기 때문이었다.

꽃길 걷는 배터리 '빅4'

향후에도 선발 배터리 업체들의 시장 지위가 유지될까. 전기차 시장이 본격적으로 확대되면서 후발 배터리 업체들의 시장 진출 역시 빨라지고 있다. 특히 자동차 업체들이 배터리를 안정적으로 확보하기 위해 후발 배터리 업체에 지분을 투자하는 등 배터리 공급 업체를 늘리기 위해 노력하고 있다. 테슬라는 자체적으로 대규모 배터리 공장을 짓겠다고 나선 상황이다.
그럼에도 선발 배터리 업체들은 시장 기대를 넘어서는 성장성과 수익성을 누릴 가능성이 높다고 판단된다. 배터리 기술 혁신이 가속화하면서 선·후발 업체 간 격차는 커질 수밖에 없는 상황이다. 전기차 시장은 2023~2024년 전후로 급성장할 것으로 예상된다. 전기차용 배터리는 통상 신규 모델이 나오기 2년 전에 배터리 공급 계약을 맺어야 한다. 지금 경쟁력을 확보하지 못한 업체는 경쟁에 끼어들기 어렵다. 기술 혁신과 신규 투자에 열을 올리고 있는 선발 업체들의 원가가 빠르게 하락할 가능성이 높다. 후발 배터리 업체들이 기존 기술도 따라오지 못한 상황에서 새로운 기술을 적용하기는 어렵다.
무엇보다 자동차 업체들이 전기차에서 경쟁력을 갖추기 위해서는 싸고 품질 좋은 배터리를 확보하는 것이 필수적이다. 후발 주자의 배터리 원가와 품질이 선발 주자만큼 높지 않다면 전기차 시장 경쟁에서 뒤처질 수밖에 없다.
테슬라의 배터리 양산 가능성이 높은 건 맞다. 그러나 파나소닉 등 선발 배터리 업체들이 테슬라의 4680셀 배터리 생산을 준비하는 점도 고려할 필요가 있다. 테슬라 입장에서는 배터리를 싸고 안정적으로 조달할 수 있다면 굳이 리스크를 지고 자체 생산 비중을 늘릴 필요가 없을 수 있다. 테슬라가 자체적으로 배터리를 생산하는 데 성공하더라도 글로벌 상위 배터리 업체는 여전히 5~6개 안팎에 불과할 것이다. 전기차 시장의 성장 속도를 감안하면 상당히 제한적인 상황이다. 그만큼 선발 배터리 업체들의 협상력은 강화될 것으로 전망된다.

공급 과잉? 수요가 더 많다

전기차 투자에 가장 큰 리스크는 2020년 주가 상승 폭이 컸던 만큼 밸류에이션이 싸지 않다는 점이다. 차익 실현에 따른 주가 변동성이 나타날 수 있다. 배터리 기술 혁신이 지연되면서 원가 하락 속도가 예상보다 더딜 가능성도 있다.
배터리는 소재의 특성상 새로운 기술을 적용할 때 높은 수율을 확보하는 것이 쉽지 않다. 이 때문에 배터리 원가 하락 속도가 기대에 미치지 못했다. 향후 배터리 기술 개발이 빨라질 것으로 예상되나 기술 개발에 관한 문제여서 불확실성은 존재한다. 그러나 적어도 전기차 플랫폼 적용, 규모의 경제 등으로 전기차 원가 하락은 가속화할 것으로 예상되고 배터리에서도 규모의 경제로 인해 고정비 절감이 빨라질 전망이다. 또한 기술 개발 지연은 일시적인 문제로 중기적으로는 배터리 원가 하락이 지속될 가능성이 높다.
마지막으로 경쟁 심화 가능성이 있다. 시장이 성장하더라도 공급이 너무 많으면 제조업체들의 수익성이 악화될 수 있다. 그러나 공급 과잉은 결국 공급이 수요를 넘을 때 나타난다. 전기차 시장의 수요는 현재 시장 예상을 웃돌 가능성이 높다. 제품에 따라 일시적으로 공급 과잉을 겪을 수도 있지만 산업 내에서 경쟁력 있는 선발 업체들은 중장기적으로 지속 성장할 것으로 기대된다.

전기차 관련 글로벌 혁신 종목 (단위: 조원)

국가	종목	티커	주력제품·서비스	시가총액
미국	테슬라	TSLA	전기차	730
	★글로벌 X 리튬&배터리 테크 ETF	LIT	ETF	3
	Amplify 리튬&배터리 테크 ETF	BATT	ETF	0.3
일본	파나소닉	6752	배터리	35
중국	★CATL	300750	배터리	130
	니오	NIO	전기차	81
	비야디	002594	배터리	61
	이브에너지	300014	배터리	28
한국	★LG화학	51910	배터리	58
	삼성SDI	6400	배터리	46
	SK이노베이션	96770	배터리	23
	포스코케미칼	3670	배터리 소재	12
	SKC	11790	배터리 소재	4
	일진머티리얼즈	20150	배터리 소재	3
	KODEX 2차전지 산업 ETF	305720	ETF	1
	TIGER 2차전지 테마 ETF	305540	ETF	0.7
	TIGER KRX 2차전지 K-뉴딜	364980	ETF	0.7

★=미래에셋증권 선정 탑픽 2월말 기준

THEME *Mobility 2*

상상이 현실이 된 플라잉카

: 날아다니는 로봇의 시대가 왔다. 군사용으로 개발돼 음지에서 임무를 수행하던 드론이 양지로 나왔다. 이제 드론은 무인항공 플랫폼으로 자리잡았다.

로봇의 시대가 다가오고 있다. 드론으로 대표되는 무인항공기(Unmanned Aerial Vehicle)가 인류의 모빌리티(mobility)를 3차원으로 확대하고 있다. 인공지능(AI)으로 무장한 드론은 스스로 비행하며 촬영하고, 장애물을 피해 물건을 배달한다. 사람을 태우는 드론 택시도 이미 등장했다.
플라잉카(flying car)의 가능성도 충분히 보인다. 날아다니는 로봇은 거대한 산업으로 성장할 것이다. 국제로봇연맹(IFR)에 따르면 2023년까지 군사용 로봇은 연평균 14.2%, 의료용 로봇과 물류용 로봇은 각각 30.0%, 37.9% 성장할 것으로 전망되고 있다. 물류·의료·군사용 전문 서비스 로봇은 산업용 로봇의 성장률을 크게 웃돈다. 이들이 전체 로봇산업 성장의 중심이 될 것이란 관측이 나오는 이유다.

드론 배달 시대 열린다

무인항공기는 새로운 혁신을 주도하고 있다. 특히 적재하중, 항속거리 등의 성능이 획기적으로 좋아지면서 쓰임도 늘고 있다. 촬영용 소형 드론을 넘어 무인택배, 드론택시, 재난구조 등 다양한 영역에서 각광받고 있다.
사람을 태우고 자율비행하는 대형 드

15.4%
세계 드론 시장은 연평균 15.4%씩 성장할 것으로 전망된다.

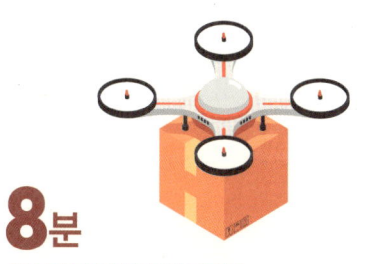

8분
중국 드론업체 이항은 '팔콘 드론'을 통한 배달 비용이 기존 비용보다 80% 저렴하고, 배달 시간은 8km 기준 40분에서 8분으로 줄었다고 설명했다.

론은 도심항공모빌리티(UAM, Urban Air Mobility), 더 나아가 플라잉카 산업의 새로운 가능성을 보여주고 있다. 세계 드론 시장은 연평균 15.4%씩 성장할 것으로 전망된다. 무인항공기의 대표인 드론은 이제 무인 항공 플랫폼으로 진화하고 있다. 군사용 드론으로 시작해 엔터테인먼트·미디어·레저용 드론산업이 꽃을 피우고 있다. 이를 넘어 각종 산업(농업, 어업, 공업) 및 구조·감시 등 공공 영역에도 빠르게 침투하고 있다. 전문가들은 물류·운송 등의 영역으로 급속히 확장할 것으로 보고 있다. AI와 네트워크 기술 발달이 더해져 드론 시장의 성장이 더 빨라질 수 있을 것이란 분석이다.

2019년 중국의 드론회사 앤트워크(Antwork)는 세계 최초로 드론배달 라이선스를 획득했다. 이후 코로나19 상황에서 의료품 배달을 하는 데 톡톡한 역할을 했다. 드론으로 물건을 배달하는 시대가 현실로 다가온 것이란 평가가 나왔다.

물류업체 DHL과 중국 드론업체 이항의 협업에도 이목이 쏠린다. 중국 광둥성에서 테스트 중인 스마트 택배 서비스가 상당히 의미 있는 결과를 도출할 것이란 기대감 때문이다. DHL과 이항은 약 8km 떨어진 두 지점에 드론 이착륙이 가능한 무인 수취함을 설치했다. 사용자가 물건을 수취함에 넣으면 자동으로 드론에 실려 날아간다. 중앙의 제어실에서 드론의 이동을 감시하고 적절히 개입한다. 여기에는 이항의 '팔콘 드론'이 사용된다. 이항 측은 평소 약 40분 걸리던 배달 시간이 8분으로 줄었고, 비용은 80%나 저렴하다고 설명했다.

드론배달이 이토록 저렴할 수 있는 결정적인 이유는 하늘길로 이동해 교통체증을 피할 수 있기 때문이다. 인건비가 들지 않는다는 장점도 있다. 하루 24시간, 주 7일을 쉬지 않고 일하는 배달용 드론은 한 대에 약 1만달러로 추산된다. 사용 연수가 1년이라고 해도 연간 최저임금(한국 기준)의 절반에도 미치지 못한다. 또한 목적지까지 최단거리로 날아갈 수 있어 배달 시간도 사람의 배달 시간 대비 50% 이상 짧을 것이다. 바다를 건너야 하거나 가파른 산길을 돌아가야 하는 경우에는 드론이 훨씬 효율적이다.

특히 5kg 이내의 물건을 15km 이내 범위에서 신속하게 배달해야 하는 음식 배달 등에서 드론의 위력은 더욱 강력해진다. 자체 분석에 따르면 음식 배달용 드론 한 대를 운영하면 사람이 배달하는 것보다 총비용 측면에서 80% 이상 저렴해질 수 있다는 결과가 나왔다.

드론이 가져올 물류 혁명

드론이 가져올 물류(logistics)와 모빌리티의 혁명에 주목해야 한다. 드론택배와 배달, 드론택시 등이 대표적이다. 특히 중단거리(50km 이내) 범위에서 위력을 발휘할 수 있다. DHL 등 기존의 물류 회사나 음식배달 플랫폼 기업들이 관심을 가질 수밖에 없는 이유다.

2025년 전 세계 택배 물량은 연간 2000억 건 수준으로 전망된다. 지난해보다 2배가량 늘어나는 셈이다. 비접촉(언택트) 소비 문화가 정착되면서 택배 배송 수요는 크게 증가하고 있다. 이 중 가벼운 물건을 중심으로 전체 물량의 10%만 드론이 담당한다고 해도 1년에 필요한 드론은 약 200만 대로 추산된다.

글로벌 통계전문기관 스태티스타(Statista)에 의하면 세계 온라인 음식 배달 시장은 올해 1520억달러에 달할 것으로 예상되고 있다. 연평균 6.4%씩 성장해 2024년 1820억달러까지 커질 것이란 관측도 나온다. 15억 명이 넘는

교통 혼잡에 따른 연간 경제적 손실

미국　**3050**억 달러

영국　**520**억 달러

한국　**33**조원

*2017년 기준. 한국은 2015년 기준.

이용자가 온라인 음식 배달 서비스를 이용할 것으로 점쳐지기 때문이다. 코로나19 사태 이후 성장 속도는 더욱 가파르다. 소형 택배와 일부 음식 배달 가운데 5% 수준만 드론이 담당한다고 가정해도, 매년 최소 300만 대 이상의 드론이 필요할 것으로 보인다. 택배·배달용 드론 관련 시장만 연 300억달러가 넘는 규모로 성장할 것이란 분석이 나오는 이유다.

새로운 교통수단이 될 UAM

UAM은 저고도의 공중을 활용한 도심 항공교통을 의미한다. 기체, 운항, 서

비스를 총칭하는 개념이다. 전반적인 개념은 2016년 우버(Uber)가 발간한 일명 '우버 백서(Fast-Forwarding to a Future of On-Demand Urban Air Transportation)'를 통해서 정립됐다. 이후 세계적으로 UAM 개발이 활발해졌는데 2020년 2월 기준으로 100개 이상의 UAM 개발 프로젝트가 진행 중이다.

우리가 UAM 산업에 주목하는 이유는 도시 집중화에 따른 사회·경제적 손실을 감소시켜 줄 것으로 보기 때문이다. 도시 집중화는 이미 전 세계적인 문제다. 앞으로 더욱 악화될 것으로 예상된

볼로콥터의 플라잉카.

eVTOL의 종류

MULTIROTOR life

LIFT AND CRUISE combination

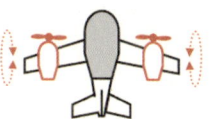
TILT-X tilt-wing, tilt-rotor, tilt-duct

다. 유엔 경제사회국(DESA)에 의하면 2018년 전 세계 도시화율은 55.3%다. 2050년에는 68.4%까지 높아질 것으로 전망된다. 참고로 우리나라의 도시화율은 81.5%이며 2050년에는 86.2%에 달할 것이란 관측이 나온다.

도시 집중화는 필연적으로 교통, 주거, 환경오염 등의 다양한 부작용을 수반한다. 교통 혼잡은 우리 삶의 질을 낮추고 막대한 경제적 손실을 발생시켜 경제 성장에도 걸림돌로 작용한다. 교통량 분석업체인 인릭스(INRIX)의 분석에 따르면 교통 혼잡에 따른 연간 경제적 손실(2017년 기준)이 미국은 3050억달러, 영국은 520억달러에 달하는 것으로 추정된다. 도시화율이 높은 우리나라도 마찬가지다. 한국교통연구원에 따르면 우리나라의 교통 혼잡에 따른 경제적 손실(2015년 기준)은 약 33조원에 이른다. 이를 해결하기 위해 도로, 철도 등을 확장해오고 있으나 지상과 지하 공간의 포화로 인해 더 이상 2차원 평면 공간의 활용만으

로는 교통문제 해결에 한계가 있다. UAM은 공중을 새로운 교통자원으로 활용하기 때문에 기존 교통수단을 대신하는 새로운 교통수단으로 도시 집중화에 따른 부작용을 완화해줄 것으로 기대된다.

뛰는 전기차 위에 나는 eVTOL

UAM 산업 개화를 위해서는 새로운 기체 개발이 필수적이다. 기존의 항공기로는 UAM 구현이 어렵다. UAM 기체는 수직 이착륙이 가능해야 하고, 소음이 작아야 한다. 공해물질 배출도 적어야 한다. 기존 항공기는 수직 이착륙이 불가능하고 이륙을 위한 활주로가 필요하기 때문에 UAM에 적합하지 않다. 회전익 항공기의 경우 수직 이착륙은 가능하나 소음이 커서 UAM에 부적합하다. 무엇보다 내연기관을 이용하기 때문에 공해물질 배출 문제가 있어 미래 교통수단인 UAM에 적합하지 않다. UAM 기체로 모든 조건을 갖춘 게 전기동력 분산 수직 이착륙기 eVTOL (electric Vertical Take Off & Landing)이다. eVTOL은 수직 이착륙이 가능해 고정익 항공기와는 달리 활주로가 필요 없다. 헬리콥터 같은 회전익 항공기보다 소음이 작다. 무엇보다 전기 동력을 사용하기 때문에 배출가스가 없고 친환경적이다. 현재 개발하고 있는 기체는 대부분 eVTOL인데 95개의 개발 프로젝트가 진행 중이다.

eVTOL은 도시 내 또는 인접 도시 간 이동에서 중요한 수단으로 자리매김할 전망이다. 인공지능과 배터리 기술 발달에 힘입어 자율비행 기술도 고도화되고, 지상의 이동수단과 비교해서 경쟁력 있는 이동 거리를 제공할 수 있을 것으로 기대된다. 우버는 eVTOL 운임을 마일당 5.73달러로 측정했다. 기존 헬리콥터보다 저렴하고 우버X보다는 소폭 비싼 수준이 될 것으로 예상된다.

가장 우수한 eVTOL은 틸트엑스

현재 개발 중인 eVTOL은 형태별로 크게 세 가지로 구분된다. 1)멀티로터(Multirotor), 2)리프트 앤드 크루즈(Lift and Cruise), 3) 틸트엑스(Tilt-X)가 그것이다.

멀티로터는 우리에게 친숙한 카메라 달린 소형 드론을 사람이 탈 수 있을 정도의 크기로 키운 것이다. 이항이 만든 '이항 216'과 독일 볼로콥터의 '볼로시티(Volocity)'가 멀티로터로 분류될 수 있다.

멀티로터는 기체 및 동력부의 기술적 난도가 낮아 감항 승인만 이뤄진다면 상대적으로 빠르게 양산할 수 있다. 하지만 회전익 항공기라는 기체 구조상 순항 속도가 느리고 항속 거리도 짧으며 탑재 중량에 한계가 있다. 1~2인이 탑승해 50㎞ 이내의 거리를 이동하는 게 가장 적합하다.

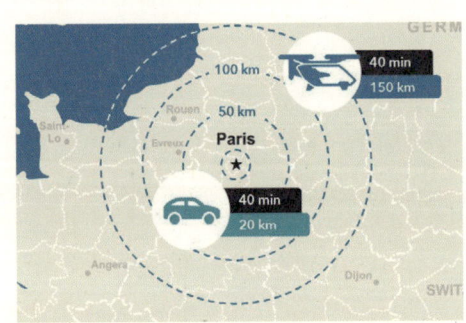

리프트 앤드 크루즈는 이착륙 시에는 수직 방향의 로터가 회전익 형태로 작동하고, 비행 시에는 수평 방향의 로터가 고정익 형태로 작동하게 된다. 미국 위스크의 '코라(Cora)'와 오로라 플라이트 사이언스의 'PAV'가 리프트 앤드 크루즈로 분류될 수 있다. 멀티로터와는 달리 날개가 있어 순항 속도가 빠르고 항속 거리가 길다. 탑재 중량은 멀티로터와 비슷하다.

틸트엑스는 틸트로터·틸트덕트·틸트윙을 총칭한다. 로터가 고정돼 있는 리프트 앤드 크루즈와 달리 가변적이라는 점이 다르다. 미국 조비 애비에이션의 'S4'와 독일 릴리움의 '릴리움 제트(Lilium Jet)'가 틸트엑스로 분류된다. 기술적 난도가 가장 높다. 하지만 리프트 앤드 크루즈보다 순항 속도가 빠르고 항속 거리가 길며 탑재 중량도 크다는 장점이 있다.

2023년 UAM 나온다

UAM의 실현 가능성은 점차 높아지고 있다. 구체적으로 △도심 내 단거리를 이동하는 시티 택시(City Taxi) △ 도심과 공항을 연결하는 공항 셔틀(Airport Shuttle) △도심과 주변 도시를 연결하는 통근용인 인터 시티(Inter City)로 나눌 수 있다. 다만 UAM을 실현하기 위해서는 해결해야 할 여러 문제가 있다. 기체 개발, 운항 승인 요건 등에 대한 제도적 장치와 인프라 구축이 필요하다. 이는 민간 기업 혼자 해결할 수 없는 과제다. 제조사, 운용사, 인프라 공급사 같은 기업 간 그리고 정부의 협업이 필요하다.

다행히 UAM의 필요성에 대한 사회적 합의가 커지면서 이런 협력이 전보다 활발해지고 있다. 기체 제조사, 부품 공급업체, 교통관리 공급업체, 인프라 공급업체, 소프트웨어 생산업체 등 많은 참여자가 UAM 산업에 진입 중이다. 미국 연방항공청(FAA)과 유럽연합항공청(EASA)은 기체 기술 기준에 관한 기준을 마련하고 있으며, 일부 기체는 인증을 진행하고 있다. 정부 차원의 협력도 활발해지고 있다. 미국은 작년부터 '어질리티 프라임(Agility Prime)' 사업을 통해 eVTOL 개발을 지원하고 있다. 우리나라도 2020년 '한국형 도심항공교통(K-UAM) 로드맵'을 발표해 UAM 산업 육성을 지원하고 있다.

세계 최초의 UAM 상용 서비스는 2023년 미국 로스앤젤레스(LA), 댈러스·포트워스, 그리고 호주 멜버른에서 시작될 전망이다. 이 프로젝트는 원래 우버 엘리베이트가 2019년 조비 애비에이션과 파트너십을 맺고 준비해오다가 2020년 우버가 우버 엘리베이트 사업부를 조비 애비에이션에 매각, 현재는 조비 애비에이션이 진행하고 있다. 우버가 UAM 사업을 중단한 것으로 보기는 어렵다. 우버는 조비 애비에이션의 주요 주주이고, UAM 서비스에서 우버를 플랫폼으로 사용하는 등 협력 관계를 맺고 있다.

한국은 2025년 상용 서비스 시행을 목표로 하고 있다. 'K-UAM 로드맵'에 따라 2024년까지 준비기를 거쳐 2025년 첫 상용 서비스를 도입하고, 이후 노선을 확대해 나간다는 계획이다.

궁극적인 목표는 자율비행

우버의 최근 전망에 따르면 초기에는 헬리콥터 이용 운임보다 약 30~40% 저렴한 가격에 UAM서비스를 제공할 수 있을 것으로 예상된다. 이후 eVTOL의 대량 생산에 따른 규모의 경제로 우버X 수준까지 낮출 수 있을 것으로 전망하고 있다. UAM의 궁극적 목표는 100% 자율비행 구현을 통한 대중화에 있다. 현재 업계에선 자율비행은 2040년 이후 가능해질 것으로 보고 있다.

글로벌 UAM 관련 글로벌 혁신 종목 단위: 조원

국가	종목	티커	주력제품·서비스	시가 총액
미국	조비 에비에이션		UAM	상장 준비중
	아처		UAM	상장 준비중
한국	★한화시스템	272210	항공전자장비	2
독일	릴리움		에어 택시	비상장
	볼로콥터		드론 택시	비상장

★= 미래에셋증권 선정 탑픽   2월말 기준

THEME *Green New Deal 1*

인류 생존을 위한 탄소와의 전쟁

: 탄소 저감은 각 국가와 기업에 생존의 문제가 되고 있다.
재생에너지 산업에 대한 관심이 크게 높아진 이유가 바로 여기에 있다.

이상 기후로 자연재해가 급증하고 있다는 건 심각한 일이다. 유엔 재난위험 경감사무국(UNDRR)에 따르면 2000~2019년 세계적으로 7348건의 자연재해가 발생해 123만 명이 사망하고 2조9700억달러(약 3400조원)의 재산 피해가 발생했다. 자연재해의 90% 가량이 기후와 관련한 재난이었다는 점은 충격적이다. 홍수가 3254건(44%), 태풍이 2043건(28%)에 이른다. UNDRR은 지구의 기온 상승에서 원인을 찾는다. 선진국들이 온실가스 배출 감축에 실패하면서 지구 기온이 높아져 자연재해가 대거 발생하고 있다고 설명한다. 제러미 리프킨은 2014년 섬뜩한 예언을 했다. 인류의 무절제한 자원 낭비가 이상 기후를 가져왔고, 기후 위기는 생태계 교란과 붕괴로 이어졌다고 분석했다. 궁극적으로는 야생동물의 이동과 함께 바이러스의 창궐을 가져올 것이라고 예고했다. 작년 코로나19가 전 세계에 확산하면서 그의 주장은 설득력을 얻고 있다.
많은 전문가도 빈번하게 발생하는 신종 감염병의 원인으로 생태계 파괴와 기후변화를 지목하고 있다. 세계보건기구(WHO) 역시 예측 불가능한 감염병 '질병 X'가 세계적으로 계속해서 발생할 것임을 경고한다.

기온 상승 주범은 이산화탄소

기상이변 현상의 핵심은 기온 상승이다. 세계기상기구(WMO) 발표에 따르면 2015~2019년 전 지구 평균기온은 산업화 이전 시기(1850~1900년)보다 1.1℃ 상승했다. 과거 1만 년 동안 지구 온도가 1℃ 이상 변한 적이 없었다. 21세기 지구온난화 현상이

123만명
2000년부터 2019년까지 세계적으로 7348건의 자연재해가 발생해 123만명이 사망했다.

90%
자연재해의 90%가량이 기후변화와 관련된 재난이었다.

2015~2019년 전 지구 평균기온은 산업화 이전 시기(1850~1900년)보다 1.1℃ 상승했다.

얼마나 빠르게 진행되고 있는지 알 수 있다.

기온 상승의 주요 원인으로 온실가스, 특히 이산화탄소 배출이 지목되고 있다. 경제가 성장하고 인구가 증가한 산업화 시대 이래 인위적인 온실가스 배출량은 계속 늘었다. 현재 대기 중 온실가스 농도는 인위적 배출로 인해 지난 80년 새 최고 수준이다. 온실가스 배출량의 빠른 증가는 지구 온난화를 가속시키고 있다. 가속화되는 온난화는 결국 적설 면적과 빙하 감소, 해수면 상승, 물 순환의 변화, 극한 현상의 심화 등 기후시스템의 변화를 더욱 빠르게 가져올 것으로 우려되고 있다.

다시 불붙은 정책 대응

2015년 12월 유엔 기후변화협약 당사국총회에 196개국 대표가 모였다. 이 자리에서 전 지구적 기후변화 대응을 위한 파리협정을 채택하고, 2016년 11월 파리협정을 발효했다. 신기후체제의 초석은 이렇게 마련됐다.

파리협정에 따라 각 당사국은 자국 상황과 역량을 감안해 기후변화협약에 제출하는 자발적 온실가스 감축 기여 방안인 국가 온실가스 감축 목표(NDC, Nationally Determined Contribution)를 수립해야 한다. 또한 2020년까지 '2050년 장기 저탄소 발전전략(LEDS, Long-term low greenhouse gas Emission Development Strategies)'을 수립해야 했다.

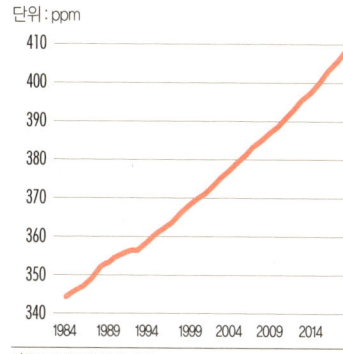

유럽연합(EU)이 가장 적극적인 행보를 보이고 있다. EU는 이미 2014년 '2030 기후·에너지 프레임워크'를 마련해 지구 온도 상승을 산업화 이전과 비교해 1.5℃ 이내로 억제하도록 온실가스 감축 목표를 상향했다. 이를 통해 2030년까지 온실가스 최소 55% 감축(1990년 대비), 재생에너지 비중 확대, 에너지 효율 개선 등을 추진하고 있다. 2030년까지 전체 에너지 소비 중 재생에너지 비중을 높여 2050년까지 탄소 제로를 달성한다는 목표를 내놓았다.

미국도 조 바이든 대통령이 당선되면서 그동안 후퇴했던 친환경 정책에 다시 힘을 싣고 있다. 바이든 대통령은 선거 공약으로 화석에너지를 대체에너지로 전환할 것을 천명했다. 이를 위해 2조 달러 규모의 대체에너지 투자를 약속했다. 수백만 개의 일자리를 창출하겠다고도 공언했다. 특히 2035년까지 전력 부문의 탄소 배출을 없애고 2050년까지 전 부문에서 '제로'를 만들겠다고 밝힌 점은 고무적이다.

ETS

배출권거래제(ETS, Emission Trading Scheme)란 온실가스를 배출하는 사업장을 대상으로 배출권을 할당해 할당범위 내에서 배출행위를 할 수 있도록 한다. 사업장의 실질적 온실가스 배출량을 평가해 여분 또는 부족분의 배출권에 대해서는 사업장 간 거래를 허용하는 제도다.

중국의 움직임도 눈여겨볼 만하다. 세계 최대 탄소 배출국인 중국 역시 2030년 탄소 배출량 정점을 찍고 2060년까지 배출량을 감축해 탄소중립을 달성하겠다고 선언했다. 2020년 9월의 일이다. 전체 에너지 시스템에서 비화석 에너지 비중을 70~80% 이상으로 높이고, 30년간 해당 부문에 100조위안(약 1경7200조원) 이상 투자할 계획이라고 발표했다. 아울러 10년간 풍력과 태양에너지 성장을 촉진해 설비용량 100GW를 증설하겠다는 계획도 내놓았다.

실효성 높아지는 탄소 저감 대책

그동안 각국의 다양한 노력에도 화석연료 의존도는 크게 낮아지지 않았다. 온실가스 배출도 막지 못했다. 그 이유는 탄소 배출에 대한 외부효과가 시장에 정확하게 반영되지 않았기 때문이다. 많은 경제주체는 탄소 배출이 초래할 수 있는 비용을 고려하지 않고 생산활동을 벌였다. 이른바 외부불경제를 유발한 것이다. 따라서 이런 문제를 해소하고 경제 주체의 탄소 감축을 촉진할 수 있는 수단으로 탄소가격제의 활용이 국제사회에서 본격화될 것으로 예상된다.

탄소가격제(Carbon Pricing)란 탄소 배출에 가격을 부여해 각국 정부가 기업과 같은 배출 주체에 탄소 배출로 인한 외부성 비용을 부담하도록 하는 제도다. 탄소가격제 활용으로 온실가스 배출로 인한 외부불경제 요인을 내재화함으로써 경제 주체의 탄소 감축을 촉진할 수 있다.

특히 2021년부터 선진국과 개발도상국 모두의 감축 노력을 강조하는 파리협정의 신기후체제가 출범한다. 그간 선진국을 중심으로 도입됐던 배출권거래제, 탄소세 등과 같은 유형의 탄소가격제가 본격적으로 확산할 가능성이 높다. 이미 다수 국가 또는 지역 단위에서 검토되고 있는 상황이다.

배출권거래제는 각 사업장이 온실가스 감축 또는 배출권 매입 등을 자율적으로 결정해 온실가스 배출 할당량 의무를 준수할 수 있다. 온실가스 감축 여력이 높은 사업장은 더욱 많이 감축해 할당된 배출권 중 감축량을 시장에 판매할 수 있고, 감축 여력이 낮은 사업장은 직접적인 감축을 하는 대신 배출권을 살 수 있다.

탄소국경세 도입도 검토

EU는 탄소 저감을 위한 장기 목표를 달성하기 위해 2020년 3월 기후법(Climate law)을 제정했다. 이를 통해 탄소중립을 구체화함으로써 기후변화 대응에 기여할 수 있는 발판을 마련했다. 게다가 탄소국경조정(Border Carbon Adjustment) 개념의 메커니즘을 도입, 역내 산업 경쟁력 보호를 위해 수입품에 탄소 배출에 비례해 세금을 부과하는 탄소국경세(Carbon Border Tax)도 검토 중이다. 탄소 배출에 요금을 부과하는 메커니즘이 없는 국가의 제품을 EU가 수입할 때 관세를 부과하거나 재정 조치를 취하게 한다.

현재 EU는 온실가스 배출 규제가 약한 EU 외 국가에서 생산한 상품을 수입할 때 생산 기업에 환경규제를 적용하지 않고 있다. 하지만 앞으로는 온실가스 감축 강화에 따라 탄소국경세를 도입해 가격 경쟁력에서 불이익을 받을 수 있는 EU 내 기업을 보호하고자 하는 움직임이 나타나고 있다. 탄소국경세가 도입될 경우 국제 교역에 미치는 파급력이 상당히 클 것으로 예상된다.

탄소 저감 정책의 초점이 탄소 발생에

CARBON BORDER TAX

탄소국경세(Carbon Border Tax)는 온실가스 배출규제가 느슨한 국가에서 생산한 상품을 관련 규제가 엄격한 국가로 수출할 때 온실가스 저감에 따른 가격 차를 보전하기 위해 부과하는 세금이다.

대해 페널티를 부과하는 데 맞춰지고 있다. 이 같은 상황에 따라 각국 관련 정책에도 속도가 붙고 있다. 수출 비중이 높은 아시아 국가는 수출 경쟁력에 직접적인 영향을 받을 수 있다. 이들 국가의 정책 입안자가 탄소 저감을 산업 경쟁력과 연결지어 볼 수밖에 없는 이유이다. 이미 석탄에 대한 개별 소비세를 수차례 올린 바 있는 한국도 탄소세에 관한 논의를 본격화하고 있다.

재생에너지로의 대전환은 이미 시작됐다. 재생에너지의 경제성이 과거와는 비교할 수 없이 개선됐다는 점도 가속도를 붙이고 있다. 세계 각국과 기업들은 탄소 저감에 본격 나서면서 한편으로는 재생에너지 패권을 가져오기 위한 무한 경쟁을 하고 있다. 거듭 강조하지만 글로벌 그린뉴딜은 생존의 문제다. 예외도 없고, 후퇴도 없다.

THEME Green New Deal 2

재생에너지의 그리드 패리티

: 재생에너지를 생산하는 비용이 점점 낮아지고 있다.
한계를 뛰어넘고 있는 재생에너지 산업의 소식들에 관심을 집중할 때다.

재생에너지의 경제성을 말할 때 자주 등장하는 용어가 LCOE(Levelized Cost of Energy)다. 발전기의 수명 동안 생산한 전력에 대해 들어간 평균 비용을 현가화한 것으로 '균등화 발전비용'이라고도 불린다. 국제재생에너지기구(IRENA) 자료에 따르면 풍력 태양광 등 주요 재생에너지의 LCOE는 MWh당 50달러에 근접하고 있다. 화석연료를 이용한 발전의 LCOE보다 같아지거나 낮아지는 '그리드 패리티(Grid Parity)'가 본격화하고 있는 것이다. 이런 혁신은 규모의 경제 효과뿐 아니라 태양광 셀 효율 개선, 터빈 크기의 대폭적 향상 등 기술 발전에 힘입은 것이다. 개별 기업 역시 'RE100'에 동참하면서 이런 혁신을 부채질하고 있다. RE100이란 기업 활동에 쓰이는 에너지원을 100% 재생에너지에서 조달하자는 캠페인이다. 세계 유수의 업체들이 RE100을 달성하고 있을 뿐 아니라 공급 업체에도 RE100을 요구하고 있다. 재생에너지 사용 비율이 낮다면 그 회사 제품의 판로가 막혀버리는 상황이 올 수 있기 때문에 재생에너지 수요가 확대되고 있다.

GRID PARITY 그리드 패리티
재생에너지의 발전 비용이 기존의 화석연료 발전 비용과 같아지거나 낮아지는 현상을 일컫는다.

ESS와 만나 태양광 한계 뛰어넘다

우선 태양광 발전에 대한 수요가 급증할 것으로 예상된다. 2020년, 코로나19 팬데믹에도 불구하고 태양광 수요는 좋았다. 각국 정부가 친환경 정책을 강조하면서 중장기 성장 기대감이 높아졌

다. 미국 대선 기대감까지 반영되면서 태양광 기업의 주가 상승폭도 컸다.

단기적으로 주가 급등에 따른 차익 실현, 정책 변수 등에 따라 변동성이 높아질 수 있다. 그러나 중장기적으로는 태양광산업의 구조적 성장이 지속될 수밖에 없다. 발전 원가가 빠르게 하락하면서 그리드 패리티에 다가가고 있기 때문이다.

지역 봉쇄 등으로 수요가 크게 위축됐던 인도, 브라질 등 이머징 국가에서도 수요가 점차 정상화될 것으로 기대된다. 2020년 4분기엔 태양광 글라스 부족으로 인해 수요만큼 태양광이 다 설치되지 못했다. 이들 물량은 글라스 설비가 늘어나는 2021년에 이연 설치될 것으로 예상된다. 이 경우 2021년 글로벌 수요가 예상보다 강하게 증가할 수 있다.

중기적으로도 글로벌 태양광 수요는 연평균 10% 내외의 견조한 성장세를 이어갈 것으로 전망된다. 태양광 발전 원가가 이미 그리드 패리티에 가까워진

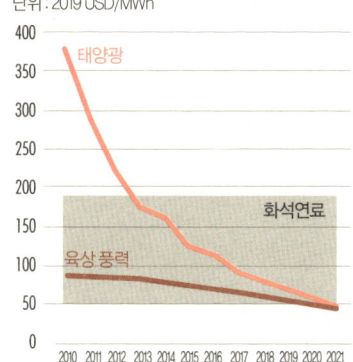

가운데 규모의 경제, 변환 효율 개선 등으로 지속적으로 하락할 전망이기 때문이다.

특히 배터리 가격이 하락하면서 태양광과 에너지저장장치(ESS) 결합 프로젝트가 미국을 중심으로 활성화되기 시작했다는 점을 주목할 필요가 있다. 태양광 발전의 가장 큰 한계는 태양빛이 비칠 때만 발전이 되기 때문에 주 전력원으로 사용하기 어렵다는 점이다. 그러나 배터리 가격이 지속적으로 하락하면서 이제 미국에서는 대형 태양광과 ESS가 함께 설치되기 시작했다. 이들 프로젝트는 실제 석탄이나 가스 발전 설비를 대체하고 있다. 과거에는 태양광 발전 비중이 일정 수준을 넘어서면 전력 공급의 안정성이 떨어지거나 전력망의 불안정성이 높아지는 한계가 있었다. 하지만 ESS 도입으로 태양광 수요의 중장기적인 성장 잠재력이 내폭 높아지고 있다.

높은 수익률 자랑하는 인버터 관련주

글로벌 태양광 서플라이 체인은 원재료인 폴리실리콘부터 웨이퍼, 셀·모듈 및 태양광 글라스, 인버터 업체와 설치 업체 등으로 구성돼 있다.

서플라이 체인 중 가장 높은 수익성과 매출 증가율을 보이는 곳은 미국의 인페이즈에너지, 솔라에지 등 분산형 인버터 업체들이다. 이들 업체는 높은 기술 경쟁력을 바탕으로 기존의 중앙 집중형 인버터 시장을 잠식해 들어가고 있다. 최근에는 ESS 시장까지 진출해 매출이 빠르게 늘고 있다. 또한 지식재산권을 통해 기술을 보호받고 있고 생산은 대부분 아웃소싱한다. 수익성이 높은 구조다.

1.
영국 케임브리지 스토브리지에 한화큐셀이 건설한 24.3MW의 태양광 발전소.

다음으로 수익성과 성장성이 높은 업체는 신이솔라, 플랫글라스 등 태양광 글라스 업체들이다. 태양광 글라스 시장은 상위 5개 업체가 전체 시장의 70%(2019년 기준 추정)를 차지하고 있는 과점 시장이다. 2020년 공급이 타이트해지면서 가격이 상승하는 등 호황을 누리고 있다. 상위 업체들은 원가 경쟁력을 앞세워 생산 설비 확대를 주도하고 있다.

폴리실리콘과 웨이퍼, 셀·모듈, 설치 시장은 중국 업체 중심으로 공격적으로 설비를 증설하고 있어 상대적으로 수익성과 성장률이 낮다. 폴리실리콘의 경우 증설 기간이 1년 이상으로 상대적으로 길다. 하지만 웨이퍼, 셀·모듈은 수개월이면 설비를 증설할 수 있고 기술 격차가 크지 않아 경쟁이 치열한 영역이다. 웨이퍼 시장에서는 변환 효율이 높은 모노 웨이퍼가 멀티 웨이퍼 시장을 잠식하며 빠르게 성장하고 있다. 태양광 시스템의 변환 효율이 중요해지고 기술이 발전하면서 모노 웨이퍼의 시장 점유율이 지속적으로 확대되고 있는데, 이를 주도하는 기업이 중국의 융기실리콘자재이다.

폴리실리콘은 업체 간 수익성 격차가 큰 편이다. 중국 신장 지역에 있는 다코뉴에너지, 통웨이 등의 업체가 상대적으로 높은 수익성과 매출 증가세를 보이고 있다. 이들 중국 업체는 폴리실리콘 원가의 주요 요소인 전력 요금 및 투자비가 크게 낮아 경쟁사보다 원가 경쟁력이 높다. 다만 2019년 공격적인 설비 증설로 가격이 과도하게 하락해 신규 투자가 위축돼 2021년까지는 신규 증설이 제한적인 상황이다. 폴리실리콘 가격이 지난해 7월 GCL폴리가 글로벌 유효 설비의 10% 수준인 5만t 규모를 생산 중단하면서 급등했다. 올해까지 신규 증설이 제한적이어서 GCL폴리 설비가 재가동된 이후에도 폴리실리콘 시황은 견조하게 유지될 것으로 예상된다. 내년 이후부터는 다시 다코, 통웨이 등의 증설이 예정돼 있다.

사상 최대 기록한 풍력발전

풍력 발전은 2019년 괄목할 만한 성과를 냈다. 세계적으로 60GW의 풍력 발전이 신규 설치됐다. 한 해 전보다 19% 늘어난 것으로 역사상 두 번째로 큰 연간 설비용량이었다. 이로써 누적 설비용량은 651GW가 됐다. 전 세계 육상풍력과 해상풍력의 신규 용량은 각각 54.2GW, 6.1GW가 추가됐다. 특히 해상풍력은 역사적으로 가장 큰 연간 용량이 설치됐다.

각국 정책에 따라 성장 속도는 예상과 다를 수 있다. 하지만 구조적인 풍력시장 성장의 방향성은 확고하다. 육상풍력은 이미 화석연료와 경쟁 가능한 수준으로 하락했다. 해상풍력은 10년 내에 화석연료와 경쟁할 수 있다. 설치용량 측면에서는 여전히 육상풍력이 우위를 점할 것으로 예상되는 반면, 증가 속도 측면에서는 해상풍력이 빠를 것으로 전망된다. 지역적으로는 그동안 성장을 이끌어 온 유럽에 이어 미국 중국 대만 한국 일본 등 신흥 지역에서의 성장이 가세할 것으로 예상된다.

놀라운 속도로 성장한 중국 풍력시장

중국 풍력발전 시장은 급성장 중이다. 2019년에 2015년(30GW) 이후 역사상 두 번째로 큰 용량인 26GW를 신규 설치했다. 누적 용량이 210GW가 됐는데, 이는 지난 10년간 12배 넘게 증가한 것이다. 전 세계 신규 및 누적 용량 가운데 중국 비중은 각각 44%, 34%에 이른다.

이 같은 빠른 성장의 뒤에는 중국 정부가 있다. 말 그대로 적극적인 지원을 아끼지 않았다. 제12차 5개년 개발계획(12.5 규획, 2011~2015년)에서 신재생에너지산업을 7대 신성장산업으로 지정하고, 발전차액지원제도(Feed-in-Tariff, FIT), 조세지원제도, 특별보조금지원제도 등의 여러 지원정책을 펼쳐 왔다. 비록 LCOE 하락으로 인해 보조금이 폐지되는 추세지만, 정부의 지원은 13차 5개년 개발계획(13.5 규획, 2016~2020년)에서도 지속됐다.

또 하나의 급성장 배경은 풍력에너지 자원이 풍부하다는 것이다. 중국기상국은 개발 가능한 육상풍력 에너지 자원 매장량(50~100m 높이, 풍력 밀도 300W/㎡ 이상)이 2000~

1. 중국의 한 성 뒤로 풍력발전용 터빈이 보이고 있다.
2. 중국의 풍력발전업체 골드윈드S&T가 중국 진펑에 설치한 풍력발전기 모습.
3. 중국 근로자가 풍력발전용 터빈을 설치하고 있다.
4. 2020년 7월 LS일렉트릭이 구축한 국내 최대 94MW급 영암태양광발전소.

세계 풍력발전 신규 용량 — 중국 44%
세계 풍력발전 누적 용량 — 중국 34%
*2019년 기준.

3400GW에 이른다고 밝혔다. 특히 칭하이 신장 내몽골과 일부 동북 지역은 풍력 밀도가 400~600W/㎡로 높아 풍력 발전을 위한 조건이 훌륭하다. 또한 중국은 1만8000㎞에 이르는 긴 해안선이 있는데, 이는 1000GW 이상의 잠재성을 갖추고 있다.

해상풍력, 성장 잠재력은 크다

그동안 풍력시장을 육상풍력이 이끌었다면, 향후에는 해상풍력의 잠재력에도 주목해야 한다. 해상풍력의 2019년 LCOE는 한 해 전보다 9% 하락한 115달러/MWh를 기록했다. 2010년과 비교하면 29% 떨어질 정도로 경제성이 개선됐다. 개발자 경험 증가, 제품 표준화 강화, 제조 부문 산업화, 지역 제조, 서비스 허브, 규모의 경제 등에 힘입은 결과다.

2023년 완공 예정인 프로젝트의 최근 경매 및 전력구매계약(PPA) 가격은 50~100달러/MWh로 떨어졌다. 앞으로 해상풍력의 가격 경쟁력이 더욱 향상될 것이란 얘기다. 2023년 LCOE는 82달러/MWh로 2019년보다 29% 하락할 전망이다. 이후에는 더 큰 폭의 발전비용 절감이 예상된다.

해상풍력의 성장세는 뚜렷하다. 2019년 해상풍력 누적 설치 용량은 29.1GW로 2011년 4GW 대비 7.3배로 확대됐다. 연평균 성장률은 28.2%에 이른다. 같은 기간 육상풍력 누적 설치 용량의 연평균 증가율(13%)보다 2배 이상 빠른 속도다. 총 풍력발전 용량에서 해상풍력이 차지하는 비중은 2011년 1.7%에서 2019년 4.5%로 높아졌다.

그동안 해상풍력 시장은 유럽 국가들이 북해를 중심으로 개발을 주도해왔다. 누적 용량 기준으로 영국, 독일, 덴마크, 네덜란드, 벨기에 5개국이 21.6GW로 유럽의 98.6%, 세계의 74.1%를 차지하고 있다. 유럽 외 지역에서는 중국을 제외하면 아직 실적이 미미한 상황이다. 유럽 5개국과 중국이 세계의 97.6%를 차지하고 있다.

글로벌 해상풍력 시장은 향후 10년간 두 자릿수의 고성장이 전망된다. 세계풍력에너지협의회(GWEC)는 2030년까지 글로벌 해상풍력 시장이 연평균 16.2%, IRENA는 14.8%, 에너지 컨설팅업체 우드맥킨지는 13.6% 성장할 것으로 전망하고 있다. 유럽, 중국 등 기존 시장에서의 성장과 더불어 대만, 미국, 일본, 한국 등 신규 시장 성장이 더해질 것으로 예상되기 때문이다.

특히 부유식 해상풍력이 상업화될 경우 성장성은 더욱 커질 것으로 전망된다. 우드맥킨지는 기술적으로 가능한 해상풍력 설치 용량을 9855GW로 보고 있다. 이 중 수심 60m 이하는 전체의 29%인 2858GW, 60m 이상은 71%인 6997GW에 해당한다. 부유식 해상풍력이 상업화돼 60m 이상의 해상에 설치가 가능해진다면 전체 해상풍력 시장은 약 2.4배 커질 수 있다.

어마어마한 수소경제 파급 효과

흥미로운 점은 재생에너지 단가가 하락하면서 수소에너지에 대한 관심도 높아지고 있다는 것이다. 수소는 그 자체로는 탄소를 발생시키지 않는 그린에너지다. 하지만 수소 생산 과정에서 화석연료를 사용해 탄소 발생을 유발하는 문제가 있었다. 친환경적 생산 방식인 수전해 방식은 생산 단가가 너무 높아 경제성이 없었다. 수전해 때 사용되는 재생에너지 발전원의 단가가 높았기 때문이다. 하지만 재생에너지 가격이 하락하면서 수소 단가 역시 떨어질 여지가 커졌다.

수소의 장점은 ESS로 활용할 수 있다는 것이다. 배터리 기반의 ESS는 재생에너지 발전에서 필연적으로 발생하는 잉여전력을 저장하기 위한 수단으로 각광받고 있다. 하지만 향후 재생에너지

1.
지난해 도쿄 시부야구 부촌 다이칸야마의 츠타야서점 티사이트에 전시된 현대자동차 수소연료전지차(FCEV) 넥쏘. 자동차에서 남은 부산물인 물과 산소를 식물에 공급하고 있다.

재생에너지 관련 글로벌 혁신 종목

단위: 조원

국가	종목	티커	주력제품·서비스	시가총액
미국	넥스트에라에너지	NEE	신재생에너지	162
	커민스	CMI	디젤엔진	42
	★인페이즈에너지	ENPH	태양광인버터	25
	플러그파워	PLUG	수소연료전지	27
	★솔라에지	SEDG	태양광인버터	17
	퍼스트솔라	FSLR	태양광 패널	9
	iShares S&P 글로벌 클린에너지 ETF	ICLN	ETF	6
	★글로벌 X 클린테크 ETF	CTEC	ETF	0.2
중국	융기실리콘자재	601012	태양광 웨이퍼	68
	금풍과기	002202	풍력 터빈	9
	플랫글래스	6865	태양광 글래스	11
	다초	DQ	태양광 폴리실리콘	8
	통웨이	600438	태양광 폴리실리콘	36
홍콩	신의광능	00968	태양광 글래스	20
	글로벌 X 차이나 클린에너지 ETF	2809	ETF	0.5
한국	OCI	010060	태양광 폴리실리콘	2
	씨에스윈드	112610	풍력 타워	1.5
	TIGER X BBIG – 뉴딜	364960	ETF	0.4
	TIGER 탄소효율그린뉴딜	376410	ETF	0.1
덴마크	베스타스	VWS	풍력 터빈	37

★ = 미래에셋증권 선정 탑픽   2월말 기준

수소차 밸류 체인 관련 기업

[수소차 인프라]
이엠코리아, 엔케이 : 수소충전소
현대제철 : 부생수소

[수소저장장치]
일진다이아 : 고압수소연료탱크
EG : 고체저장장치
유니크 : 수소제어밸브
세종공업 : 수소센서, 수소제어밸브

[연료전지스택]
현대모비스 : 연료전지 모듈
현대제철 : 분리판
상아프론테크, 코오롱인더, 시노펙스 : 분리막
동아화성 : 가스킷

[운전장치]
한온시스템 : 수소차공조·열관리 시스템 모듈
우리산업 : PTC히터, COD히터
지엠비코리아, 대우부품 : 전동식 워터 펌프

[전장부품]
S&T모티브, LG전자 : 구동모터
현대모비스 : 전장·구동부품 모듈
삼화전자 : 전력변환 모듈
뉴로스 : 공기압축기
뉴인텍, 삼화전기 : 콘덴서

발전 비중이 커지면서 급증할 잉여전력의 극히 일부만 저장하는 데 그칠 것으로 보인다. 그 대안으로 수소가 떠오르고 있다. 잉여전력으로 수소를 생산한다면 장기간 대용량으로 저장할 수 있을 뿐 아니라 장거리 이동도 가능해진다. 재생에너지 자원이 상대적으로 부족한 국가도 수소 수입을 통해 탄소 저감 목표를 달성할 수 있는 길이 생긴다.

잉여전력이 증가해 생산하는 수소 원가는 매우 낮아 수소 단가의 추가 하락이 예상된다. 이 경우 수소를 다양한 산업군에 적용하는 P2X(Power to X) 기술 적용도 가능하다. 예를 들어 생산된 수소를 철강산업에 적용한다면 현재 코크스를 대체하면서 발생하는 이산화탄소를 98% 가까이 줄일 수 있다. 생산된 수소를 이용해 합성 연료를 만든다면, 장기적으로 항공기 연료를 대체할 수도 있다. 흔히 수소에너지라는 용어 대신에 수소경제라는 말을 쓴다. 그만큼 수소가 미치는 잠재적 파급효과가 크다는 얘기다.

THEME *Digital Transformation*

디지털 대전환의 인프라 '클라우드'

: 세계 곳곳에서 디지털과 융합한 비즈니스 혁신이 시도되고 있다.
디지털 트랜스포메이션(digital transformation)은 게임의 법칙을 근본적으로 뒤흔들고 있다.

코로나19는 모든 사람의 생활 패턴을 바꿔놓았다. 재택근무, 원격수업 등 비대면 경제 활동은 자연스러운 일상이 됐다. 디지털 수요는 폭증했다.
디지털 시대에는 데이터가 새로운 자본이자 성장동력이다. 모바일 기기들이 빠르게 보급되면서 데이터는 과거 PC 시대와 비교할 수 없을 정도로 빠르게 쌓이고 있다. 이렇게 늘어난 데이터에 대한 관리가 어려워지면서 데이터 관리 서비스의 중요성이 늘어나게 됐다. 자연스럽게 중앙 서버의 필요성도 커졌다. 디지털 대변환의 중심에 클라우드가 자리하고 있다. 현재 클라우드는 서버를 통해 저장소의 역할을 할 뿐만 아니라 소프트웨어, 연산 등을 제공하는 서비스로 발전해 나아가고 있다. 클라우드 서비스는 이미 우리 생활과 기업에 중요한 부분이 됐다.

클라우드 컴퓨팅의 핵심은 SW

클라우드 컴퓨팅이란 자신의 컴퓨터가 아니라 인터넷으로 연결된 다른 컴퓨터로 컴퓨팅 정보처리를 하는 것을 말한다. 클라우드 컴퓨팅 환경이 확대되면서 퍼블릭 데이터센터가 급증했다. 시너지리서치에 따르면 현재 전 세계적으로 하이퍼스케일 퍼블릭 데이터센터(서버 수 500대 이상 대형 데이터센터)는 540곳을 넘은 것으로 집계된다. 한 해 동안 8.2% 증가했다. 2021년에도 26개 이상 완공될 것으로 예상한다.
클라우드 컴퓨팅의 핵심은 소프트웨어(SW)다. 데이터센터는 소프트웨어를 판매하는 기업이 소유하고 있다. 대표적으로 마이크로소프트(MS), 아마존, 구글 등이다. 이들은 대규모 투자를 통해 데이터센터를 건설하고 관리한다.

여기까지가 하드웨어 영역이다. 빅테크가 감당하는 부분이다. 그리고 이 빅테크들이 데이터센터를 구성하고 있는 서버, 스토리지, 네트워크 인프라에서 발생하는 정보처리 서비스를 소비자들에게 판매하는데, 여기에서 무궁무진한 부가 서비스가 탄생한다.
정보기술업체 가트너에 따르면 2020년 클라우드 컴퓨팅 산업 규모는 2500억

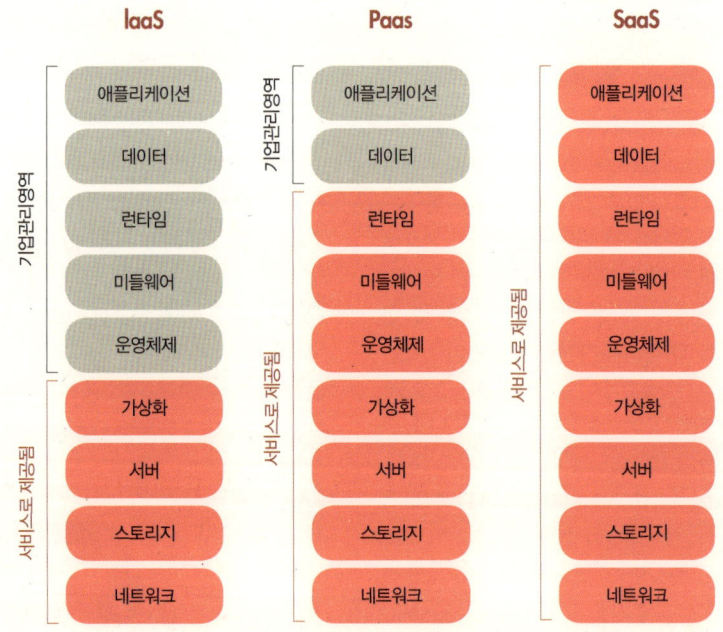

IaaS·PaaS·SaaS의 개념

달러로 추산된다. 전 세계 정보기술(IT) 지출의 7% 수준이다. 클라우드 컴퓨팅은 2024년까지 매년 20%가량 성장할 것으로 예상한다. IT 지출 성장률이 평균적으로 3%대이기 때문에 클라우드 산업이 전체 IT 시장에서 차지하는 비중은 점차 커질 것이다.

돈 되는 '구독모델'

클라우드 컴퓨팅 기업 주가는 프리미엄을 받고 있다. 바로 '구독 모델(subscription model)' 덕분이다.

현재 개인은 PC를 사용하고, 기업은 내부 서버를 통해 IT 인프라를 관리한다. 클라우드 컴퓨팅 시대에는 더 이상 사적 소유의 하드웨어가 필요하지 않다. 퍼블릭 데이터센터의 고성능 서버와 스토리지를 이용할 수 있다. 이때 우리는 컴퓨팅 정보처리 기능에 대한 서비스를 받게 된다. 이를 IaaS(Infrastructure-as-a Service·서비스로서의 인프라)'라고 부른다. 정보처리 결과값을 서비스로 받으면서 가격을 구독 방식으로 매긴다.

IaaS는 주로 이용 메모리 용량당, 혹은 이용 시간당 비용을 청구한다. 기업들은 초기 하드웨어 구축 비용이 들지 않기 때문에 예산 부담이 덜하다. 또 구축 설비 작업이 없어 신속하게 인프라를 도입할 수 있다는 장점이 있다.

응용 소프트웨어도 구독모델을 통해 안정적 성장이 보장됐다. 과거 소프트웨어 비즈니스 모델은 라이선스 방식이었다. 라이선스 소프트웨어가 저장된 실물 CD를 사서 프로그램을 설치하던 시절을 기억할 것이다. 이 라이선스 CD는 일회적 판매이기 때문에 가격이 비쌌다. 또 새 버전이 나왔을 때 업그레이드된 버전의 CD를 새로 구매해야 했다. 추가적인 비용 부담이다. 그렇기 때문에 옛 버전의 소프트웨어를 쓰는 이용자가 많았다. 이렇게 CD 같은 저장매체에 소프트웨어를 저장해 라이선스를 판매하는 형태를 'SaaP(Software-as-a Product·제품으로서의 소프트웨어)'라고 부른다.

클라우드 컴퓨팅 시대의 가장 큰 특징은 소프트웨어를 구독한다는 것이다. 응용 소프트웨어는 'SaaS(Software-as-a Service·서비스로서의 소프트웨어)'라고 부른다. 데이터센터가 저장매체 역할을 하기 때문에 실물 저장매체로 라이선스를 판매할 필요가 없어졌다. 또 사용자의 서버에 소프트웨어 제작사가 바로 연결돼 있기 때문에 업그레이드 및 관리도 용이하다. SaaS의 모델은 이용자 수, 이용 서비스 개수 등을 기준으로 비용을 부과한다. 가장 큰 장점은 불법 복제 소프트웨어가 사라졌다는 것이다. 어도비의 포토샵, MS의 오피스 모두 구독형으로 판매한 시점부터 주가가 고공행진하기 시작했다.

클라우드 경쟁력 키워드, 빅데이터

클라우드 컴퓨팅의 또 다른 카테고리는 'PaaS(Platform-as-a Service·서비스로서의 플랫폼)'다. 클라우드 컴퓨팅에서 가장 중요하고 고성장이 기대되는 비즈니스다. 소프트웨어와 하드웨어가 구동될 수 있게 해주는 컴퓨팅 환경을 제공하는 플랫폼을 말한다. 여기에는 모든 개발과 관련된 환경 및 프로세스가 해당한다. 데이터를 데이터센터에서 사물인터넷(IoT) 기기로 전송하는 과정도 포함된다.

클라우드 컴퓨팅의 핵심은 결국 고도화된 기술력을 적용해 데이터를 얼마나 빠르고 정확하게 전달하느냐에 있다. 이 때문에 PaaS의 역할이 매우 크다. 요즘 초등학생들도 열심히 배우고 있는 코딩이 적용되는 영역이 대부분 PaaS에 해당한다. 인공지능(AI), 머신러닝을 통한 빅데이터 분석 서비스도 PaaS로 분류된다.

PaaS에서 또 빼놓을 수 없는 영역이 보안이다. 데이터 전송에서 보안이 무엇보다 중요한 요소이기 때문이다. 따라서 코딩을 하거나, 빅데이터 분석을 하거나, 게임을 하거나 어떤 디지털 서비스를 이용하든지 보안은 항상 따라붙기 마련이다.

신흥 보안업체의 무서운 성장세

보안의 중요성은 온라인의 확장과 함께 부각되기 시작했다. 2000년대 들어 개인정보 유출 문제와 해킹 사고가 빈번하게 발생했다. 온라인 세상이 커질수록 보안에 대한 경각심은 커졌고, 각국은 온라인상에서의 개인정보 보호를 위한 법안을 제정하기 시작했다. 온라인 보안은 선택이 아니라 필수가 됐다. 2020년 상반기 DDoS(분산서비스거부) 공격은 사상 최고치를 기록했다. 당시 DDoS 공격은 1.17Tbps를 기록해 한 해 전보다 151% 증가했다. 공격 횟수는 2.5배 늘었다. 코로나19로 사상 최대 트래픽양을 기록한 가운데 보안 공격이 늘어난 것이다. 올 2월 아마존 AWS에 2.3Tbps의 역대 최고 DDoS 공격이 발생하기도 했다. 보안 산업이 중요해질 수밖에 없는 이유다.

보안 시장은 2020년 1410억달러에서 2024년 1862억달러로 성장할 것으로 예상한다. 연평균 성장률은 6.4%로 IT 지출 평균 성장률 3%를 훨씬 웃도는 수치다.

보안 시장이 성장하는 이유는 클라우드 컴퓨팅의 등장으로 기존 레거시 인프라보다 네트워크가 복잡해져 보안 솔루션을 필요로 하는 영역이 늘어났기 때문이다. 게다가 5세대 이동통신(5G)의 등장으로 트래픽이 늘어날 것으로 예상된다.

IT 인프라의 발전과 함께 보안 솔루션도 개발되고 있다. 산업의 표준이 되는 기술을 만드는 기업에 대한 선행적 투자는 좋은 기회가 될 수 있다. 클라우드 인프라 등장으로 보안 솔루션을 단독으로 판매하는 기업이 대거 등장했다. 대표적 보안 기업인 시만텍, 오라클 등의 시장점유율은 낮아지는 반면 신흥 보안 기업들은 엄청난 속도로 성장하고 있다. 전통 보안 기업들은 인수합

점점 커지는 보안 시장
단위: 억달러

- 2020년: 1410
- 2024년: 1862
- 연평균 성장률 6.4%

151% 증가
2020년 상반기 DDoS 공격은 1.17Tbps를 기록해 한 해 전보다 151% 증가했다

50%
대표적 신흥 보안 기업인 지스케일러는 지난해 분기 매출 증가율이 50%를 넘었으며, 주가가 2018년 3월 상장 이후 일곱 배 가까이 오르기도 했다.

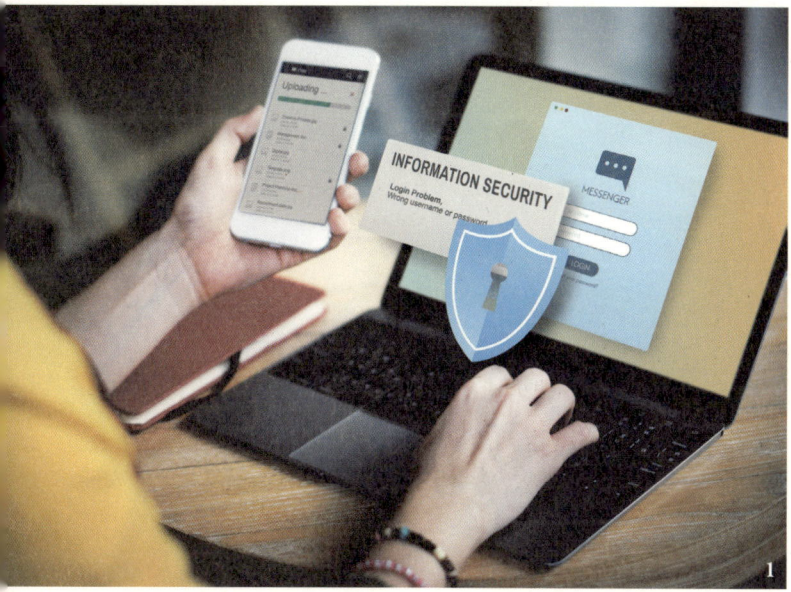

1. PaaS에서 빼놓을 수 없는 영역은 보안이다. 데이터 전송에서는 보안이 무엇보다 중요한 요소다.

Global 트래픽 증가량
단위 : Exabytes

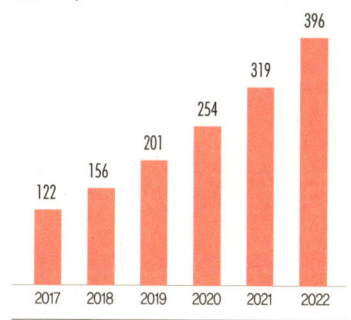

2017	2018	2019	2020	2021	2022
122	156	201	254	319	396

자료 : 가트너

병(M&A)이나 분할되기도 했다. 대표적으로 시만텍의 기업 보안 사업부는 브로드컴에 인수됐고, 나머지 컨슈머 보안 사업부는 노턴라이프란 이름으로 사명을 변경했다. 맥아피는 인텔에서 분사해 지난해 재상장에 성공했다.

가파르게 성장하는 대표적인 신흥 보안 기업으로 지스케일러를 들 수 있다. 지스케일러는 클라우드 컴퓨팅 보안이란 콘셉트로 나스닥에 처음 상장한 회사다. 기존 체크포인트, 팔로알토네트웍스 등이 선점하던 보안 방화벽 시장에 데이터센터 컴퓨팅 기반의 방화벽 시스템을 선보여 주목받았다. 그리고 지난해 팬데믹(대유행)으로 재택근무 이용자가 늘어나자 클라우드 컴퓨팅 기반의 방화벽 수요가 급증했다. 지난해 지스케일러의 분기 매출 증가율이 50%를 넘기도 했다. 주가는 2018년 3월 상장 이후 일곱 배 가까이 오르기도 했다.

이 밖에 IT 모니터링, 계정관리(IAM) 등의 보안 소프트웨어 수요는 데이터 트래픽 및 IoT 기기 증가와 함께 지속 성장할 것으로 예상된다.

AI 데이터 분석, 선택이 아니라 필수

데이터 산업의 성장을 확신하는 것은 Q(quantity·양)의 필연적 증가가 감지되고 있기 때문이다. 5G 시대에는 데이터 전송량이 4G 시대 대비 최대 10배까지 늘어날 것으로 전망된다. 클라우드 컴퓨팅 시대에 많은 PaaS 기업이 처리 트래픽당 비용을 청구한다. 따라서 트래픽 증가는 곧 매출 증가로 직결된다. IoT 기기가 다양해진 점도 결정적 요인이다. 데이터의 60%는 네트워크를 통해 연결된 시스템의 가장 말단에 있는 엔드포인트 기기에서 발생하는데, 5G 등장과 함께 IoT 디바이스의 고성장이 예상된다. 반도체 공급 부족 이슈도 결국 디바이스 증가와 관련돼 있다. IT시장 분석기관인 IDC는 IoT 디바이스 시장 성장률이 2025년까지 50%를 넘을 것으로 예상한다.

데이터 분석 솔루션은 B2B 비즈니스이기 때문에 일반 소비자가 이해하기 쉽지 않다. 우리는 흔히 인공지능을 언급하면 알파고나 자율주행차 등 구체적 대상을 생각하는데, 이미 많은 기업이 데이터 분석을 통한 마케팅 작업에 인공지능을 사용하고 있다.

데이터 사이언티스트(data scientist)들은 인공지능을 통해 빅데이터를 분석, 결과를 도출하는 역할을 담당한다. 하지만 이들의 역할은 5%에 불과하다. 중요한 점은 데이터 분석을 위해 서버를 어떻게 셋업하고, 데이터베이스를 어떻게 연결할 것인지 등 데이터 분석을 가능하게 하는 전반적 인프라가 제공돼야 하는 것이다.

최근 이런 문제들을 해결해주는 기업이 등장하기 시작했다. 대표적인 회사가 워런 버핏이 지분 19%를 투자한 것

1. 글로벌 기업 슈나이더 일렉트릭 코리아는 지난해 전북 익산에 위치한 '익산 스마트 팩토리'를 공개했다. 이곳에선 스마트 패드를 통해 현장 장비를 확인해 공장 관리가 가능하다.
2. 포스코 직원이 자체 개발한 스마트 팩토리 기술로 수집·분석한 정보를 활용해 조업현장을 실시간 점검하고 있다.

으로 유명한 스노플레이크, 40년 전 전사적자원관리(ERP)를 개발한 토머스 시벨이 창업한 C3, AI 및 기밀 데이터 전문 분석기관 팔란티어 등이다. 데이터 분석을 도와주는 통합 플랫폼 기업들도 고성장할 것으로 기대된다.

부상하는 에지 컴퓨팅

클라우드가 새로운 디지털 시대의 핵심으로 떠오르면서 에지 컴퓨팅 산업도 주목받고 있다. 에지 컴퓨팅은 방대한 데이터를 중앙 집중 서버가 아니라 분산된 소형 서버를 통해 실시간으로 처리하는 기술을 말한다. '에지(edge)'는 가장자리라는 의미로, 중앙 서버가 모든 데이터를 처리하는 클라우드 컴퓨팅과 달리 네트워크 가장자리에서 데이터를 처리한다는 뜻이다. IoT 기기가 본격적으로 보급되고, 인공지능과 머신러닝 수요 급증으로 데이터양이 폭증하면서 클라우드 컴퓨팅의 한계를 보완하기 위해 개발됐다.

모든 데이터를 클라우드로 보내 분석

EDGE COMPUTING

중앙 서버가 모든 데이터를 처리하는 클라우드 컴퓨팅과 달리 네트워크 가장자리에서 데이터를 처리한다는 의미의 용어다.

하는 대신, 중요한 데이터를 실시간으로 처리한다는 게 핵심이다. 이 기술은 실시간으로 대응해야 하는 자율주행차, 스마트 팩토리, 가상현실 등 4차 산업혁명을 구현하는 데 핵심적인 역할을 한다.

컴퓨팅 산업은 과거 중앙화에서 탈중앙화로 트렌드가 바뀌면서 발전해왔다. 메인 프레임 컴퓨터에서 PC·모바일 시대로 발전한 것처럼 클라우드 분야도 중앙화 시스템에서 탈중앙화 시스템인 에지 컴퓨팅으로 성장의 축이 전환되는 것은 당연한 흐름이다. 에지 컴퓨팅을 이용하면 중앙 서버의 과부하를 해소하고 연산 속도를 대폭 향상시킬 수 있다. 과거 콘텐츠 데이터를 주거나 받는 역할에 국한됐던 에지 디바이스들이 이젠 연산까지도 담당하게 된 것이다.

이미 실생활에서도 에지 컴퓨팅을 쉽게 접할 수 있다. 누구나 들고 다니는 스마트폰 속 프로세서가 대표적이다. 애플의 음성인식 시스템인 '시리'는 거

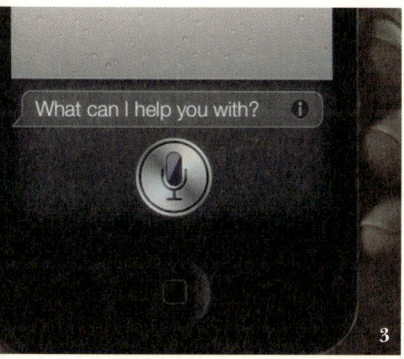

3.
컴퓨터 산업은 과거 중앙화에서 탈중앙화로 트렌드가 바뀌고 있다. 애플의 음성인식 시스템인 '시리'는 거의 모든 음성 인식 명령을 클라우드가 아니라 아이폰 내부에서 처리한다.

디지털 트랜스포메이션 관련 글로벌 혁신 종목

단위: 조원

국가	종목	티커	주력제품·서비스	시가 총액
미국	애플	AAPL	전자기기	2,281
	아마존	AMZN	이커머스 및 클라우드	1,728
	페이스북	FB	소셜미디어	814
	알파벳(Class A)	GOOGL	IT	784
	어도비	ADBE	컴퓨터 소프트웨어	247
	C3.ai	AI	인공지능 소프트웨어	12
	팔란티어(Class A)	PLTR	데이터 분석 소프트웨어	46
	스노우플레이크(Class A)	SNOW	데이터 플랫폼	82
	지스케일러	ZS	클라우드 보안 소프트웨어	31
	팔로알토네트웍스	PANW	사이버 보안 소프트웨어	39
	노턴라이프록	NLOK	사이버 보안 소프트웨어	12
	맥아피	MCFE	사이버 보안 소프트웨어	10
	★마이크로소프트	MSFT	클라우드 및 컴퓨터 운영체계	1,973
	★엔비디아	NVDA	반도체	370
	인텔	INTC	반도체	278
	브로드컴	AVGO	반도체	216
	어드벤스마이크로디바이스(AMD)	AMD	반도체	114
	마벨테크놀로지	MRVL	반도체	36
미국·이스라엘	체크포인트	CHKP	사이버 보안 소프트웨어	17
한국	삼성전자	005930	반도체 및 전자기기	492
	SK하이닉스	000660	반도체	103
	네이버	035420	IT	61
	삼성에스디에스	018260	IT	15
	포스코ICT	022100	건설, ICT	1
	더존비즈온	012510	기업 전용 클라우드	3
	다우기술	023590	IT	1
	KT	030200	통신	6
	SK텔레콤	017670	통신	19

★ = 미래에셋증권 선정 탑픽   2월말 기준

의 모든 음성 인식 명령을 클라우드가 아니라 아이폰 내부에서 처리한다. 안면인식이나 증강현실(AR) 같은 데이터 처리도 아이폰 내부에서 담당한다. 애플은 2017년 '아이폰X'을 출시하며 'A11바이오닉칩'을 공개했다. 애플은 'A10' 칩부터 칩셋의 특징을 나타내는 이름을 붙여왔다. 'A11'에 붙은 '바이오닉(bionic)'이라는 이름은 인공신경망 추론 연산에 특화된 신경망 기반 엔진을 나타낸다.

아직까지 모바일 기기로 머신러닝이나 병렬연산을 구현하기엔 한계가 있는 것이 사실이다. 모바일용 그래픽처리장치(GPU)가 존재하지만 모바일 기기 특성상 저전력으로 설계돼 구현할 수 있는 성능에 한계가 있기 때문이다. 데이터센터로 사용하기엔 실시간 대응의 한계나 데이터 전송 비용 등의 문제가 따른다. 애플은 모바일 기기 내에서 일정 수준의 연산과 학습이 가능한 에지 컴퓨팅 시스템인 신경망 기반 칩을 탑재해 이런 문제들을 해결했다.

THEME *Digital Industy*

게임 넘어선 메타버스

: 메타버스는 어떻게 우리의 '삶(life)'을 대체할 수 있을까.

장기적으로 게임은 현실 세계를 대체하는 '가상 세계 플랫폼(메타버스·metaverse)'으로 변화할 것으로 예상된다. 메타버스란 디지털에 구현된 가상 세계다.

메타버스로의 변화는 게임이 기존 콘텐츠를 넘어 광고와 전자상거래까지 침투하는 것을 의미한다. 과거 세컨드 라이프, 리니지, 월드 오브 워크래프트 등이 대표적 사례다. 최근에는 마인크래프트, 로블록스, 포트나이트, 동물의 숲 등이 해당한다.

2018년 개봉한 영화 '레디플레이어원'은 메타버스를 가장 잘 구현한 영화다. '오아시스'라는 가상 세계에서 가상현실(VR) 기기, 감각슈트, 360도 트레드밀 등 각종 첨단 기기를 통해 가상현실에 접속할 수 있다. 각 플레이어에게는 아바타가 존재하고 사회적 관계도 오아시스 안에서 형성된다. 심지어 오아시스 안에서 구매한 물건이 현실 세계로 배달되는 등 현실 세계와의 연관성도 높다.

'삶'을 대체하는 메타버스

레디플레이어원과 같이 '가상 세계가 현실을 대체할 수 있을까'라는 질문에 대한 답은 쉽지 않다. 다만 일정한 기준을 충족시킬 수 있다면 충분히 가능한

20만명

메타버스화의 대표적 사례로는 리니지2에서 4년간 일어났던 '바츠 해방전쟁'이 있다. 게임 내 이용자 모임인 길드가 폭정을 일삼자 다른 사용자들이 혁명 전쟁을 벌여 승리한 사건으로, 이 기간 연간 20만 명의 사용자가 이 '혁명'에 참여했다.

일이다. 메타버스가 구축되기 위해서는 최대한 현실 세계와 비슷한 생태계가 구축돼야 한다. 현실의 '나'를 대체할 '아바타'뿐 아니라 경제 체계, 몰입 경험, 소셜 액티비티, 규칙, 시스템 등이 필요하다. 가상 세계에 접속할 하드웨어도 필수적이다. 홈트레이닝 업체 펠로톤(Peloton)은 메타버스의 가능성을 보여준 대표적 회사라고 할 수 있다.

메타버스 전환 1순위는 게임

향후 메타버스가 현실 세계를 대체하게 된다면 게임이 '메타버스'로 전환될 가능성이 가장 높다. 모든 디지털 플랫폼이 메타버스의 후보가 될 수 있으나 게임은 이런 조건을 충족시킬 수 있는 최적의 플랫폼이다. 무엇보다 가상 세계 플랫폼에서 가장 중요한 '시각화'를 통해 몰입 경험을 제공할 수 있다는 점

에서 그렇다. 또 사용자 간 소셜 액티비티 기능을 제공하고, 다중접속역할수행게임(MMORPG)이나 샌드박스류의 경우 높은 수준의 자율성도 제공한다. 더구나 게임은 현실의 '나'를 대체할 수 있는 아바타가 존재하기 때문에 메타버스를 구성하는 데 적합한 조건을 지니고 있다.

물론 소셜 미디어도 메타버스의 후보 중 하나다. 페이스북이 대표적이다. 페이스북은 월간활성이용자수(MAU) 27억 명과 함께 오큘러스 같은 하드웨어 인프라도 보유하고 있다.

다만 소셜 미디어는 게임과 달리 몰입경험이 제한적이며 높은 자유도를 누리기 힘들다. 이런 약점에도 페이스북은 VR 커뮤니티 호라이즌을 2019년 출시하는 등 메타버스에 대한 관심이 많다. 소셜 미디어의 메타버스화에도 주목해야 하는 이유다.

현실과 공존하는 메타버스의 파괴력

물론 현실과 완전히 공존하는 메타버스를 구현하기 위해서는 오랜 시간이 필요하다. 그러나 사용자 저변을 넓히고 사용 시간을 극대화해 플랫폼 성격을 부여하는 게임의 '메타버스화(化)'는 과거에도 진행됐고 지금도 진행 중이

다. 미래에도 불가능하지 않다.

실제로 게임에서는 메타버스화가 진행되고 있다. 2003년 출시된 세컨드라이프는 현실 세계를 디지털로 구현한 게임이면서 가상 세계다. 현재 MAU가 90만 명이다. 세컨드라이프에서는 레디플레이어원과 같이 아바타를 생성해 다양한 활동을 할 수 있다. 세컨드라이프의 화폐인 '린든 달러'는 실제 미국 달러로도 환전이 가능하다. 이 게임 내에서는 부동산 개발, 물건 생산 등 사업을 하기도 한다. 이 게임의 연간 국내총생산(GDP)은 5억달러 수준이다.

MMORPG 게임인 리니지도 일종의 가상 세계다. 리니지는 자체 시장 경제 구조를 갖추고 있고, 아이템 거래를 통한 환금성도 확보했다. 또한 화폐인 '아데나'의 통화량을 확률과 각종 이벤트를 통해 조절할 수 있다. 게임 내에서 인플레이션이 존재한다는 얘기다. 수요와 공급의 원칙에 따라 아이템 가격이 결정되는 구조를 지니고 있어 사용자는 현실 세계와 같이 게임에 몰입하게 된다.

리니지2에서 2004년부터 약 4년간 '바츠 해방전쟁'이 있었고, 이것이 메타버스화의 대표적 사례다. 게임업계에서 기념비적인 사건으로 기록되는 바츠 해방전쟁은 'DK혈맹'이라는 이름의 길드(게임 내 이용자 모임)가 폭정을 일삼자 다른 사용자들이 혁명 전쟁을 벌여 승리한 사건이다. 이 혁명 전쟁에는 연간 20만 명의 사용자가 참가했다.

최근에는 마인크래프트, 로블록스 등의 '샌드박스' 장르의 게임이 등장하며 메타버스의 세계를 확장시켰다. 샌드박스 장르는 사용자가 높은 자유도를 기반으로 다양한 플레이를 하는 것을 의미한다. 사용자는 원하는 행동을 자유

1,2.
시각화를 통해 사용자를 몰입시키는 게임은 메타버스 전환의 가장 유력한 산업으로 꼽힌다. 엔씨소프트의 MMORPG 대작 리니지 2M의 게임 내 화면.

롭게 할 수 있으며 심지어 스스로 콘텐츠를 개발할 수 있다. 사용자는 플레이 과정에서 게임 내에 존재하는 다수의 창작물을 소비하게 된다. 마인크래프트와 로블록스를 일종의 콘텐츠처럼 소비하고 플랫폼처럼 사용하는 것이다.

특히 로블록스는 다양한 게임을 하는 일종의 게임 유통 플랫폼 형태로 진화했다. 대표 게임인 '입양하세요'는 동시 접속자가 160만 명, 'Jailbreak'는 50만 명을 기록 중이다. 현재 100만 개 이상의 게임이 로블록스 내에 존재한다. '로벅스'라는 암호화폐로 아이템을 구매할 수 있으며 이를 개발자와 분배할 수 있다. 로블록스에는 200만 명의 개발자가 있는데, 수익화 단계까지 도달한 개발자가 3만5000여 명에 달한다.

2020년 5월 공개된 포트나이트의 가상공간 '파티로얄'은 메타버스로 진화하는 포트나이트의 최신 전략이다. 파티로얄은 기존 포트나이트의 대표 모드인 배틀로얄, 빌딩 모드를 제외한 신규 가상 공간이다. 콘텐츠 시청뿐만 아니라 소셜 기능도 제공한다.

게임의 수익 모델도 바뀐다

게임의 메타버스화는 현재 진행형 이슈다. 이런 변화는 게임 수익모델의 변화로 이어지고 있다. 궁극적으로는 무궁무진한 수익이 창출될 것으로 예상된다. 결과적으로 게임의 메타버스화는 사용자의 고객생애가치(LTV: Life Time Value)를 극대화해 매출을 확대할 수 있다. LTV란 한 명의 유저가 서비스에 진입해 이탈할 때까지 전체 기간에서 생산해낸 가치를 말한다.

게임의 메타버스화가 진행되면 LTV를 극대화하는 부분 유료화 게임(F2P: Free to Play)의 매출 증가로 이어질 전망이다. F2P 게임은 기존 P2P(Pay to Play: 유료화)와 달리 사용자 저변을 확대시켜 인게임(In-game) 매출을 추구한다. 따라서 일회성으로 매출이 발생하는 P2P와 달리 충성도(engagement)를 개선해 오랜 기간 머무르게 함으로써 LTV를 확대하는 게 F2P 게임의 특징이다. 이를 위해서는 자체 게임 개발 이외에도 가상세계 플랫폼화, 즉 메타버스가 구현돼야 한다.

포트나이트가 다른 배틀로얄 장르와 달리 폭넓은 이용자와 높은 동시 접속자를 유지하는 배경도 메타버스를 추구하기 때문이다. 배틀로얄이란 셋 이상의 사용자가 만나 마지막 한 명만 남을 때까지 싸워 승리하는 장르다. 플레이어 언노운즈 배틀그라운드(이하 배틀그라운드)가 대표적이다.

포트나이트는 배틀로얄 게임임에도 '샌드박스' 성격을 지니고 있다. 포트나이트는 전투에 집중돼 있는 배틀그라운드와 달리 '액션빌딩'을 기반으로 자유도를 보장한다. 따라서 패키지 판매가 주요 수익원인 배틀그라운드와 달리 포트나이트는 F2P 기반 인게임 매출이 주요 수익원이다.

이처럼 F2P 모델 기반의 인게임 매출 확대는 게임사의 수익성 개선에 기여할 수 있다. 2010년 이후 게임 판매가 오프라인 CD에서 디지털 다운로드로 전환되는 과정에서 매출 원가율이 급격히 개선된 것과 비슷하다. CD 제작 및 오프라인 유통의 매출총이익률(GPM)인 55% 대비 디지털 다운로드의 GPM은 70%로 높기 때문이다. 따라서 디지

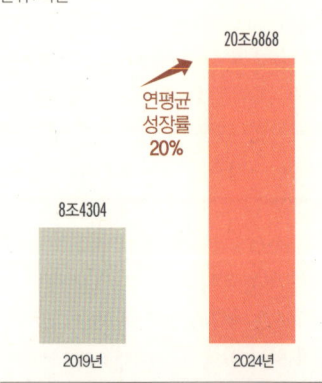

글로벌 인게임 광고 시장 예상 성장 규모
단위: 억원

2019년: 8조4304
2024년: 20조6868
연평균 성장률 20%

털 다운로드를 통한 신작 판매뿐만 아니라 인게임 매출이 증가하게 된다면 곧 디지털 매출 비중 증가와 GPM 개선으로 직결된다.

게임의 메타버스화로 사용자가 게임에 모이고 사용 시간이 증가할 것으로 예상된다. 이런 전략은 기존의 온라인 광고와 전자상거래 플랫폼 전략과 비슷하다. 메타버스가 진행되면 인게임 매출 외에도 광고, 마케팅, e커머스 플랫폼으로서 가치가 부각될 수밖에 없다.

27억 명

2019년 글로벌 게임 사용자는 전년 동기보다 5% 늘어난 27억 명에 달했다.

1.
지난해 무관중으로 진행된 리그 오브 레전드(LoL) 월드 챔피언십. LoL은 최근 배너 광고를 삽입했다. 전문가들은 게임이 사용자 삶의 중심이 된다면 게임 기반 광고가 전체 광고 시장을 잠식할 수도 있을 것이라 전망했다.

이미 광고 시장은 게임의 중요한 성장 동력이다. 글로벌 인게임 광고 시장은 2019년 75억8000만달러(약 8조4304억원)에서 2024년 186억달러(약 20조6868억원)로 연평균 20%의 성장률을 기록할 것으로 예상된다. 모바일 게임의 사용자 증가에 따라 광고 매체로서 경쟁력 확보가 예상되기 때문이다. 2019년 글로벌 게임 사용자는 전년 동기보다 5% 늘어난 27억 명에 달했다. 이는 페이스북 글로벌 사용자 수와 비슷한 수준이다.

더 나아가 게임이 사용자 '삶'의 중심이 된다면 게임 기반 광고는 전체 광고 시장을 잠식할 수 있다. PC, 모바일 기기에 대한 사용 시간이 증가하며 디지털 광고 시장이 확대된 것처럼 게임 사용 시간의 증대는 인게임 광고 시장 확대로 나타날 수 있기 때문이다. 세컨드라이프 출시 당시 사용자가 가파르게 증가하자 이를 마케팅 채널로 활용하기 위해 다양한 기업이 진입했던 것과 비슷하다. 최근 '리그 오브 레전드(LoL)'가 배너 광고를 삽입하고 닌텐도 게임 '동물의 숲'이 슈퍼마리오브라더스와 콜라보를 진행한 것은 게임의 메타버스화에 따른 광고 전략으로 볼 수 있다.

흐려지는 현실과 가상의 경계

게임의 메타버스화는 디지털 콘텐츠 유통 및 전자상거래 플랫폼과 비슷한 형태로 진화할 가능성이 높다. 구매 대상이 디지털 재화와 현실 재화 모두 가능하다. 예를 들어 현실의 '나'를 위해 옷을 사는 것과 게임의 '나'를 위해 옷을 사는 것이 동일한 행동이 될 수 있다는 의미다.

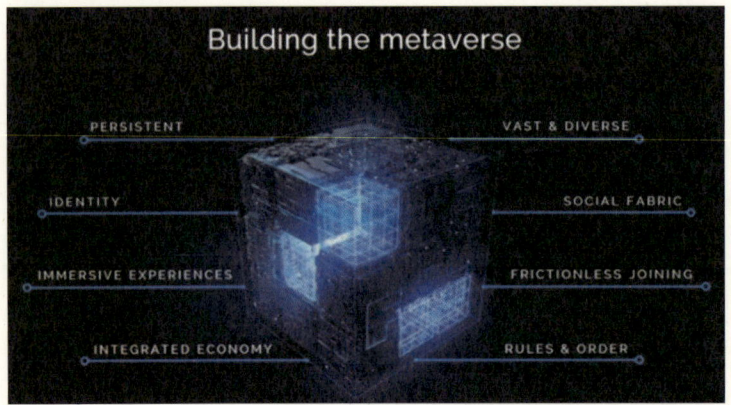

실제로 포트나이트 매출은 배틀패스와 캐릭터, 의상, 글라이더, 수확 도구, 댄스 무브로 구성돼 있다. 이런 아이템을 구매하는 이유는 포트나이트 내 게임 진행을 위한 소모성 아이템도 있지만 현실에서처럼 '꾸미기'를 위한 목적이 강하다. 로블록스도 마찬가지로 게임 내에서 아바타를 꾸미기 위해 게임 내 화폐 '로벅스'를 구매하고 아이템을 산다.

디지털 콘텐츠뿐만 아니라 현실 세계에서 필요한 것들을 게임 내에서 구매할 수 있다. 전자상거래 기능의 활성화가 예상되는 이유다. 정보를 검색 및 습득하고 구매까지 이어지는 과정은 게임 내 구매와 현실 세계에서의 전자상거래 플랫폼 기능과 비슷하다. 중국 핀둬둬는 기업 비전을 '디즈니+코스트코'로 설정했으며 사용자 저변 확대를 위해 소셜 게임을 출시했다.

AR·VR 시대의 도래

현재 게임에서만 주로 쓰이는 증강현실(AR)·VR 시장도 더욱 확대될 수 있다. 최근 일련의 뉴스는 가상현실의 현실화를 앞당겨주는 이벤트라고 판단한다. 국내에서 SK텔레콤이 판매하는 페이스북 오큘러스 퀘스트2가 3일 만에 1만 대 판매를 기록했다. 프리미엄 스마트폰과 비슷한 성과다.

2020년 10월 글로벌 출시된 퀘스트2 가격은 299달러(약 41만원)로 전작 대비 100달러 인하되며 가격 메리트가 커졌다. 지난해 10월 출시 이후 글로벌 누적 판매량은 100만 대를 돌파했다. 이는 전작인 퀘스트1의 2019년 전체 판매량인 100만 대와 비슷하다. 또 애플이 2022년 초 가상현실 헤드셋을 출시할 예정이라는 루머도 확대되고 있다.

빅테크 기업이 AR·VR 시장으로 진입하려는 이유는 차세대 컴퓨팅 플랫폼으로 AR·VR 시장이 부각되고 있기 때문이다. AR·VR은 전기차(자율주행), 스마트스피커 등 사물인터넷(IoT) 기기 등과 함께 PC와 모바일의 뒤를 이을 주요 하드웨어 플랫폼이 될 가능성이 높다. 이미 페이스북은 향후 10년 계획의 핵심으로 AR·VR을 차세대 플랫폼으로 발표하고 오큘러스를 통해 차세대 컴퓨팅 전략을 추진 중이다. 특히 AR·VR 시장은 2018년 독립형(standalone) VR 기기 출시 후 판매량 확대에 대한 기대감이 존재했는데 이번 퀘스트2의 판매량 확대는 향후 AR·VR 시장 성장 가능성을 확인시켜주는 계기가 됐다.

AR·VR 관련 기기 판매가 늘어나는 것은 AR·VR 콘텐츠 시장이 지속가능한 성장을 할 수 있는 계기가 될 것이다. AR·VR 시장은 2016~2017년 당시 기대감이 컸지만 실제 성장은 기대에 미치지 못했다. 그동안 시장 성장이 부진했던 이유는 하드웨어(HW) 성능 및 휴대성 부족, 콘텐츠 부족 때문이었다. 그러나 이번 퀘스트2는 해상도 개선, 독립형 및 무선 연결 기능 추가, 낮아진 가격을 무기로 판매량을 늘렸다. 2007년 2분기 출시된 아이폰 초기 모델의 당시 분기 판매량이 100만~200만 대였다는 점을 감안하면 현재 퀘스트2와 비슷하다. 또한 오큘러스 내에서 VR 게임 200여 종을 즐길 수 있고 사용자와 콘텐츠를 동시에 확보하고 있다는 점이 긍정적이다.

AR·VR 기기가 향후 스마트폰과 같이 보급된다면 메타버스의 현실화가 빠르게 가능하다고 판단한다. 또한 퀘스트2 사례 참고 시 장기적으로 AR·VR 기기 보급 확대 가능성이 충분하며 관련 밸류 체인에 주

35,000명

로블록스에서는 게임 내 아바타를 꾸미기 위해 게임 화폐 '로벅스'를 구매하고 아이템을 살 수 있다. 로블록스에는 200만 명의 개발자가 있고 수익화 단계까지 도달한 개발자가 3만5000여 명에 달한다.

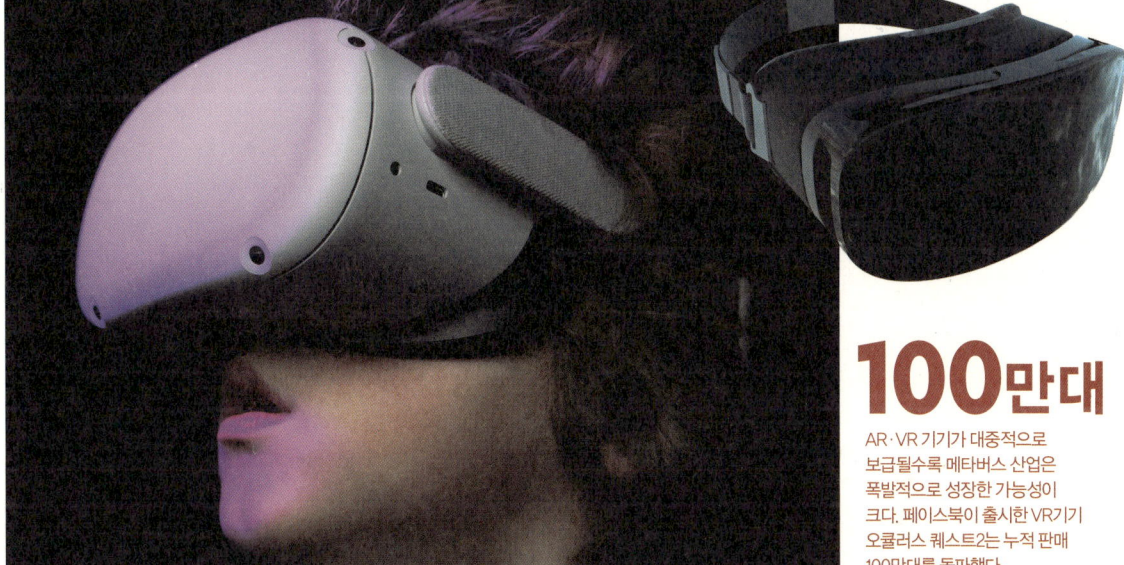

100만대

AR·VR 기기가 대중적으로 보급될수록 메타버스 산업은 폭발적으로 성장할 가능성이 크다. 페이스북이 출시한 VR기기 오큘러스 퀘스트2는 누적 판매 100만대를 돌파했다.

목해야 한다.

AR·VR 콘텐츠의 대표 주자는 글로벌 게임 엔진 1위 기업인 유니티다. 모바일 게임을 넘어 AR·VR 콘텐츠의 60% 이상이 유니티엔진을 통해 개발되고 있다.

글로벌 게임 제작·유통 플랫폼 로블록스에도 주목할 필요가 있다. 3월 상장 이전에 295억달러로 기업가치를 평가받으며 투자 유치에 성공했다. 게임 내 '로벅스' 화폐를 통한 가상 세계 구축에 강점을 갖고 있다.

대형 플랫폼 기업 중에서는 오큘러스를 바탕으로 SNS 확장을 꾀하는 페이스북의 행보를 눈여겨봐야 한다. 페이스북은 오큘러스를 기반으로 가상 세계 커뮤니티인 '호라이즌'을 보유하고 있다. 소셜 네트워크의 VR 확장판이다. 이외에 중국 AR 홀로그램 개발사 WIMI, 헤드셋 제조사 코핀에도 관심을 가져볼 만하다.

게임·메타버스 관련 글로벌 혁신 종목

단위: 조원

국가	종목	티커	주력제품·서비스	시가 총액
미국	씨(Sea)	SE	게임	135
	액티비전블리자드	ATVI	게임	83
	유니티	U	게임	31
	★ 글로벌X 비디오게임&e스포츠 ETF	HERO	게임	0.9
	코핀	KOPN	VR, AR	0.8
일본	닌텐도	7974	게임	90
	넥슨 재팬	3659	게임	31
	캡콤	9697	게임	9
한국	엔씨소프트	036570	게임	20
	넷마블	251270	게임	10
중국	넷이즈닷컴	NTES	게임	84
	빌리빌리	BILI	게임	49
	WIMI	WIMI	홀로그램	0.6
	텐센트	00700	결제 및 게임	922

★= 미래에셋증권 선정 탑픽　　2월말 기준

THEME *Digital Health Care*

원격의료 플랫폼 전쟁은 시작됐다

: 건강에 대한 관심이 지금처럼 높았던 적은 없다.
디지털 헬스 기술은 전 세계적인 혁신이 예상되는 분야다.

코로나19가 전 세계를 덮친 2020년은 디지털 헬스케어 산업에 기회의 한 해였다. 팬데믹(대유행)이 장기화하면서 디지털 헬스케어는 현실과 괴리를 확 좁힐 수 있었다. 매출이 늘고 주가도 급등한 글로벌 디지털 헬스케어 기업이 한둘이 아니다. 그중에서도 원격의료 기업이 가장 돋보였다. 지난해 매출 10억달러를 돌파한 원격의료 업체들이 적지 않다. 바이오 산업에서 10억달러 이상의 매출을 달성한 의약품을 '블록버스터'라고 부르는데, 디지털 헬스케어 산업에서도 블록버스터가 속속 탄생한 것이다.

2021년의 관심은 과연 원격의료 업체들이 올해도 나아가 그 이후에도 매출 10억달러를 넘는 성과를 낼 수 있을지, 코로나19가 사그라든 뒤에도 지속 성장할 수 있을지로 옮겨왔다.

지난해 원격의료 업체들의 매출이 급증한 것은 코로나19 관련 진료 때문이다. 기저 효과를 감안하면 올해 매출이 작년보다 줄어들 가능성도 없지 않다. 누구나 합리적으로 제기할 수 있는 우려다. 실제로 작년 3분기 실적에서는 상반기 폭발적이었던 원격진료 수요의 증가세가 둔화된 모습을 보이기도 했다. 미국 최대 원격의료 업체인 텔라닥은 작년 3분기 284만 건의 원격진료를 수행했는데 이는 직전 분기 대비 3%밖에 증가하지 않은 수치다. 텔라닥의 경쟁사인 아메리칸웰의 3분기 원격진료 수행 건수는 140만 건으로 직전 분기보

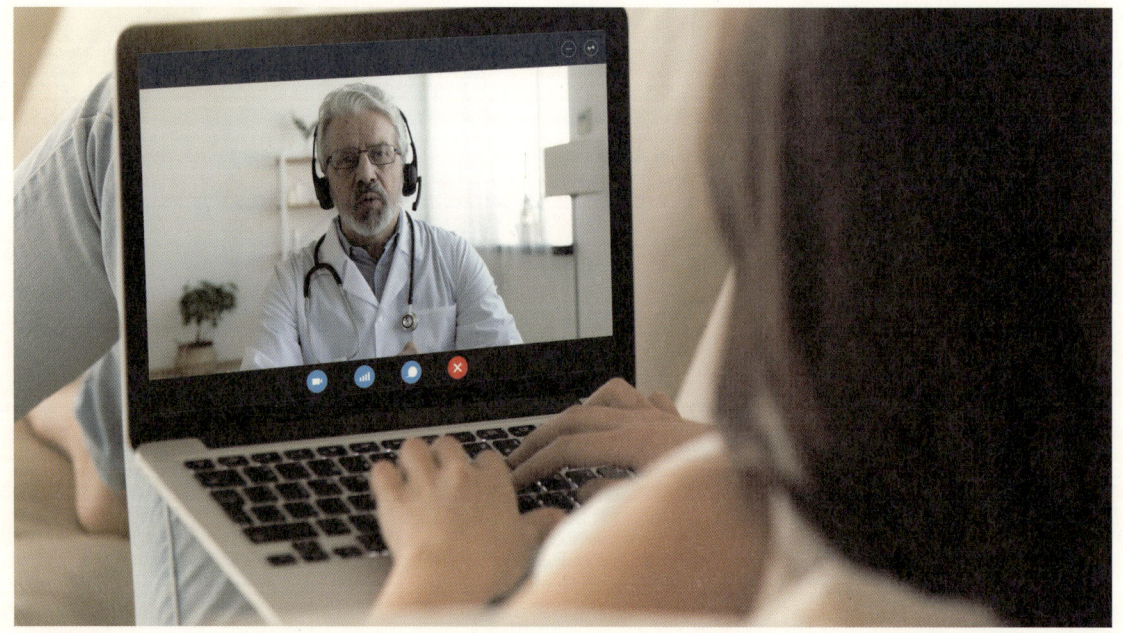

1.
러시아 모스크바 한 병원에서 의사가 원격 진료를 하고 있다.

다 35% 줄었다.

확대되는 만성질환 원격진료

블록버스터로 진화한 원격의료 업체들이 현재 덩치를 유지하기 위해선 또 한 번의 업그레이드가 필요하다. 응급진료와 경증질환 진료 중심이었던 원격의료 업체에 앞으로는 정신질환과 만성질환 진료의 중요성이 커질 것이다. 정신질환과 만성질환은 일회성 진료가 아니라 반복적인 진료가 가능하기 때문이다. 이 중에서 정신질환 진료는 원격의료 업체들이 빠르게 침투한 영역이다. 정신질환은 다른 질환에 비해 대면진료에서 원격진료로 전환하는 게 수월하다.

앞으로는 만성질환 진료를 위한 경쟁이 치열할 것으로 예상된다. 만성질환은 정신질환보다 원격진료로 전환하기 위한 진입장벽이 높다. 진단장비, 의약품 배송, 의료기관과의 협업 등 원격진료를 위해 갖춰야 할 조건이 많기 때문이다. 만성질환 원격진료를 할 수 있는 역량을 확보하기 위해 산업 내 합종연횡이 활발하게 발생할 것으로 예상된

다. 작년 8월 텔라닥이 만성질환 원격 모니터링 서비스 업체 리봉고를 185억 달러에 인수한 것도 만성질환 서비스 역량을 강화하기 위한 것이었다. 이처럼 원격의료 산업에서는 의료장비나 온라인 의약품 배송업체에 대한 인수합병(M&A) 시도가 빈번해질 가능성이 높다.

플랫폼 간 힘겨루기

원격의료 업체의 진료 범위 확장과 더불어 또 하나 예상되는 큰 변화는 플랫폼 간 힘겨루기다. 원격의료의 전통적인 사업모델은 고용주나 건강보험사 등 의료비용을 내는 주체들을 고객으로 하는 '지불자 모델(payer model)'이다. 의료비용 지불자들에게 월간 구독료를 청구하고 그들의 피고용자나 보험 가입자가 원격진료를 원할 때 원격의료 플랫폼에서 의사들을 매칭해주는 시스템이다.

의료비용 지불자는 의료비용을 낮추고 싶은 욕구가 있고, 원격의료 업체는 규

급증하는 텔라닥의 원격의료
단위 : 천 건

분기	미국 원격의료	해외 원격의료
1Q17	384	0
3Q17	309	0
1Q18	305	2
3Q18	462	1
1Q19	605	60
3Q19	472	166
1Q20	475	205
3Q20	656	282
	781	244
	664	244
	684	264
	975	432
	1613	453
	2302	445
	2390	

자료 : 텔라닥

지불자 모델

지불자는 의료비용을 낮추고, 원격의료 업체는 규모의 경제를 확보

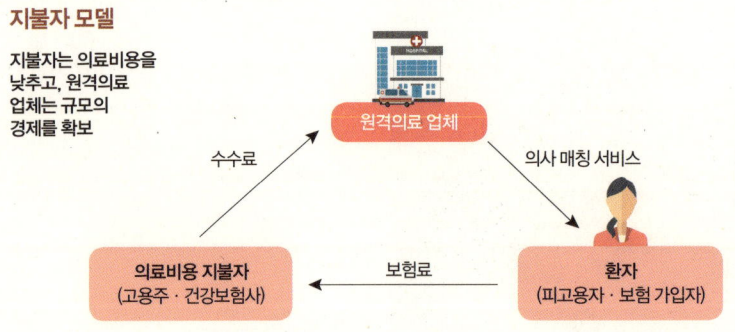

모의 경제를 확보해야 하기 때문에 서로 윈윈(win-win)이 가능한 구조다. 미국에서는 텔라닥 이외에 닥터온디멘드, 엠디라이브 등 수많은 지불자 모델을 바탕으로 하는 원격의료 업체가 존재한다.

텔라닥은 지불자 모델을 앞세워 작년 3분기 기준 미국 회원 수 7300만 명을 거느리고 있다. 포천 500대 기업의 40%가 고객이다. 약 80%의 매출이 구독료에서 발생하고 있다. 전체 고객 수 7300만 명 가운데 구독 고객은 5100만 명이다. 작년 3분기 구독료 매출만 1억 9400만달러에 달한다. 코로나19 수혜로 매출이 한 해 전보다 두 배 이상 늘었다.

지불자 모델을 활용한 글로벌 원격의료 사업이 큰 성공을 거두면서 헬스케어 산업의 가치사슬 내외에 있던 참가자들이 원격의료 사업에 관심을 가지게 됐다. 이들은 가치사슬의 수직계열화를 통해 원격의료 산업에 진입하고 있다. 이 과정에서 지불자 모델에 대항하는 세 가지 플랫폼이 생겨났다.

만성질환에 적합한 의료공급자 모델

우선 '의료공급자 모델(provider model)'이다. 원격의료 업체가 병원, 의사 등 의료 공급자들에게 원격의료 서비스 플랫폼을 제공하고 그들에게 서비스 수수료(월 120달러 안팎)를 받는다. 대신 지불자 모델처럼 원격진료가 발생할 때마다 수수료를 받아가지는 않는다. 아메리칸웰, 독시미, 브이시, 클라라, 에픽, 서너 등이 이런 모델을 채택했다.

의료공급자 모델은 병원을 중심으로 비즈니스 모델을 구축했기 때문에 환자와 의료공급자가 지속적으로 관계를 형성할 수 있게 해주는 것이 장점이다. 환자들은 지불자 모델만큼 빠르진 않아도 대면진료보다는 훨씬 신속하게 원하는 의사와 예약을 잡아 주기적으로 진료를 받을 수 있다.

지불자 모델은 병원에 갈 필요가 없는 일회성 진료에 적합하고 회원 수를 빠르게 늘릴 수 있다. 그만큼 규모의 경제에 도달하는 속도가 빠르다. 이에 반해 의료공급자 모델은 환자가 원하는 의사와 주기적인 진료가 가능하기 때문에 1차 진료 및 만성질환에 강점이 있다. 따라서 코로나19 종식 이후 원격의료 산업에서는 의료공급자 모델이 좀

68억 7000만위안

중국 원격의료 대표 기업인 핑안헬스의 2020년 매출은 전년 대비 36% 증가한 68억7000만위안(약 1조2000억원)이다.

의료공급자 모델

환자가 원하는 의사와 주기적인 진료가 가능하기 때문에 1차 진료뿐 아니라, 지속적으로 관계를 형성해야하는 만성질환에도 강점

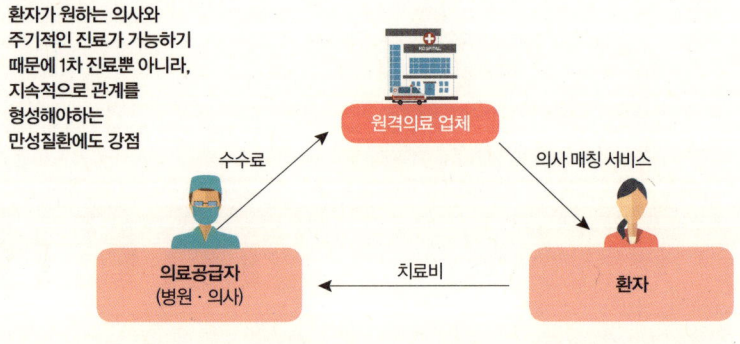

더 유리할 수 있다. 업체들은 벌써부터 코로나19 이후의 세계를 준비하고 있다. 주력 비즈니스 모델을 중심으로 서로의 영역으로 침투하고 있는 것이다. 텔라닥은 의료공급자 모델 기능을 강화하고 있다. 가상 주치의 서비스를 선보이고 리봉고 인수를 통해 만성질환 역량을 강화했다. 또 인터치를 인수해 원격진료 역량을 키우고 있다.
반대로 아메리칸웰은 민간 건강보험사인 앤섬과의 파트너십을 통해 지불자 모델을 강화하며 본격적인 플랫폼 전쟁을 준비하고 있다.

건강보험사 원격의료 주도

두 번째는 지불자 모델의 가장 큰 고객 중 하나인 건강보험사가 원격의료를 주도하는 '건강보험 주도 모델(health plan model)'이다. 건강보험사는 지불자 모델의 가장 큰 고객 중 하나였지만 전체 고객에서 건강보험사가 차지하는 비중이 점점 커지면서 오히려 건강보험사가 원격의료 업체나 의료기관 인수를 시도하는 경우가 발생하고 있다.
텔라닥의 원격진료 통계는 다양한 메시지를 포함하고 있다. 텔라닥의 미국 회원 중에서 구독료를 내지 않는 회원이 늘고 있다. 이들은 구독료를 내지 않는 대신 진료 건당 원격의료비를 더 비싸게 낸다. 구독료를 내지 않는 회원은 2017년 말 360만 명으로 전체 회원의 16%에 불과했지만 작년 3분기 기준 2180만 명으로 크게 늘었다. 전체 회원에서 차지하는 비중도 30%로 증가했다. 더 재밌는 현상은 매출 기여도다. 구독료가 없는 회원의 원격진료비 매출 비중은 2017년 2%에서 작년 3분기 31%로 높아졌다. 민간 건강보험사가

건강보험 주도 모델

건강보험회사가 원격의료회사를 인수하면 이미 구축해둔 병원과의 네트워크와 기존 고객을 활용할 수 있어 유리

28%
핑안헬스의 사업 중 가장 많은 비중을 차지하는 온라인 약국 사업 매출은 2020년 28% 가량 상승했다.

3억 7000만명
핑안헬스의 회원수는 작년말 기준 3억7000만 명을 돌파하여 한 해 전보다 18% 늘었다.

텔라닥의 회원 수에서 차지하는 비중이 늘면서 이런 현상이 생겼다. 민간 건강보험사 입장에서 생각해보면 원격의료 업체에 구독료를 내지 않는 것이 유리할 수밖에 없다.
여기서 생각을 조금 더 확장하면, 자연스럽게 민간 건강보험사가 직접 원격의료 사업을 할 가능성도 높아진다. 건강보험사가 원격의료 업체를 인수함으로써 수직계열화에 나서는 것이다. 특히 미국은 보험사와 병원이 긴밀하게 연결돼 있어 건강보험사가 원격의료 업체 혹은 의료기관을 인수했다는 뉴스가 심심치 않게 등장하고 있다.

중국 1위 핑안헬스의 경쟁력

중국에서는 이미 이런 사례가 존재한다. 중국 최대 보험회사 핑안보험은 중국 최대 원격의료업체인 핑안헬스를 자회사로 두고 있다. 건강보험회사가 원격의료회사를 인수하면 이미 구축해둔 병원과의 네트워크와 기존 고객을 활용할 수 있어 유리하다. 원격의료에서 수익이 나지 않더라도 건강보험의 손해율을 낮추는 목적으로도 원격의료 업체를 활용할 수 있다. 민간 건강보험 주도 모델은 생각보다 경쟁력이 높은 플랫폼이 될 가능성이 있다.

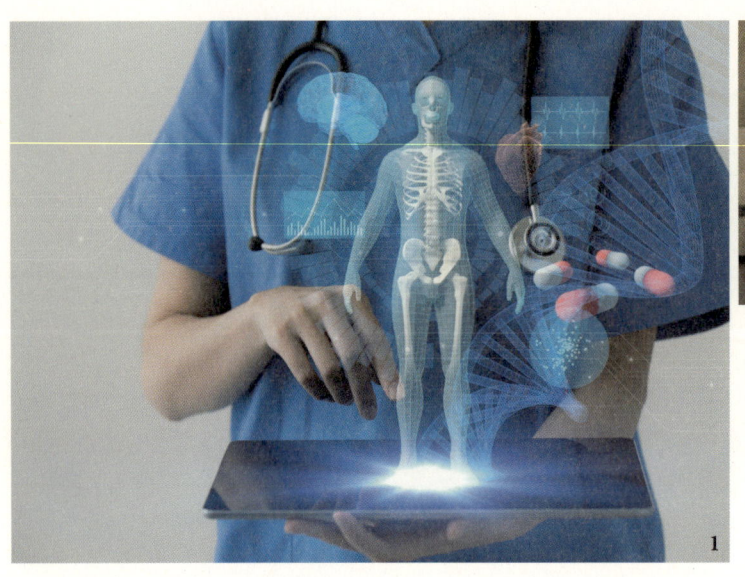
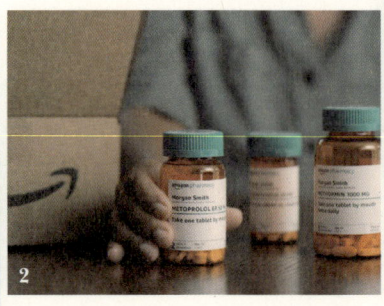

중국 원격의료 대표 기업인 핑안헬스의 성장 스토리는 눈여겨볼 필요가 있다. 핑안헬스의 2020년 매출은 68억 7000만위안으로 전년 대비 36% 증가했다. 가장 규모가 큰 온라인 약국 사업 매출은 28% 늘었고 원격의료 사업(82%), 소비자 건강사업(24%), 기타사업(6%)의 매출도 증가했다. 작년 회원수는 3억7000만 명을 돌파했다. 한 해 전보다 18% 늘었다. 이 중 핑안그룹 고객은 49%로 그룹사를 통한 시너지가 발휘되고 있다. 원격의료는 누적 10억 건을 돌파했다. 하루 평균 원격진료는 90만 건으로 2019년보다 24% 증가했다. 유료 고객은 398만 명에 이른다.

작년 기준 5% 수준인 중국 원격의료 침투율은 2025년 16%까지 확대될 것으로 전망된다. 의료산업은 규제 산업이어서 결국 원격의료 인프라와 역량을 잘 갖춘 기업이 유리할 수밖에 없다. 원격의료 산업이 성장할수록 핑안헬스가 가파른 성장세를 이어갈 것으로 예상된다.

핑안헬스는 핑안그룹 내부 고객과 1100개사에 달하는 기업고객을 활용하고 있다. 핑안헬스는 원격의료의 핵심 규제 시설인 인터넷병원을 중국 전역에 120개 이상 건설 중이다. 현재 50개 인터넷병원이 영업중이다. 중국 내에서 경쟁자를 찾기 힘들 정도로 압도적인 경쟁력을 갖추고 있다.

아마존은 온라인 의약품 배송 선택

지불자 모델에 대항하는 마지막 플랫폼으로 '온라인 의약품 배송 모델(online pharmacy model)'이 있다. 주로 헬스케어 산업의 가치사슬 밖에 존재하는 글로벌 정보기술(IT) 대기업이 시도하는 모델이다. 강점인 강력한 고객 트래픽을 활용할 수 있다는 점을 바탕으로 한 전략이다. 처음에는 일반의약품이나 건강기능식품 배송으로 시작해 점차 처방의약품으로 범위를 확장하고 이후 원격의료 사업까지 진출하는 식이다.

대표적인 기업이 중국의 알리헬스다. 중국 최대 쇼핑몰인 알리바바를 활용해 엄청난 속도로 성장 중이다. 최근에는 징둥닷컴의 징둥헬스가 상장했고, 텐센트는 위닥터(Wedoctor) 상장을 준비하고 있다.

온라인 의약품 배송에서 빼놓을 수 없는 또 다른 이름은 아마존이다. 그 이름만으로도 모든 경쟁자를 떨게 하는 아마존이 선택한 모델도 온라인 의약품 배송 모델이다. 아마존은 아마존 파마시(Amazon Pharmacy)와 필팩(PillPack)을 통해 온라인 의약품 시장 진출을 선언했다. 온라인 의약품 배송은 이미 미국에서 시행되고 있는 산업이다. 아마존은 아마존 파마시를 통해 전체 인구의 10% 이상을 차지하는 무보험자를 겨냥할 것으로 관측된다. 무보험자들에게 건강보험 가입자 수준의 가격 할인을 제공하는 것이 아마존의 목표다. 게다가 아마존 프라임을 활용해 기존 강점인 배송 역량까지 활용할 것으로 전망된다.

필팩은 여러 약을 먹어야 하는 만성질환자들에게 작은 단위로 약을 배송함으로써 약물 오남용을 최소화할 계획이다.

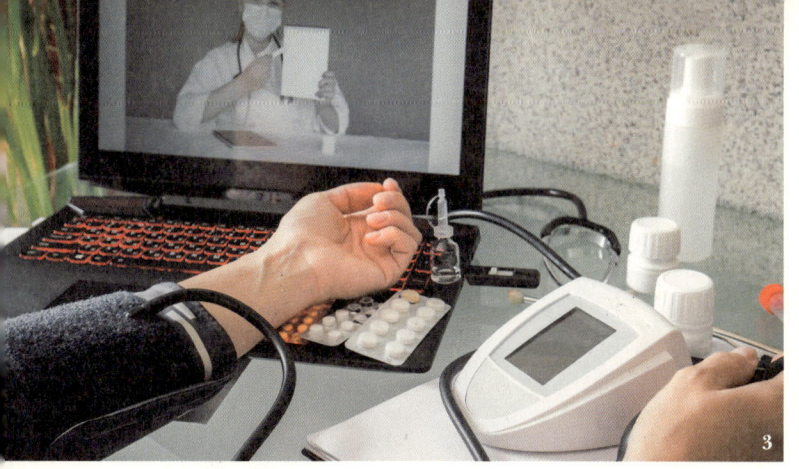

1.
원격진료는 응급진료와 경증질환 진료 중심에서 앞으로는 정신질환과 만성질환 진료로 확대될 전망이다.

2.
아마존은 온라인 의약품 배송 서비스인 아마존 파마시를 통해 미국 전체 인구의 10% 이상을 차지하는 무보험자를 겨냥할 것으로 보인다.

3.
코로나19가 사그라들어도 차별화된 원격의료 관련 플랫폼 기업이 수많은 블록버스터를 터뜨릴 것으로 기대를 모으고 있다.

美·中 플랫폼 전쟁 승자는

미국은 세계에서 의료비용이 가장 높은 국가다. 약제비는 전체 의료비용의 약 9%에 불과하지만 병원비 및 인건비는 53%에 달한다. 원격의료는 이 병원비와 인건비를 절감시킬 수 있는 효용이 있다.

맥킨지는 미국 의료비용 2500억달러 이상이 원격의료로 대체될 것이라고 발표했다. 장기적으로 미국 의료는 원격과 오프라인의 토털 솔루션으로 발전할 가능성이 매우 높다. 1등 원격의료 플랫폼 회사에 대한 관심이 지속적으로 필요한 이유다.

중국에서도 원격의료 시장은 점점 커지고 있다. 중국의 원격의료 침투율은 매년 빠르게 확대될 것으로 예상된다. 원격의료 시장은 작년 코로나19 덕에 급성장한 게 분명하지만 그 성장이 시작 단계라는 점에서 앞으로 성장 잠재력이 무궁무진하다.

작년에는 코로나19 바이러스로 인해 한시적으로 의료정보 보호규제(HIPPA)가 면제됐고, 원격의료 보험수가(酬價)도 대면진료와 동일한 수가를 받는 정책이 시행됐다. 2020년은 원격의료의 우호적인 정책이 시행된 한 해였다. 이를 달리 말하면 코로나19가 잠잠해질수록 원격의료 정책이 다시 변할 가능성도 얼마든지 있다는 이야기다. 이 역시 플랫폼 전쟁을 가속화하는 요인으로 작용할 것이다.

앞으로 원격의료 산업은 다양한 이해관계자들이 구축한 플랫폼 간 대결이 펼쳐질 것이다. 이 과정에서 업체 간 합종연횡이 활발하게 이뤄지고 치열한 경쟁이 벌어질 것이다. 결국 시장의 관심은 미국, 중국 등 거대한 원격진료 시장에서 어떤 플랫폼이 최종 승자가 될 것인가로 귀결된다. 코로나19가 사그라들어도 차별화된 경쟁력을 갖춰가는 플랫폼 기업이 수많은 블록버스터를 터뜨릴 것이다.

디지털헬스케어 관련 글로벌 혁신 종목
단위:조원

국가	종목	티커	주력제품·서비스	시가총액
미국	존슨앤드존슨	JNJ	제약	469
	유나이티드헬스그룹	UNH	의료보험	354
	머크	MRK	제약	206
	화이자	PFE	제약	210
	메드트로닉	MDT	원격의료	177
	다나허	DHR	의료	176
	닥터온디멘드		원격의료	상장 전
	엠디 라이브		원격의료	상장 전
	덱스컴	DXCM	당뇨 케어	43
	아메리칸 웰	AMWL	원격의료	6
	서너	CERN	건강정보	23
	펠로톤	PTON	원격의료	39
	★텔라닥	TDOC	원격의료	37
	이그젝티 사이언시스	EXAS	암진단	25
중국	알리헬스	0241	모바일 의료	50
	징둥헬스	6618	모바일 의료	65
	★핑안헬스	1833	모바일 의료	18

★=미래에셋증권 선정 탑픽 　　　　2월말 기준

경제뉴스
'금리' 기사가 톱으로 등장하면 경기의 급변동을 예고하는 신호!
금융시장의 위기와 격변을 읽을 수 있는 금리와 채권 기사를 놓치지 말 것.

SECTION 05 — How to win

공시
주가에 직접적으로 영향을 미치는 공시는 시장에 떠도는 루머나 정보에
비해 정확하고 객관적이며, 모든 투자자에게 공평하게 공개된 정보다.

재무제표
기업의 재무제표에는 경영 현황과 미래 발전 방향을 가늠할 수 있는 지표가 행간마다 숨어 있다.

사업보고서
투자자의 합리적 투자 판단을 위해 상장사들이 작성하는 사업보고서도 살펴볼 것. 기업의 현재를 들여다볼 수 있는 바로미터다.

승자독식 구조인 주식 시장에서 어떻게 살아남을 것인가? 꾸준히 공부하고 분석하는 정도(正道)를 걷는 것 외에 다른 답은 없다. 승리하기 위해 반드시 살펴봐야하는 각종 투자 자료들.

애널보고서
재무제표 보는 것이 어렵다면 증권사 애널리스트의 힘을 빌려볼 것. 기업의 가치를 파악하고 투자 유망 종목을 찾는 데 도움이 되는 정보가 잘 정리된 보물창고다.

KNOW HOW 경제 뉴스 읽기 1

주가지수와 시장 흐름

: 매일 증권 뉴스에는 주가지수가 등장한다. 주가지수는 주식시장의 흐름을 보여주는 대표적인 척도다. 전체 시장이 어느 방향으로 가고 있는지, 어떤 폭으로 움직이는지 알 수 있는 지표다.

용어설명
시가총액

줄여서 보통 시총이라 말한다. 전체 주식의 가치를 시장가격으로 평가한 금액을 말한다. 주가에 발행주식 수를 곱해 구한다. 시총을 통해 시장이 평가하는 한 기업의 가치를 볼 수 있다. 2021년 2월 25일 기준 국내 유가증권시장 시가총액 1위는 삼성전자로 시총 491조9100억원이다. 유가증권시장에 상장된 모든 종목의 시총을 더하면 해당일의 시총을 구할 수 있으며, 국가별 시총은 각국의 자본시장 흐름을 파악하는 국제 지표로도 활용된다.

'코스피 3000시대' vs '코스피, 한 달 만에 3000 붕괴'… 오늘 주식시장이 좋았는지, 나빴는지 한마디로 얘기할 때 주가지수를 살펴보면 된다.

국내 인기 주식인 삼성전자, SK하이닉스 등 특정 기업의 주가만으로는 전체 시장을 읽기 어렵지만 "(코스피) 2% 넘게 급락"이라는 뉴스가 나왔다면 그날 주식시장 전반에 하락 요인이 컸다는 것을 보여준다.

한국의 대표적 주가지수로는 유가증권시장의 코스피지수와 코스닥시장의 코스닥지수가 꼽힌다. 코스피지수는 1980년 1월 4일 유가증권시장에 상장된 모든 보통주의 시가총액을 100으로 기준 삼아 비교한다.

현재 코스피지수가 3000이라면 유가증권시장 상장주식 가치의 총합이 30배 커졌다는 의미다. 코스닥지수는 1996년 7월 1일 코스닥시장의 시가총액을 기준으로 잡는다. 당시 코스닥지수는 100포인트였으나, 2004년부터 100포인트를 1000포인트로 상향 조정해 이전 자료에도 소급 적용하고 있다.

해외 대표적인 지수로는 미국의 다우지수, 나스닥지수, S&P500지수와 홍콩의 항생지수, H지수 그리고 일본 닛케이225지수, 중국 상하이종합지수 등이 있다.

주가지수는 증시와 경제의 흐름을 보여주는 척도이면서 자체로 투자상품이 되기도 한다. 지난해 코로나19 사태 이후 변동성이 큰 시장에서 인기를 끈 상장지수펀드(ETF)는 특정 주가지수 변화에 따라 수익률이 결정되는 대표적인 상품이다. S&P500, 나스닥100, 코스피 등 주가지수를 추종하는 ETF가 국내외 증시에 다수 상장돼 있다.

누가 사고파나

국내 주식시장에서 거래 주체는 크게 외국인, 기관, 개인으로 구분한다. 국내 증시 기사에는 "거래주체별로 보면 외국인과 기관이 각각 1조4635억원, 1조3830억원 순매도 중이다"와 같이 투자자별 동향 분석이 뒤따른다.

어떤 투자자가 사고파는지는 매우 중요한 정보이기 때문이다. 특히 외국인의 동향은 국내 주식시장에서 영향력이 상당하다. 외국인 매수세가 강하면 주가가 상승하고, 외국인이 매도세로 돌아서면 주가지수가 하락하는 '비례관계' 경향이 뚜렷하다.

경제 뉴스 핵심 체크포인트

코스피 3.5%↑…3100 눈앞

외국인 현·선물 1.5조 순매수
기관도 9800억 이상 사들여
개인은 1.9조 사상 최대 순매도

"3000 안팎에선 강하게 반등"
급격한 조정 가능성 낮아져

매도세로 일관하던 외국인이 25일 하루에만 국내 증시에서 현·선물을 합쳐 1조5000억원 순매수를 기록했다. 작년 11월 이후 최대 순매수다. 기관도 1조원가량 순매수에 나서 주가가 3100선까지 상승했다. 3000이 깨진 지 하루 만의 반등이다. 3000선이 코스피지수의 지지선이 됐다는 평가도 나온다. 유가증권시장 시가총액 100위 종목 가운데 팬오션(5,870 -1.68%) 한 종목을 빼고 모두 올랐다.

(박의명 기자 2월 25일 한국경제)

뉴욕증시 주요지수가 장 초반 약세를 극복하고 급반등했습니다. 현지시간 24일 다우존스 지수는 전장보다 1.35% 뛴 3만1961.86으로 장을 마쳤습니다. 장중 한때 3만2000선을 넘었고 종가 기준으로도 사상 최고치를 경신했습니다. S&P 500 지수도 1.14% 오른 3925.43, 나스닥 지수 역시 0.99% 상승한 1만3597.97을 기록했습니다. 제롬 파월 미 중앙은행(연방준비제도) 의장이 인플레이션 및 금리 상승에 대한 우려를 해소하는 발언을 내놓은 영향이 컸습니다.

(김봉구 기자 2월 25일 한경닷컴)

1. 코스피지수
2. 코스닥지수
3. 다우지수
4. 나스닥지수
5. S&P500지수

1. 코스피지수
종합주가지수라고도 한다. 유가증권시장에는 매출 등 규모가 큰 기업이 상장돼 있으며, 2월 26일 기준 803개 기업이 상장돼 있다. 이 중 시가총액과 거래량이 큰 200개 종목을 모아 만든 '코스피200 지수'도 있다.

2. 코스닥지수
코스닥시장의 전체 흐름을 보여주는 지수다. 중견기업과 벤처기업 등이 상장돼 있으며, 2월 26일 기준 1483개 기업이 상장돼 있다. 코스닥시장을 대표하는 50개 주식 종목을 뽑은 '코스닥50 지수'도 있다.

3. 다우지수
미국 다우존스사가 미국 주식시장을 대표하는 30개 우량 주식을 표본으로 채택, 시장가격을 평균해 산출하는 지수다.

4. 나스닥지수
하이테크·중소기업의 주식을 장외에서 거래하는 나스닥시장의 종합지수다.

5. S&P500지수
미국 국제신용평가회사인 S&P에서 작성하는 주가지수로, 뉴욕증권거래소에 상장된 500개 우량 종목을 대상으로 한다.

KNOW HOW 경제 뉴스 읽기 2

국면 전환을 파악하라

● 주식시장에도 사계절이 있다. 각각의 계절에 따라 상승하는 주식도 달라진다.

용어설명
CPI

소비자물가지수. 일반 도시가계가 소비생활을 영위하기 위해 구입하는 각종 상품 (소비재) 및 개인서비스의 가격 변동을 측정하는 대표적인 물가지수. 물가 상승에 따른 소비자 부담, 구매력 등을 측정하는 데 활용된다. 현재는 전국 37개 도시가계 소비지출 중에서 월평균 소비지출액의 10,000분의 1 이상 되는 품목이며, 시장에서 지속적으로 가격조사가 가능한 12개 분야 481개 상품 및 서비스 품목을 대상으로 한다.

주식시장에도 흐름이 있다. 기업 실적이 부진해도 주가가 상승하는 시기가 있고, 견조한 실적에도 주가 흐름이 지지부진할 때가 있다. 일본의 증시 전문가인 우라가미 구니오는 금융시장의 사계절을 다음과 같이 구분한다. 금융장세(봄), 실적장세(여름), 역금융장세(가을), 역실적장세(겨울)다.

금융장세는 유동성장세로도 불린다. 증시에 대규모 자금이 유입돼 자금력으로 주가를 밀어올리는 장세를 말한다. 시장에 화폐 공급이 큰 폭으로 늘어나 저금리 기조가 지속될 경우 다른 투자처를 찾던 자금이 주식시장으로 대규모 이동해 유동성 장세가 일어난다. 이런 유동성 장세에선 낙폭이 과대했던 종목을 중심으로 주가가 상승세를 탄다는 특징이 있다.

실적장세는 각 기업 실적이 주가를 끌어올리는 증시 상황을 이른다. 유동성장세에서는 기업 내용과 관계없이 무차별적으로 주가가 오르지만 실적장세로 돌아서면 우량 기업 주식이 시장을 주도한다. 실적장세 전반에는 소재산업이 주목받고, 후반에는 가공산업이 주도하며 거의 전 업종에 걸친 순환 상승세가 나타난다. 2~3년에 걸쳐 장기간 지속되는 특징이 있다. 이런 경기 호황에 따른 실적장세로 인플레이션이 우려되면 정책당국은 금융긴축에 나서게 된다. 금리는 상승하고, 주가가 급락하는데 이를 역금융장세라고 한다. 주식시장이 최고 활황기 후 주가에 불안을 느낀 외국인 투자자가 이탈하는 시기다. 역금융장세에서는 대부분 종목의 주가가 하락한다. 역실적장세는 기업 실적이 나빠져 주가가 하락하는 국면이다. 투자자들의 투매 현상이 일어나고, 부채비율이 높은 기업이 파산하는 현상이 일어난다.

2021년은 실적장세인가

2021년이 시작되고 단 3거래일 만에 코스피지수가 3000포인트를 넘어섰다. 하지만 2월 들어 급격한 변동성이 나타나는 널뛰기 장세가 펼쳐지고 있다. 그럼 현재 장세는 어느 계절에 있는 것일까. 뉴스에선 "월가는 지금이 바로 금융장세에서 실적장세로 넘어가는 시기로 보고 있다"(김현석의 월스트리트나우, 2월 10일 한국경제)는 분석이 나온다. 골드만삭스는 3~4년, 뱅크오브아메리카는 2~4년 실적장세가 이어질 것이라는 예상을 내놨다. 경기 회복 시 이익 증가 폭이 늘어나는 금융, 산업, 소재 등 경기민감주와 소형주가 추천된다.

경제 뉴스 핵심 체크 포인트

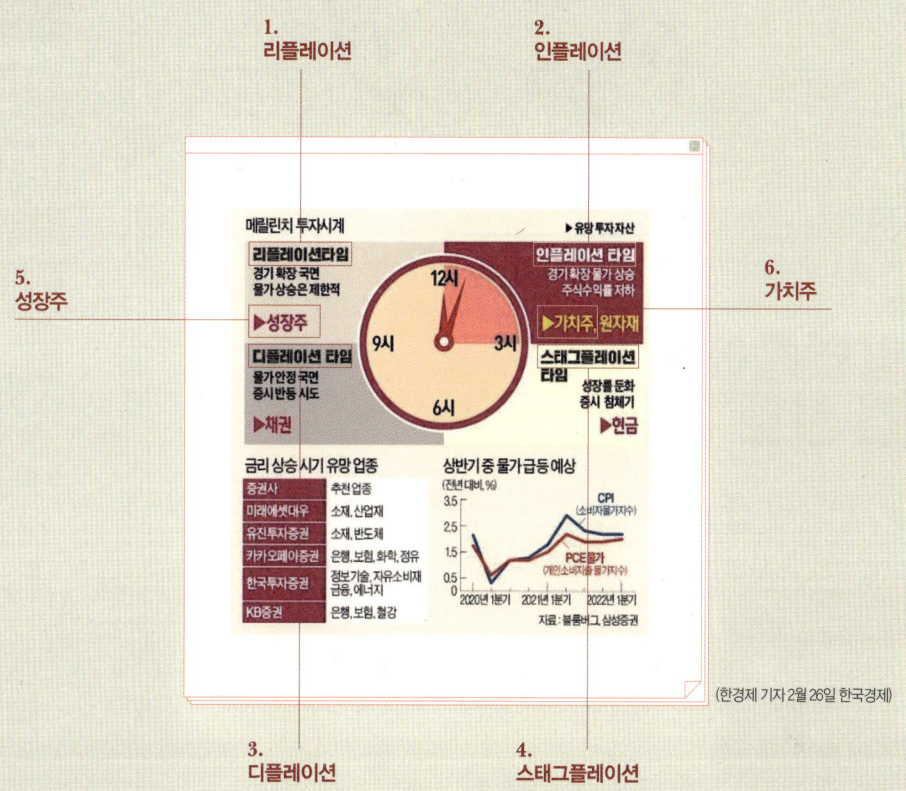

(한경economy 기자 2월 26일 한국경제)

1. 리플레이션(reflation)
경제가 디플레이션(deflation) 상태에서 벗어났지만 심각한 인플레이션(inflation)을 유발하지 않을 정도로 통화를 재(re-)팽창시키는 것을 의미한다. 즉 디플레이션을 벗어나 어느 정도 물가가 오르는 상태로 만드는 상황을 뜻한다.

2. 인플레이션(inflation)
화폐 가치가 하락해 물가가 전반적·지속적으로 상승하는 경제 현상. 인플레이션은 원인에 따라 '수요견인 인플레이션(demand-pull inflation)'과 '비용상승 인플레이션(cost-push inflation)'으로 나뉜다. 전자는 경기 과열이, 후자는 원자재 가격 상승 등이 원인이다.

3. 디플레이션(deflation)
전반적 물가 수준 장기간 하락 현상. 경제 전반적으로 상품과 서비스의 가격이 지속적으로 하락하는 현상을 이른다.

4. 스태그플레이션(stagflation)
경기가 침체돼 수요가 감소함에도 오히려 물가가 오르는 현상. 스태그네이션(stagnation·경기침체)과 인플레이션(inflation)의 합성어다.

5. 성장주
현재보다 성장할 가능성이 큰 종목을 말한다. 기업의 장래성이 높고 경영자가 유능하며 업계에서 차지하는 비중이 커서 일시적인 불황에도 흔들리지 않고 매출과 이익금이 높은 수준으로 증가하는 종목이다.

6. 가치주
기업의 순이익이나 자산가치에 비해 가격이 낮은 주식에 투자하는 것. 방어적이며 보수적인 투자의 성격을 지닌다. 가치주에는 시가배당률이 다른 종목에 비해 높거나 소위 '굴뚝주'라는 전통적 제조업체 주식이 주로 포함된다.

KNOW HOW 경제 뉴스 읽기 3

금리변동에 담긴 신호

: '금리' 기사가 톱뉴스로 등장하면 경기의 급변동을 예고하는 신호다.
금융시장의 위기와 격변을 읽을 수 있는 금리와 채권 기사를 알아본다.

용어설명
변동성지수 (VIX)

스탠더드앤드푸어스 (S&P)500지수가 향후 30일간 얼마나 움직일지에 대한 시장의 예상치를 나타내는 지수. 주식시장이 급락하거나 불안할수록 수치가 올라 공포지수 (fear index)라고도 불린다. 즉, VIX지수가 높을수록 시장에 대한 불안감이 크다는 뜻이다. 반대로 이 수치가 낮으면 해당 주식시장에서 기업 가치 및 주가 수익률 변동성이 저조하다는 의미로 통한다.

최근 '美 국채금리發 쇼크'가 전 세계 금융시장을 흔들었다. 미 10년물 국채금리는 지난 2월 16일 심리적 저항선인 1.2%를 넘어선 이후, 2월 26일에는 1.54%로 급등하며 금융시장 쇼크를 일으켰다. 이날 미국 나스닥지수와 S&P500지수 등이 요동쳤고, 한국의 코스피와 코스닥지수도 크게 흔들렸다. 이른바 '공포지수'로 불리는 변동성지수(VIX)도 함께 출렁였다. 그렇다면 미국 국채 금리가 상승했는데, 전 세계 주식시장이 왜 충격에 휩싸였을까.

이번에는 역설적으로 백신 접종 등 경기 회복에 대한 기대감에서 미 국채 금리 급등이 발생했다는 분석이 주를 이룬다. 향후 경기 회복에 따른 금리 인상과 인플레이션에 대한 우려가 고개를 들고 있는 것. 이런 미 국채 금리 상승은 글로벌 유동성이 주식 등 위험자산에서 채권으로 이동할 가능성을 예고한다. 이는 주식 대부분의 수익률이 꺾일 수 있다는 의미다. 일시적 현상인지, 흐름이 바뀌는 것인지 주시해야 한다.

주식 초보자는 고수익을 안겨줄 종목에만 집중하다가 자칫 주변 환경의 변화를 읽지 못할 수 있다. 격변기에 주식 투자자들이 채권과 금리의 움직임을 주목해야 하는 이유다.

버블을 읽는 신호

코로나19 사태 장기화로 전 세계에 막대한 유동성이 공급되면서 조정에 대한 공포도 꿈틀대고 있다. 위기를 알려주는 신호로 가장 첫손에 꼽히는 것이 '장·단기 금리차 역전' 현상이다.

예컨대 미국 국채 2년물(혹은 3개월물)과 10년물의 금리가 역전되면 경기침체의 신호로 받아들여진다. 짧게는 5개월 후, 길게는 1~2년 후 위기가 찾아오곤 했다. 실제 2020년 코로나 사태 이전인 2019년 8월에도 '장·단기 금리차 역전' 현상이 일어났다. 따라서 장·단기 금리차 역전이 일어난 경우 전체 자산에서 위험자산 비중을 줄이고, 안전자산으로 갈아타는 전략이 추천된다. 그러나 현재는 장기 국채인 10년물 금리의 급등으로 장·단기 금리차가 크게 벌어졌다.

세계 경제에 불안요인이 커질 때 달러인덱스도 치솟는다. 특히 우리나라와 같은 신흥국의 통화가치가 급락해 신흥국발 위기로 이어질 수 있다. '검은 달러'로 불리는 석유 가격도 중요한 경제지표다. 석유 가격이 급등락하면 세계 경제의 변동성도 커진다.

경제 뉴스 핵심 체크 포인트

2. 서부텍사스원유(WTI)
1. 미국 국채
5. 펀더멘털(fundamental)

23일 오전 10시 18분 현재 코스피지수는 전날보다 36.61포인트(1.19%) 떨어진 3043.14에 거래되고 있다. 전날에도 코스피는 직전일보다 27.87포인트(0.9%) 하락한 3079.75에 거래를 마쳤다. 지난 주 마지막 거래일인 19일에는 장중 3040선까지 떨어지는 모습을 보이기도 했다.

증시가 흔들리는 것은 미국 장기채 금리가 급등해서다. 미 10년물 국채 금리는 최근 빠르게 고점을 높이고 있다. 지난 16일 처음으로 1.311%로 심리적 저항선인 1.2%를 돌파한 이후 19일 1.340%, 21일 1.362%, 전날에는 1.369%까지 상승했다.

미국이 대규모 부양책을 추진하면서 경기 회복 기대감이 금리를 밀어올리고 있다. 조 바이든 미국 대통령은 1조9000억달러(약 2100조원) 규모의 추가 부양책을 추진하고 있다. 여기에 원자재 가격이 랠리를 펼친 점도 금리 상승에 힘을 실었다. 서부 텍사스산 원유(WTI) 가격은 최근 60달러선을 돌파했고, 경기민감 원자재인 구리 등 비철금속이 신고가를 경신했다.

(이송렬 기자 2월 23일 한경닷컴)

미국 국채금리 상승 영향으로 증시 변동성이 커지고 있는 가운데 증권가에서는 내달 코스피 기간 조정이 지속될 것이라고 전망했다. 글로벌 경기 회복세와 이익 모멘텀의 개선은 긍정적이나 금리 상승 압력이 상존해 지수가 방향성을 상실할 가능성이 농후하기 때문이다.

다만 전문가들은 최근 금리 상승세가 통화긴축에 의한 것은 아니므로 과도한 우려는 지양할 필요가 있다고 조언했다. 추가로 시장 대응과 관련해 가장 중요한 건 업종 내 비중 조절이라는 판단이다.

향후 최대 고민은 지금과 같은 미국 금리 상승세가 이어질 경우 주식시장에서 어떻게 대응할 것인가다. 3월 주식시장은 실적 기대로 펀더멘털(기초체력) 개선이 본격화되는 시기지만 이를 투자자가 어떻게 받아들일 지가 중요하다.

전문가들은 아직 주식을 팔 단계는 아니라고 조언했다. 금리 상승으로 야기된 불확실성이 고조되고 있지만, 변동성지수(VIX)나 금융스트레스 지수를 보면 아직 시장이 크게 흔들릴 징후는 보이지 않아서다.

금융투자업계에선 미국의 장기 금리가 점진적으로 상승할 가능성이 높다는 데 무게를 싣는다. 이런 흐름은 미국 금리와 상당 부분 동행하는 한국 금리에도 영향을 미칠 전망이다. 점진적 금리 상승 국면에 맞는 대응전략이 필요한 시기다.

(차은지 기자 2월 26일 한경닷컴)

3. 모멘텀(momentum)
4. 통화 긴축
6. 금융스트레스 지수(Financial Stress Index)

---

1. 미국 국채
미국 국채는 대표적인 안전자산으로 꼽힌다. 만기 1개월물부터 장기 30년물까지 다양하다. 채권 금리와 가격은 반대로 움직인다. 채권 금리가 급등하면 채권 가격은 떨어진다.

2. 서부텍사스원유(WTI)
원유 가격과 관련해 자주 등장하는 유종은 WTI, 북해산 브렌트유, 두바이유 등이다. 이 중 WTI는 뉴욕상업거래소에 상장돼 있고 품질이 좋아 국제 유가를 이끄는 대표적 가격지표로 활용된다.

3. 모멘텀(momentum)
주식시장에서는 주가 오름세나 내림세에 얼마나 가속도가 붙을 것인지 측정하는 지표다. 주가가 오름세에 있을 때 얼마나 더 탄력받을 수 있는지 또는 주가가 내림세에 있을 때 얼마나 더 하락할지 예측할 때 활용된다. 기울기의 변화를 선으로 그려 주가 상승이나 하락의 세기를 예측한다.

4. 통화 긴축
시중의 통화량을 인위적으로 줄이는 것. 중앙은행이 시중의 통화량을 줄이는 방안은 크게 공개시장 조작, 지급준비율, 재할인 정책 등이 있다.

5. 펀더멘털(fundamental)
한 나라 또는 기업이 얼마나 건강하고 튼튼한지 나타내는 경제의 기초요건을 이른다.

6. 금융스트레스 지수(Financial Stress Index)
금융시장과 정책당국의 불확실한 요인에 따라 경제주체들이 느끼는 피로감을 계량화해 산출한 지수를 말한다. 금융 변수에 대한 기대값이 변하거나 표준편차로 표현되는 리스크가 커질 경우 금융스트레스가 높아진다.

KNOW HOW 공시 읽기 1

공시 따라 주가 출렁

: 공시의 가장 큰 장점은 시장에 떠도는 루머나 정보에 비해
꽤 정확하고 객관적이면서도 모든 투자자에게 공평하게 공개돼 있다는 점이다.

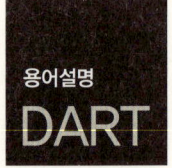

용어설명
DART

금융감독원
전자공시시스템
(Data Analysis, Retrieval
and Transfer System)의
약칭이다. 상장 기업 등이
공시서류를 인터넷으로
제출하고 이용자가 제출
즉시 인터넷을 통해
조회할 수 있도록 한 종합
기업공시 시스템이다.
인터넷
(dart.fss.or.kr)으로
누구나 접속 가능하다.

금융감독원이 정한 공시 서류만 104종에 이른다. 어떤 공시부터 봐야 할까.

투자자의 입장에서 꼭 확인해야 하는 공시가 바로 수시공시다. 단일판매·공급계약, 증자 및 감자 결정, 최대주주 변경 등이 이에 해당된다. 이들 공시는 주가에 직접적으로 영향을 미치는 경우가 많다. 특히 영업과 관련한 단일판매·공급계약은 주가에 직접적인 영향을 미친다. 계약 체결은 곧 매출의 증가이고, 실적 개선의 호재이기 때문이다.

단일판매·공급계약 체결이란 이름에서부터 알 수 있듯이 기업이 물품을 판매하거나, 용역 혹은 서비스를 제공하는 계약을 맺으면 제출하는 공시 내용이다. 대표적으로 장비, 조선, 건설과 같은 수주 회사들이 많이 제출하는 경향이 있는데 이런 단일판매·공급계약 체결 소식이 발표되면 주가가 급등할 가능성이 높다. 물론 계약 체결 규모에 따라 상황은 달라진다. 이 공시를 볼 때는 절대적인 수치를 보는 것이 아니라, 최근 매출액과 비교한 비중을 잘 따져봐야 한다.

계약 주체도 잘 파악해야 한다. 일부 종목은 단일판매 및 공급계약 공시로 주가를 부양한 후 연말에 계약 정정이나 취소를 공시하는 경우가 있다. 실제로 중국이나 제3국의 생소한 업체와 계약 체결을 공시한 뒤 일방적으로 파기당했다며 정정 공시를 내는 사례도 있다. 증자·감자, 자사주 매입 등 재무 관련 공시 역시 중요 체크 포인트다. 이들 공시 하나로 인해 주가가 크게 요동치는 경우가 많다. 특히 증자할 경우 유상증자인지 무상증자인지를 잘 살펴봐야 한다.

지분 변동 속에 숨은 의도는

대주주 지분 변동이나 대주주 자체가 변하는 '주식 등의 대량보유 상황 보고서' 공시에도 중요한 정보가 담겨 있다. 자본시장법과 증권거래법상 5% 이상 지분을 보유하면 반드시 지분 공시를 해야 하는데, 대주주 공시는 세금 부과 등 번거롭고 복잡한 일만 늘어난다. 하지만 이런 부담을 감내하고서라도 5% 지분 공시를 하는 것은 그만큼 그 기업이 투자할 가치가 있다는 의미이기도 하다. 반대로 대주주가 지분을 축소하는 경우라면 엑시트 전략을 행사하는 것인지, 아니면 차익 실현인지에 대한 의도를 파악해야 한다. 실제로 대주주나 임원의 자사주 매각으로 인한 지분 축소는 주가 하락을 불러오는 경우가 많다.

공시 핵심 체크 포인트

1. 규모는 어떠한가?
이 공시를 볼 때는 절대적인 수치를 보는 것이 아니라 최근 매출 대비 계약금액 비중이 몇 %를 차지하는지 체크해야 한다.
　최근 매출이 2734억원인데 이번 계약금액은 1483억6800만원이므로 매출 대비 54.27%라는 큰 규모의 수주임을 알 수 있다.

단일판매·공급계약 체결

1. 판매·공급계약 구분		기타 판매·공급계약
- 체결계약명		LNG 수송선 화물창용 초저온 보냉자재 공급계약
2. 계약내역	계약금액(원)	148,368,000,000
	최근매출액(원)	273,402,502,535
	매출액대비(%)	54.27
	대규모법인여부	미해당
3. 계약상대		현대삼호중공업(주) (HYUNDAI SAMHO HEAVY INDUSTRIES CO., LTD.)
- 회사와의 관계		-
4. 판매·공급지역		국내
5. 계약기간	시작일	2021-02-08
	종료일	2023-11-10
6. 주요 계약조건		선주 승인 조건부
7. 계약(수주)일자		2021-02-08
8. 공시유보 관련내용	유보사유	-
	유보기한	-
9. 기타 투자판단과 관련한 중요사항		
1. 상기 계약금액은 공시일(2021.02.08)의 최초고시 매매기준율인 1,124.0 (원/USD)을 적용하여 원화로 환산한 금액입니다.		
2. 상기 최근매출액은 2019년 연결재무제표 기준입니다.		
3. 산업의 특성상 보냉자재 공급은 선박건조일정의 진행상황에 맞추어 진행되고 있습니다.		
4. 상기 계약기간은 계약 상대방의 요청에 의해 진행되며, 선박건조일정의 진행상황에 따라 변경될 수 있습니다.		
※ 관련공시		-

(한국카본 2021년 2월 8일 공시)

2. 계약을 맺은 회사는 믿을 수 있는 회사인가?
계약 상대인 현대삼호중공업은 국내 대표적 강선 건조업체다. 매출이 3조5000억원(2019년 말 기준)에 이를 정도로 큰 기업이다.

유상증자
기업이 주식을 새로 발행해 기존 주주와 새로운 주주에게 파는 것으로, 자금 확보 수단의 하나다. 기업은 유상증자를 실시할 때 주주배정, 일반공모, 주주 우선공모, 제3자 배정 방식을 선택할 수 있다.

무상증자
증자를 하되 새로 발행하는 주식을 주주에게 공짜로 나눠주는 방식이다. 돈을 받지 않으면 어떻게 주식을 발행할까? 이는 회계장부의 숫자를 옮기는 것만으로 가능하다.

3. 사업 진행 기간은?
공급 기간이 길면 계약금액이 그 기간에 걸쳐 나눠진다. 이 기업의 경우 계약 기간은 약 2년9개월이다. 이에 단순 수치상 해당 기간 동안 1년에 약 500억원의 계약이 이뤄진 셈이다.

KNOW HOW 공시 읽기 2

CB·BW 공시는 악재일까

: 현재 재무 상태가 취약하지만 연구개발이나 혁신을 통해 한 단계 발전하려는 기업, 거래 실적이 적어 자금조달 조건이 좋지 않지만 미래를 자신하는 중소기업에 CB와 BW는 기회가 될 수도 있다.

용어설명

전환사채(CB)
발행 회사의 주식으로 전환할 수 있는 사채

신주인수권부사채 (BW)
발행 회사의 신주를 인수할 권리를 지닌 사채

교환사채(EB)
발행 회사의 주식뿐만 아니라 회사가 보유한 다른 회사의 주식으로도 교환할 수 있는 사채

자금 조달과 관련한 공시에 꼭 등장하는 용어들이 있다. 바로 전환사채(CB)와 신주인수권부사채(BW)다. 주식시장에서는 대체로 주주에게 안 좋은 영향을 준다는 인식이 많다. 일반적으로는 맞는 말이다. 쉽게 돈을 빌릴 수 있는 회사라면 굳이 경영자의 지분이 희석될 수 있는 이 같은 주식연계채권을 발행하지 않을 것이기 때문이다.

하지만 CB나 BW 발행이 무조건 나쁜 것만은 아니다. 이들 채권 발행 시 효과를 살펴보자. 우선 CB와 BW는 모두 기업의 발행 주식 수를 늘린다. 주식 수와 함께 기업에 들어오는 현금도 함께 늘어난다.

CB는 투자자 입장에서 원금 대신 발생회사의 주식으로 채권을 상환받는 회사채를 말한다. CB 발행은 전환된 만큼 이자가 발생하는 부채를 줄인다. 즉 해당 부채는 자기자본으로 대체되기 때문이다. 그 결과 기업 입장에서 CB는 이자가 발생하는 부채와 연간 이자 부담이 줄어드는 효과를 얻는다.

BW는 원금 회수와 함께 발행회사의 신주를 인수할 수 있는 권리를 가진 회사채를 뜻한다. BW 역시 행사된 만큼 발행 기업의 현금성 자산이 늘어나게 한다. 기업은 들어온 현금으로 자산이 증가하고, 해당 자산을 활용한 이자수익을 얻는다. CB와 BW 발행은 기업의 자금조달 방법을 다양화하기 위해 활용되고, 기업 인수합병(M&A) 시 많이 활용되기는 하지만 미래를 자신하는 중소기업에 CB와 BW는 또 다른 기회가 될 수도 있다.

리픽싱 조항을 주의하라

CB와 BW가 가지고 있는 가장 큰 단점은 주주가치를 희석시킬 가능성이 높다는 것이다. 리픽싱 조항 때문이다. 리픽싱이란 발행 기업의 주가가 낮아질 경우 전환사채를 주식으로 전환하는 가격을 낮출 수 있도록 하는 계약이다. CB와 BW를 발행하는 많은 기업은 신용등급이 투자등급(BBB+) 이하다 보니 투자 유치를 위해 리픽싱 조항을 거의 다 넣고 있다.

주주 입장에서는 만약 주식의 가격이 하락하면 수익을 볼 수 있는 가능성이 그만큼 낮아지는 위험 부담이 있다. 이 때문에 회사에서는 전환가격이나 행사가격을 하락한 주가와 연동해 다시 산정하는 리픽싱 조항을 삽입하는 경우가 종종 있다. 이 경우 주식 수만 증가해 주당 가치에 안 좋은 영향을 줄 수 있다.

공시 핵심 체크 포인트

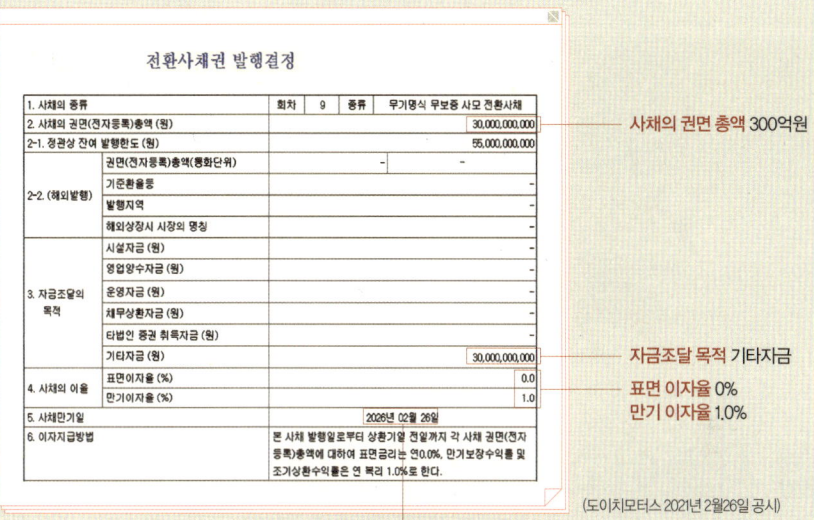

(도이치모터스 2021년 2월 26일 공시)

- 사채의 권면 총액 300억원
- 자금조달 목적 기타자금
- 표면 이자율 0%
- 만기 이자율 1.0%

사채 만기일 2026년 2월 26일
전환사채는 일정 기간이 지나면 주식으로 전환할 수 있는 사채다. 위 기업의 경우 2026년 2월 26일 이후부터 300억원어치를 주식으로 전환할 수 있다.

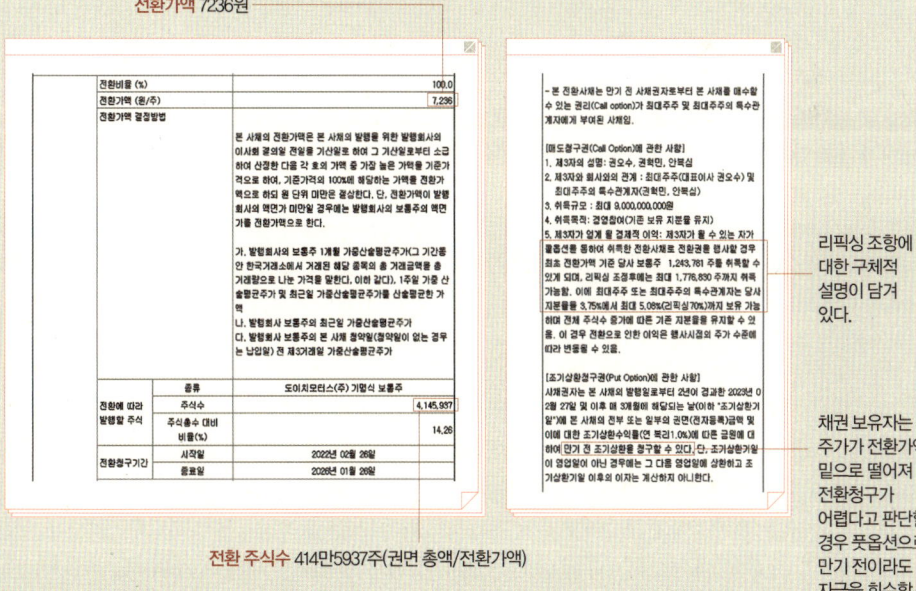

전환가액 7236원

전환 주식수 414만5937주 (권면 총액/전환가액)

- 리픽싱 조항에 대한 구체적 설명이 담겨 있다.
- 채권 보유자는 주가가 전환가액 밑으로 떨어져 전환청구가 어렵다고 판단할 경우 풋옵션으로 만기 전이라도 자금을 회수할 수 있다.

KNOW HOW 공시 읽기 3

기업 사들이고 나누는 마법

: 인수합병(M&A)을 진행하는 기업은 기본적으로 주주총회를 개최하고 소액 주주에 대한 주식매수청구권을 보장한다.

용어설명
자산양수도

토지·건물 등 유·무형 재산의 매매, 교환 등으로 소유권 이전의 법률효과가 발생하는 거래를 말한다. 자본시장법에서는 양수·양도하려는 자산액(장부가액과 거래가액 중 큰 금액)이 최근 사업연도말 현재 자산총액의 10% 이상인 경우 중요한 자산양수도로 본다.

인수, 합병, 분할 등과 관련한 공시는 자세히 살펴봐야 한다. 기업의 M&A 진행 방식에 대한 내용이 담겨 있기 때문이다. 통상 M&A와 관련한 공시가 발표되면 시장은 해당 기업에 대한 미래 가치를 분석하게 된다. 기업의 효율성 및 이윤추구 동기 그리고 성장력 등과 같은 장점이 부각돼 주가가 크게 요동친다. 하지만 상황에 따라 악재로 작용하는 경우도 있다.

M&A 방법으로는 주식 인수와 기업 합병, 기업 분할, 영업양수도 등이 있는데, 주식 인수는 매수 대상 회사의 주식을 인수해 지배권을 획득하는 방법이다. 주식 인수 형태를 취하면 회사 채권자들의 동의를 받을 필요가 없이 주식 자체만 매수 대상이 되므로 거래 시간과 비용이 절약되는 이점이 있다. 기업 합병은 2개 이상의 회사가 계약에 의해 청산 절차를 거치지 않고 하나의 경제적, 법적 실체로 합쳐지는 것을 의미한다. 합병은 피합병 회사의 자산과 부채를 포함한 모든 권리와 의무를 합병 법인에 포괄적으로 승계하고 그 대가로 합병 법인은 피합병 법인의 주주들에게 합병 법인의 주식과 합병 교부금을 지급한다. 그리고 기업 분할은 회사가 독립된 사업부문의 자산과 부채를 포괄적으로 이전해 1개 이상의 회사를 설립함으로써 1개 회사가 2개 이상의 회사로 나눠지는 것을 의미한다. 이때 자산과 부채를 포괄적으로 이전하는 회사를 분할회사라 하고 자산과 부채를 포괄적으로 이전받는 회사를 분할신설회사라 한다.

합병 비율이 중요

합병 공시가 나면 '합병 비율'을 파악해 봐야 한다. 합병 비율은 말 그대로 존속회사와 소멸회사 간의 가치 차이다. 이는 매출액, 자산 등이 기준이 되지 않고, 오로지 주당 가치로만 산정된다. 상장사면 상법에서 정한 기준에 따라 주가의 평균치를 구하면 된다. 비상장사는 자산가치(순자산의 가치)와 수익가치(미래의 잉여현금흐름 능력을 평가한 금액)의 가중평균을 구해서 산정한다. 이렇게 회사 상장 여부에 따라 각각의 주당 가치가 나오면 그것이 합병 비율이다. 이는 보통 존속회사 주식 1주:소멸회사 주식 OOO주의 형태로 표현된다. 예를 들어 합병 비율이 1:0.5로 정해졌을 경우 내가 소멸회사의 100주를 가지고 있는 주주라면 합병을 통해 존속회사의 신주 50주를 받는 셈이다.

공시 핵심 체크 포인트

발행회사
피합병 회사에 대한 정보(회사명, 자본 현황, 주요 사업 등)를 소개한다.

※ **제3자 배정이란**
기존 주주가 아니라 제3자에게 신주인수권을 배정하는 것을 말한다. 제3자 배정은 발행 절차가 주주 배정, 일반공모 방식 등에 비해 상대적으로 간편하고 비용, 소요 기간 등이 상대적으로 적어 자금 조달이 용이하다는 장점이 있다. 하지만 부실기업이 증권시장에서 퇴출당하는 것을 임시로 피하거나, 경영권 인수자금 조달 수단으로 이용하는 문제점이 발생하기도 한다.

타법인 주식 및 출자증권 양수결정

		회사명	주식회사 케이티파워텔
1. 발행회사		국적	대한민국	대표자	김윤수
		자본금(원)	86,647,160,000	회사와 관계	-
		발행주식 총수(주)	17,329,432	주요사업	무전통신업
- 최근 6월 이내 제3자 배정에 의한 신주취득 여부			해당사항없음
2. 양수내역	양수주식수(주)		7,771,418
	양수금액(원)(A)		40,600,000,000
	총자산(원)(B)		170,723,398,787
	총자산대비(%)(A/B)		23.78
	자기자본(원)(C)		152,367,513,618
	자기자본대비(%)(A/C)		26.65
3. 양수후 소유주식수 및 지분비율	소유주식수(주)		7,771,418
	지분비율(%)		44.85
4. 양수목적		① 신규사업진출을 통한 사업다각화 및 수익 다변화 ② 기존사업과의 연계를 통한 시너지창출 및 사업경쟁력확보
5. 양수예정일자		2021.03.31
6. 거래상대방	회사명(성명)		주식회사 케이티
	자본금(원)		156,449,883,500
	주요사업		통신업
	본점소재지(주소)		경기도 성남시 분당구 불정로 90
	회사와의 관계		

(아이디스 2021년 1월 22일 공시)

양수 후 소유주식 수 및 지분비율
내용 그대로 양수 완료 후 변동되는 지분과 그에 따른 비율을 나타낸다.

양수 예정일자
양수가 완료되는 예정일을 표시한다.

거래상대방
피합병 회사의 주체(모기업)에 대한 내용을 담고 있다.

양수내역
피합병 회사에 대한 구체적 양수주식 수, 금액이 표시된다. 피합병 회사의 자산 및 자본에 비례한 내용까지 확인이 가능하다.

양수 목적
양수를 하는 목적에 대한 내용을 간략히 소개한다.

💬 **무자본 M&A의 대표적 4가지 유형**

1. 최대주주의 실체가 불분명
최대주주가 정보 접근이 어려운 비외감기업이거나 조합 등 실체가 불분명한 경우에는 무자본 M&A를 의심해야 한다. 무자본 M&A의 경우 인수대금 조달을 위해 사채업자 등에게 돈을 빌리면서, 해당 회사의 주식을 담보로 제공하는 경우가 많다. 이 경우 회사의 주가가 하락하게 되면 사채업자는 담보로 제공받은 주식을 매도하게 되고 추가 하락이 발생한다.

2. 사모전환사채 등을 자주 발행
증권신고서를 제출하지 않고 전환사채나 주식 등을 대규모 또는 빈번하게 발행할 경우 무자본 M&A를 의심하라. 사채업자 등으로부터 일시 차입한 자금으로 사모증자 등의 대금납입이 이루어지고, 빌린 돈을 상환하기 위해 납입한 즉시 돈이 외부로 유출되는 경우가 많다.

3. 비상장주식 등을 고가에 취득
자금조달을 통해 비상장 주식을 취득하거나, 관계회사에게 대여 또는 선급금의 형태로 자금을 지원하는 금액이 큰 경우에도 무자본 M&A를 의심해야 한다. 자금을 유용하는 수단으로 비상장주식 고가취득, 조합출자 및 관계회사 대여 등의 수법이 이용되고 있다.

4. 기존 업종과 무관한 신규사업 진출
시세차익을 실현하기 위해 허위의 호재성 정보를 언론에 배포하거나, 작전세력을 동원해 시세를 조종하는 경우가 종종 발생한다. 특히 바이오사업과 같은 신규사업, 해외시장 진출 등 테마와 관련된 호재성 허위 공시 등은 주의해야 한다.

KNOW HOW 사업보고서 읽기 1

기업 분석의 첫 출발점

사업보고서는 기업의 속살을 들여다볼 수 있는 정보의 보물창고다. 사업보고서를 반복해 읽고 나만의 리포트로 정리해 놓으면 투자에 큰 도움이 된다.

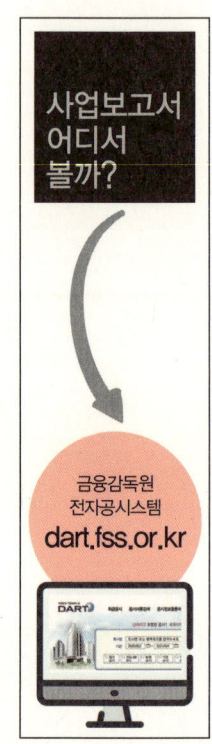

사업보고서 어디서 볼까?

금융감독원 전자공시시스템
dart.fss.or.kr

'투자의 귀재'로 불리는 워런 버핏 버크셔해서웨이 회장의 주된 일과는 사업보고서를 꼼꼼히 읽는 것이라고 한다. 그는 특별한 정보를 통해 고수익을 얻는 것이 아니다. 버핏 회장은 10년치 사업보고서를 읽고 나면 회사의 미래 모습을 예측할 수 있다고 말하기도 했다. 실제로 사업보고서에는 산업의 현황부터 경쟁 상황, 주주 현황까지 기업의 모든 것이 담겨 있다.

분량만 수백 페이지…핵심 파악하고 나만의 리포트 만들자

모든 상장 기업은 분기마다 사업보고서를 의무적으로 제출해야 한다. 제출하는 시기에 따라 '분기 보고서'(1·3분기), '반기 보고서'(2분기), '사업보고서'(4분기) 등 명칭은 다르지만 구성은 동일하다. 4분기 사업보고서는 1~4분기 내용을 모두 담고 있어 '연례 보고서(애뉴얼 리포트)'로 불리기도 한다. 4분기 사업보고서는 결산 등을 거쳐 주주총회 개최 1주일 전까지 공시하도록 돼 있다. 모든 상장 기업의 사업보고서는 금융감독원 전자공시시스템(dart.fss.or.kr)에서 누구나 쉽게 찾아볼 수 있다.

사업보고서에는 간단한 지식만 있어도 이해할 수 있는 쉬운 것부터 해당 기업에 대해 잘 알고 여러 번 반복해 봐야 진정한 의미를 알 수 있는 것까지 많은 내용이 담겨 있다. 가능하면 중요한 내용은 밑줄을 치며 여러 번 반복해 읽고 나만의 리포트로 요약 정리해 놓으면 투자에 큰 도움이 된다. 또한 3년치 정도 사업보고서를 비교해 읽으면 기업의 큰 흐름을 이해할 수 있다.

사업보고서는 '회사의 개요'부터 '투자자 보호를 위하여 필요한 사항'까지 11개 장과 그 밑에 수많은 세부 항목으로 구성돼 있다. 목차 형식은 모든 상장 기업이 동일하다. 사업 규모가 큰 대기업은 사업보고서 분량이 수백 페이지에 달할 정도로 방대하다. 따라서 중요한 부분만 골라 보는 지혜가 필요하다.

'회사의 개요'는 기업 연혁, 자본금 변동 사항, 주식의 총수, 의결권 현황, 배당 등에 관한 내용이 들어 있다. '사업의 내용'은 사업보고서에서 가장 중요한 항목이라고 해도 과언이 아니다. 회사의 주요 제품·서비스를 비롯해 관련 국내외 시장 현황과 회사 사업 부문별 요약 재무 현황, 제품·지역별 매출 현황, 주요 계약, 주요 매출처, 판매 전략 등이 담겨 있다.

사업보고서 핵심 체크 포인트

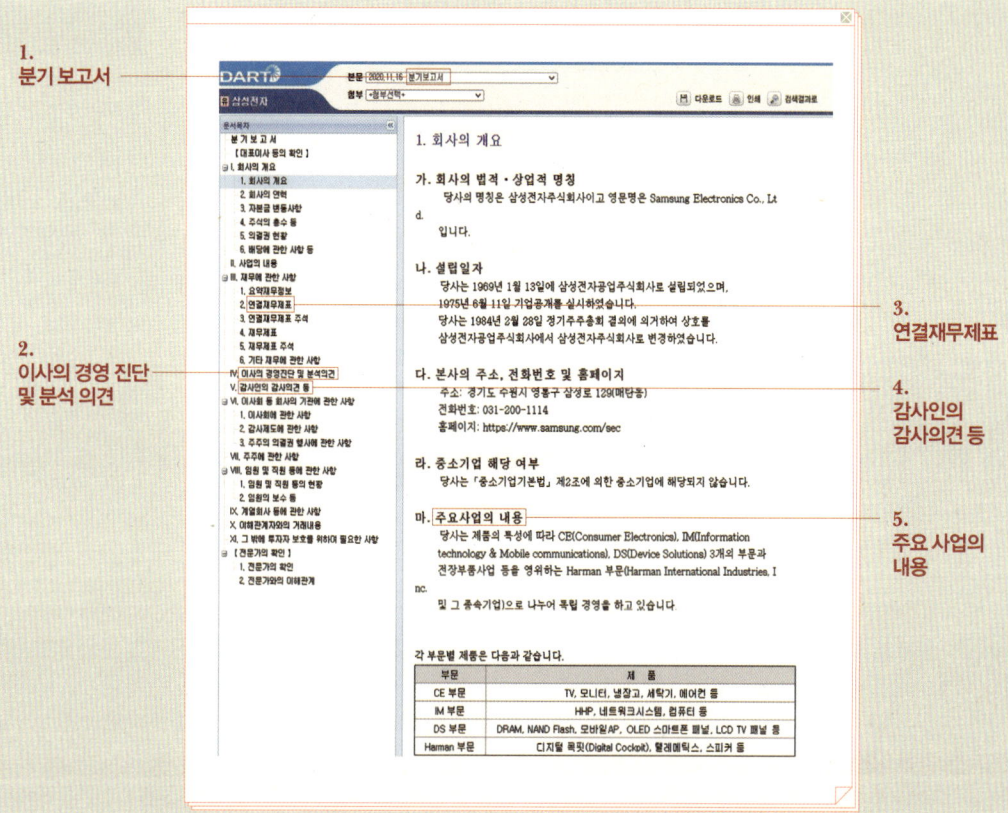

(삼성전자 2020년 3분기 분기보고서)

1. 분기 보고서
모든 상장기업은 사업연도 말 경과 후 90일 이내에 사업보고서를, 분기·반기 말 경과 후 45일 이내에 반기 보고서(사업연도 개시일로부터 6개월간 보고서) 및 분기 보고서(사업연도 개시일부터 3개월간 및 9개월간 보고서)를 금융위원회와 한국거래소에 제출해야 한다. 분기·반기 보고서의 기재사항은 사업보고서와 동일하다.

2. 이사의 경영 진단 및 분석 의견
투자자가 회사의 재무상태, 영업 실적 및 재무상태 변동 등을 이해하고, 향후 사업 예측 등에 필요한 정보를 제공하기 위해 경영진이 자신의 시각으로 회사 경영에 관한 중요한 사항을 진단하고 분석한 의견을 기재한다. 보통 분기, 반기 보고서에는 내용을 비우고 4분기 사업보고서에만 기재한다.

3. 연결재무제표
모기업과 자회사를 단일 기업으로 간주해 작성한 재무제표다. 법률적으로는 독립돼 있지만 상호출자나 지분 취득 등을 통해 경제적으로 얽혀 있는 기업들이 많다. 특히 모기업과 자회사 간의 내부거래로 매출액 등이 부풀려지는 경우가 많다. 이때 이들 기업의 정확한 실적을 알 수 있는 회계정보가 연결재무제표다.

4. 감사인의 감사의견 등
회사의 재무제표가 재무상태와 경영 성과를 정확하게 반영하고 있는지를 공인회계사가 객관적으로 감사해 그 의견을 표시하는 것이다. 공인회계사가 표시하는 감사의견에는 적정의견, 한정의견, 부정적의견, 의견거절 등 네 가지가 있다. 적정의견이 아니라면 상장폐지나 관리종목에 편입될 가능성이 있어 주의해야 한다.

5. 주요 사업의 내용
삼성전자뿐만 아니라 삼성전자가 지배하고 있는 종속기업의 사업 내용이 모두 포함돼 있다. 삼성전자가 2016년 인수한 전장 전문기업 하만이 대표적이다. 2020년 3분기 말 기준으로 삼성전자의 종속회사는 242개에 달한다. '회사의 개요' 중 '연결대상 종속기업 개황'에서 목록을 확인할 수 있다.

KNOW HOW 사업보고서 읽기 2

배당률 높은 '배당주' 찾기

: 기업 수익은 재투자하거나 주주에게 배당으로 나눠준다.
국내 기업들도 배당을 늘려가는 추세다.

용어설명 우선주

우선주는 보통주에 대비되는 주식이다. 보통주 보유자는 주주총회에 참석해 기업의 주요 경영 사항에 대해 의결권을 행사하고 배당을 받고, 발행되는 신주를 인수하는 등 주주로서의 권리를 행사한다. 반면 우선주는 보통주보다 배당 등 재산적 내용에서 우선적 지위가 인정되는 주식이다. 대신 주주총회에서 의결권을 행사할 수 없다.

사업보고서의 첫 장인 '회사의 개요'에는 회사의 정식 명칭, 본점 주소, 소속 기업집단 등 주식 투자에 관심 없는 사람이라도 쉽게 이해할 수 있는 기초적인 내용이 나와 있다. 하지만 이 중에서도 놓치지 말아야 할 정보가 있다. 우선 눈여겨봐야 할 항목은 '주식의 총수'와 '배당에 관한 사항'이다.

'주식의 총수'에는 회사가 발행할 주식, 발행한 주식, 감소한 주식, 발행주식, 자기주식, 유통주식의 수가 모두 기재돼 있다. 이 중 발행할 주식은 정관에 미리 규정해 놓은 한도로 정관 변경에 따라 바뀔 수 있지만 큰 의미는 없다. 발행한 주식과 발행주식은 다소 차이가 있다. 주식을 발행했더라도 자본금 축소, 결손금 벌충 등을 위해 감자하는 경우가 있기 때문이다. 발행한 주식에서 감소한 주식을 빼면 현재의 발행주식이 된다. 여기에서 다시 자기주식 수를 제하면 일반 주주들이 매매할 수 있는 유통주식 수가 된다.

자사주 매입은 주가에 긍정적

유통주식 수는 주식의 주당 가치와 직결된다. 기업 가치가 동일할 때 유통주식이 많아지면 주당 가치는 낮아진다. 일반적으로 자사주 매입은 유통주식 수를 줄이기 때문에 주당 가치를 제고하는 효과가 있다. 기업들이 주주 환원을 위해 자사주를 매입하는 이유다. 이 경우 매입한 자사주를 소각해 유통주식 수를 줄이는 것이 보통이다.

기업이 거둔 수익은 사업에 재투자되거나 주주들에게 배당 형태로 돌아간다. 과거 성장기에 있던 국내 기업들은 배당보다는 재투자에 치중해왔다. 하지만 최근 들어 주주 배당이 강조되는 분위기다. '배당에 관한 사항 등'에는 배당에 관한 자세한 정보가 담겨 있다. 많은 가치투자자가 배당을 많이 주는 '배당주'를 찾기 위해 노력한다.

배당은 현금배당과 주식배당으로 나뉜다. 투자자들에게 익숙한 배당은 주주에게 현금을 주는 현금배당이다. 현금배당 성향은 현금배당총액을 순이익으로 나눈 값이다. 즉 순이익에서 얼마를 배당했는지 보여주는 지표다. 삼성전자는 2020년 3분기(제52기 3분기) 36.7%의 배당성향을 기록했다. 주당 현금배당금은 삼성전자 주식 1주당 지급하는 배당금을 말한다. 삼성전자는 보통주와 우선주 두 종류의 주식이 있다. 현금 배당수익률은 보통주 1.8%, 우선주 2.1%로 우선주가 더 높다.

사업보고서 핵심 체크 포인트

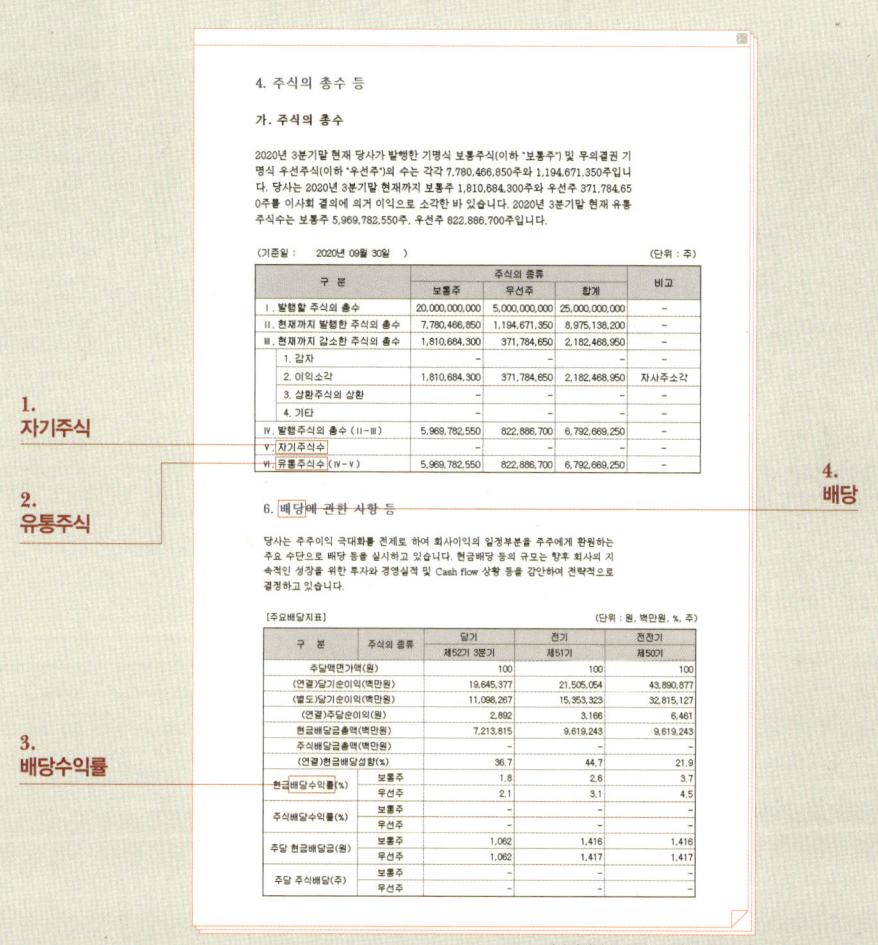

(삼성전자 2020년 3분기 분기보고서)

1. 자기주식
자본시장법은 상장사가 주가 안정 등을 목적으로 자사 발행주식을 매입할 수 있도록 하고 있다. 자사주를 취득하려는 상장사는 증권관리위원회와 거래소에 자기주식 취득신고서를 제출해야 한다. 자사주 취득기간은 신고서 제출 뒤 3일이 경과한 날로부터 3개월 이내다. 자사주는 의결권이 없지만 제3자에게 매각하면 의결권이 되살아난다.

2. 유통주식
상장법인의 총발행주식 중 주식시장에서 유통이 가능한 주식을 말한다. 총발행주식에서 감소 주식과 자사주를 빼면 유통주식 수가 나온다. 여기서 경영권 유지를 위해 지분 매각이 사실상 불가능한 최대주주와 특수관계인 등의 지분을 제외하면 실제 시장에서 사고팔 수 있는 유통주식 수가 나온다. 유통 물량이 적으면 거래량이 조금만 변동해도 주가가 쉽게 오르락내리락 한다. 유통 물량이 적은 주식을 '품절주'라고 부르기도 한다.

3. 배당수익률
투자자금에 대해 배당이 어느 정도 되는지를 나타내는 비율로 배당금을 현재 주가로 나눈 값이다. 배당률과 배당투자수익률이 다른 것은 주가가 액면가와 괴리가 생기기 때문이다.

4. 배당
기업이 이익 중 일부를 주주에게 나눠주는 것을 말한다. 기업은 배당가능이익이 있을 때만 배당할 수 있다. 따라서 이익을 많이 내는 회사일수록 배당금을 많이 나눠준다. 그리고 지난해 배당을 많이 했더라도 올해 실적이 나쁘다면 배당금이 낮아진다. 주식을 보유한 사람이 모두 배당금을 받을 수 있는 것은 아니다. 주주명부에 올라야 한다. 우리나라는 3일 결제 시스템이기 때문에 오늘 주식을 샀다면 모레 주주명부에 오른다. 따라서 12월 결산법인은 연말 폐장일까지 주주명부에 올라야 배당을 받을 수 있다.

KNOW HOW 사업보고서 읽기 3

최대주주와 CEO 주가

: 'CEO 주가'라는 용어가 있다. 그만큼 기업 경영에서 최고경영자(CEO)가 차지하는 역할이 크다. 투자 대상을 고를 때 경영진과 최대주주를 반드시 확인해야 한다.

용어설명
5% 룰

상장회사 지분을 5% 이상 보유하게 된 주주는 5일 이내 이를 의무적으로 공시해야 한다. 자본시장 개방으로 투기적 펀드에 의한 기업 사냥이나 기업 간 적대적 M&A가 늘어나는 데 대한 대응책의 일환이다. 사전 공시를 통해 경영권을 가지고 있는 기존 지배주주는 자신의 경영권 방어를 위해 조치를 취할 수 있다.

투자 대상을 선정할 때 최대주주가 누구인지, 또 CEO를 포함해 어떤 경영진이 회사를 이끌고 있는지 확인하는 것이 중요하다. 사업보고서의 '주주에 관한 사항'과 '임원 및 직원 등에 관한 사항'에서 이를 알 수 있다.

최대주주의 경우 충분한 지분을 보유해 경영권이 안정돼 있는지 확인하는 것이 좋다. 최대주주의 보유 지분이 적어 지배력이 약하다면 적대적 인수합병(M&A) 등 경영권 분쟁이 일어날 가능성이 있기 때문이다. 반대로 최대주주 지분율이 너무 높은 것도 좋지 않다. 소액주주들의 의견을 반영하지 않고 회사를 독단적으로 운영할 가능성이 있어서다.

지분 5% 이상 주요 주주 확인하기

삼성전자는 2020년 3분기 기준으로 고(故) 이건희 회장 및 특수관계인이 21.21%의 주식(보통주)을 보유하고 있다. 이건희 회장의 지분 상속은 아직 마무리되지 않은 상태다. 특수관계인은 대주주와 특수한 관계에 있는 개인 및 법인을 말한다.

최대주주를 제외한 주요 주주는 '주식 소유 현황'에서 확인할 수 있다. 5% 이상 지분을 보유한 주주의 이름과 소유 주식수, 지분율이 나와 있다. 5% 이상 지분 보유는 주식시장에서 중요한 의미를 갖는다. '5%룰'로 불리는 제도 때문이다. 상장회사 지분을 5% 이상 보유할 경우 5일 이내 이를 의무적으로 공시해야 한다. 또한 이후 주식을 추가로 매입하거나 매각해 1% 이상의 지분 변동이 생겨도 5일 이내에 공시해야 한다. 삼성전자는 국민연금이 지분 10.9%를 보유해 이건희 회장과 특수관계인 다음의 2대주주다. 이어 세계 최대 자산운용사인 블랙록이 5.03% 지분을 보유하고 있다.

회사 경영을 이끄는 경영진은 '임원 및 직원 등의 현황'에 등기임원과 미등기임원으로 나눠 정리돼 있다. 일반적으로 기업에서 등기임원과 미등기임원을 모두 '이사'로 통칭하지만 이 둘은 분명하게 구별된다. 상법상 이사는 반드시 주주총회를 거쳐 선임한 뒤 등기해야 한다. 미등기 이사는 주주총회에서 선임하지 않은 이사다. 회사가 임의로 이사 등의 직함을 준 것이다. 삼성전자에는 2020년 3분기 기준으로 11명의 등기임원이 있다. 그중 사내이사가 5명, 사외이사가 6명이다. 삼성전자의 미등기임원은 수백 명이다.

사업보고서 핵심 체크 포인트

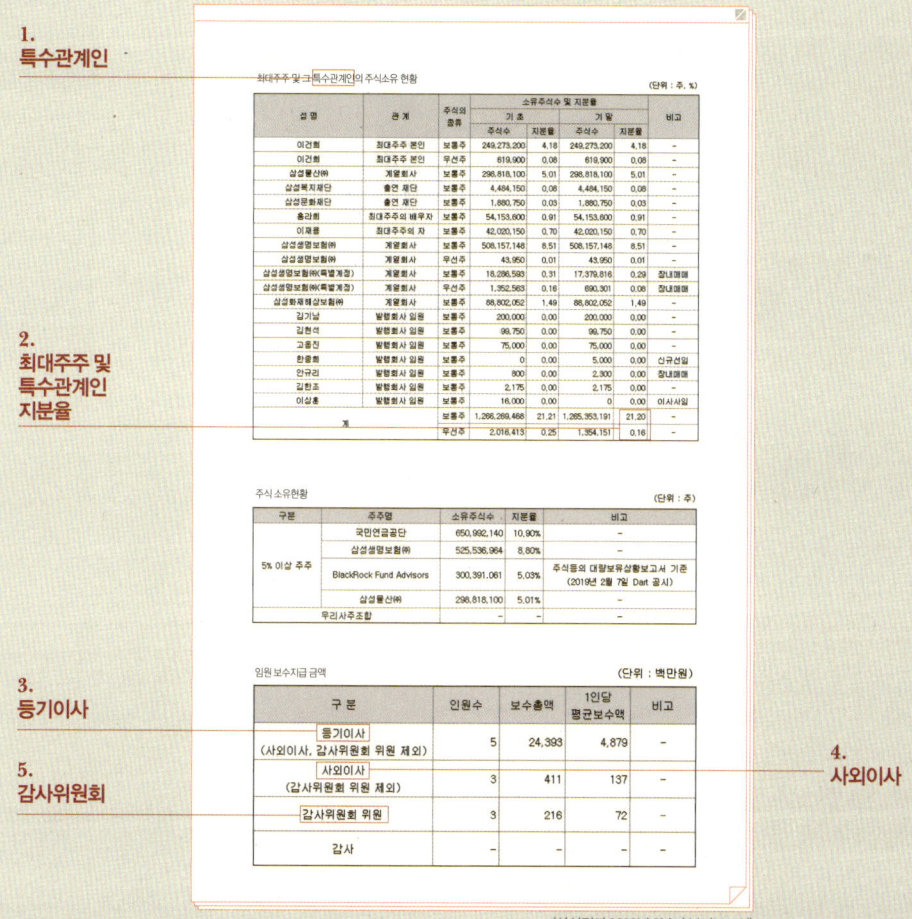

(삼성전자 2020년 3분기 분기보고서)

1. 특수관계인
최대주주와 특수한 관계에 있는 자로서 그 범위는 친족(배우자와 6촌 이내의 혈족, 4촌 이내의 인척), 비영리법인, 계열사, 계열사 및 비영리법인과 계열사의 사용인을 말한다. 특수관계인의 상세한 범위는 '독점규제 및 공정거래에 관한 법률 시행령' 제3조 제1호에서 규정하고 있다.

2. 최대주주 및 특수관계인 지분율
경영권 안정 여부를 판단할 수 있는 지표다. 최대주주 및 특수관계인의 보유 지분이 너무 적으면 적대적 M&A 등 경영권 분쟁이 일어날 가능성이 있다. 일반적으로 20~50%를 적절한 대주주 지분율로 본다.

3. 등기이사
상법상 이사는 반드시 주주총회를 거쳐 선임하고 이를 등기해야 한다. 이사 선임은 과반 찬성으로 결정되며 사내이사, 사외이사, 기타 비상무이사로 구분해 선임한다.

4. 사외이사
대주주와 관련이 없는 사람들을 이사회에 참여시켜 대주주의 전횡을 방지하기 위한 제도다. 사외이사는 회사의 업무를 집행하는 경영진과 직접적인 관계가 없기 때문에 객관적인 입장에서 회사의 경영 상태를 감독하고 조언할 수 있다. 자산 2조원 이상 상장회사는 3인 이상, 전체 이사의 과반을 사외이사로 선임해야 한다.

5. 감사위원회
회사의 업무 감독과 회계감독권을 가지고 있는 이사회 내 위원회다. 그동안 이사 중에서 감사위원을 지정했지만 상법 개정에 따라 올해부터는 감사위원 중 최소 한 명 이상을 이사와 분리해 선출해야 한다. 이 경우 최대주주와 특수관계인의 의결권은 3%로 제한된다.

KNOW HOW 재무제표 읽기 1

용어설명
유동비율

유동비율은 '유동자산/유동부채×100'로 계산한다. 유동비율이 클수록 재무 안정성이 좋다고 볼 수 있다. 유동자산은 재고자산 및 당좌자산으로 구성되는데 이는 통상적으로 1년 이내 현금화가 용이한 자산으로 분류된다.

지속 가능성의 가늠자

: 재무제표를 통해 당장 내일 주가가 급등할 종목을 찾을 수 있는 것은 아니다. 그러나 재무상태를 통해 기업의 지속 가능성은 충분히 가늠해볼 수 있다.

재무제표는 회계 기간 말(보통 연말)과 분기, 반기에 작성해 제출하는 회계보고서라 할 수 있다. 기업은 보통 1년에 한 차례 이사회를 거쳐 주주총회에서 재무상태와 경영성과를 보고하는데, 이때 제출하는 것이 바로 재무제표다. 상장회사는 모든 주주가 볼 수 있도록 전자공시제도를 활용해야 한다. 전자공시 정보는 금융감독원의 'dart' 서비스를 통해 확인할 수 있는데, 네이버 등 인터넷 포털이 제공하는 금융·증권 서비스에서도 쉽게 찾아볼 수 있다.

재무제표 계정과목에는 해당 기업의 자산 현황을 파악할 수 있는 '재무상태표'와 손익을 알려주는 포괄 '손익계산서', 자본과 현금흐름 변화를 파악할 수 있는 '자본변동표'와 '현금흐름표', 그리고 '주석'으로 구분할 수 있다.

특히 재무상태표는 기업의 안정성을 가늠해볼 수 있는 핵심 자료다. 당장 내일 주가가 급등할 종목을 찾는 것은 사실상 불가능하지만 해당 기업의 재무상태(자산, 부채, 자본) 파악을 통해 기업의 지속 가능성을 가늠해볼 수 있다. 우선 기업의 총자산은 부채와 자본을 합친 개념인데, 특히 부채비율(부채비율=부채총계/자본총계×100)은 해당 기업이 외부 채무자에게 얼마나 의존하고 있는가를 나타내는 비율로, 이 비율이 업종 평균 대비 지나치게 높으면 투자에 신중해야 한다.

부채비율의 판단 기준은

국내 대표기업 가운데 한 곳인 현대차는 지난해 말 기준 부채비율이 154%가량이다. 일반 제조업체의 경우 부채비율이 100% 아래면 매우 안전, 100~200%면 상대적으로 안전한 상태다. 하지만 부채가 자기자본의 200%를 넘어서면 투자에 신중해야 한다. 산업별로 부채비율에는 차이가 있는데 대출을 일으켜 사업을 영위하는 건설업과 금융업 등의 부채비율이 상대적으로 높다.

다만 건설업과 금융업처럼 부채비율이 높다고 무조건 위험하다고 볼 수 없는 만큼 유동비율(유동비율=유동자산/유동부채×100)과 당좌비율(당좌비율=당좌자산(유동부채-재고자산)/유동부채×100)도 함께 확인하는 것이 좋다. 현대차의 지난해 말 기준 유동비율은 142%가량, 당좌비율은 78% 수준이다. 유동비율은 유동부채 대비 유동자산 비율로, 해당 기업의 단기적 채무상환 능력을 나타낸다.

재무제표 핵심 체크 포인트

현대자동차 재무상태표
제 52 기 2019.12.31 현재
제 51 기 2018.12.31 현재
제 50 기 2017.12.31 현재

(단위 100만원)

	제 52 기	제 51 기	제 50 기
자산			
유동자산	76,082,873	73,008,101	73,975,914
현금및현금성자산	8,681,971	9,113,625	8,821,529
단기금융상품	7,292,626	7,936,319	7,745,829
기타금융자산	9,449,913	9,755,725	12,886,769
매출채권	3,513,090	3,595,993	3,838,043
기타채권	3,402,059	3,291,847	3,007,869
재고자산	11,663,848	10,714,858	10,279,904
기타자산	1,777,627	1,770,682	1,739,452
당기법인세자산	112,046	97,271	91,263
금융업채권	30,178,200	25,864,589	25,536,188
매각예정비유동자산	11,493	867,192	29,068
비유동자산	118,429,347	107,647,651	104,223,540
장기금융상품	803,262	112,394	145,277
기타금융자산	3,059,526	2,223,358	2,512,409
장기성매출채권	127,430	136,777	123,933
기타채권	705,154	755,088	1,227,602
기타자산	865,767	711,299	642,323
유형자산	32,831,524	30,545,608	29,827,142
투자부동산	171,494	189,334	199,498
무형자산	5,266,496	4,921,383	4,809,336
공동기업 및 관계기업투자	18,375,290	17,143,239	17,252,338
이연법인세자산	2,340,096	1,846,330	1,123,902
금융업채권	32,080,426	28,637,075	25,631,830
운용리스자산	21,068,340	20,425,766	20,727,950
사용권자산	734,542		
자산총계	**194,512,220**	**180,655,752**	**178,199,454**
부채			
유동부채	53,314,096	49,438,414	43,160,709
매입채무	7,669,424	7,655,630	6,483,875
미지급금	6,060,100	5,425,460	5,040,057
단기차입금	12,570,693	12,249,850	9,959,654
유동성장기부채	15,778,558	14,104,927	13,098,547
당기법인세부채	370,100	150,802	151,525
충당부채	3,462,034	3,291,868	1,809,978
기타금융부채	9,970	44,288	25,652
기타부채	7,260,829	5,796,193	6,591,421
매각예정비유동부채		719,396	
리스부채	132,388		
비유동부채	64,832,370	57,321,328	60,281,391
장기성미지급금	847,287	20,319	19,189
사채	41,805,814	36,956,114	36,454,192
장기차입금	11,217,088	9,985,250	12,488,137
순확정급여부채	412,598	433,247	157,213
충당부채	3,682,895	3,508,036	4,844,463
기타금융부채	175,196	297,506	438,070
기타부채	2,552,819	2,800,510	2,645,420
이연법인세부채	3,503,077	3,320,346	3,234,707
리스부채	635,596		
부채총계	**118,146,466**	**106,759,742**	**103,442,100**
자본			
지배기업소유주지분	70,065,802	67,973,969	69,103,484
자본금	1,488,993	1,488,993	1,488,993
자본잉여금	4,197,015	4,201,214	4,201,214
기타자본항목	(1,516,817)	(1,155,244)	(1,640,096)
기타포괄손익누계액	(2,353,022)	(3,052,198)	(2,278,955)
이익잉여금	68,249,633	66,490,082	67,332,328
매각예정자산과 관련된 자본		1,122	
비지배지분	6,299,952	5,922,041	5,653,870
자본총계	**76,365,754**	**73,896,010**	**74,757,354**
부채와자본총계	194,512,220	180,655,752	178,199,454

(현대자동차 2019년 사업보고서)

유동자산
현금, 단기예금, 유가증권, 매출채권, 재고자산 등 일반적으로 1년 이내 현금화가 가능한 자산

무형자산
영업권이나 특허 등 물적 실체가 없는 고정자산

비유동부채
사채, 전환사채, 장기차입금 등 1년 이후 회수할 것으로 예상되는 고정부채

자본잉여금
영업이익 외 원천에서 발생하는 잉여금

비유동자산
건물, 토지, 장기금융상품 등 1년 이상 기업 내에 체류하는 자산으로 고정자산이라고도 함

유동부채
매입채무, 단기차입금 등 1년 이내 현금으로 전환하거나 소비할 것으로 예상되는 부채

KNOW HOW 재무제표 읽기 2

알짜 기업을 찾아라

: 손익계산서에 나오는 영업이익으로 알짜기업의 여부가 판가름난다.

용어설명
이자 보상비율

이자보상비율은 '영업이익/이자비용'이다. 즉 영업이익을 이자비용으로 나눠서 구한다. 이자보상비율이 1배를 넘으면 영업이익으로 이자를 충분히 갚을 수 있다는 의미이며, 만약 1에 못 미친다면 이자를 갚기 위해 자산 일부를 처분해야한다는 의미다.

손익계산서에는 매출액과 영업이익, 당기순이익 계정 등이 포함되는데, 이 가운데 영업이익이 알짜기업 여부를 판단하는 핵심 지표다.

영업이익(영업이익=매출액-매출원가-판매관리비)은 기업의 주된 영업 활동에 의해 발생한 이익으로, 매출 총액에서 매출원가와 판매비 및 일반관리비를 차감한다. 즉 영업이익이 증가세를 나타낸다는 것은 해당 기업이 수익성 있는 사업을 영위하고 있다는 의미다. 현대차가 지난해 벌어들인 매출은 총 105조7400억원으로 전년(96조8100억원)보다 늘어났으며, 영업이익 역시 3조6000억원가량으로 전년 대비 50% 이상 증가했다. 기업의 이익창출력을 나타내는 영업이익률(영업이익률=영업이익/매출액×100)의 경우 10% 이상을 기록하면 매우 양호한 것으로 평가받는데, 현대차는 3.4%로 기대에는 다소 못 미쳤지만 코로나19 사태에도 불구하고 선방했다는 평가를 받을 수 있다. 유의해야 할 부분은 특정 업종은 계절에 따라 영업이익 변동성이 크다는 점이다. 이를테면 빙과 업체는 여름철에 실적이 크게 증가하는 식이다. 이 때문에 영업이익 추세를 확인하기 위해서는 '전분기 대비'보다는 '전년 대비'를 활용하는 것이 효과적이다.

당기순이익 많아야 배당도 많다

당기순이익도 중요한 지표지만 해당 기간에 발생한 영업 외 수익과 비용, 특별 이익과 손실 등 우발적 요인이 포함된 만큼 당기순이익 증감폭은 일회성에 그칠 확률이 높다는 점을 염두에 둬야 한다. 단 주주배당을 실시하는 기업은 당기순이익이 클수록 배당금액도 크다는 점에서 당기순이익도 눈여겨볼 필요가 있다. 이와 함께 손익계산서에서 눈여겨볼 부분은 해당 기업의 채무상환 능력, 즉 이자보상비율(이자보상비율=영업이익/이자비용)이다. 이자보상비율이 1.0배를 넘으면 영업이익으로 이자를 충분히 갚을 수 있다는 의미다. 만약 1.0배에 못 미친다면 이자를 갚기 위해 자산 일부를 처분해야 하는 만큼 위기상황으로 해석할 수 있다. 현대차의 지난해 말 기준 이자보상비율은 7.6배로 매우 양호한 수준이다. 영업이익은 매년 시장 상황에 따라 달라질 수 있지만 일반적인 기업의 이자보상비율은 2.0~5.0배 수준을 나타내는 만큼 그 이하라면 투자에 신중할 필요가 있다.

재무제표 핵심 체크 포인트

현대자동차 손익계산서

제 52 기 2019.12.31 현재
제 51 기 2018.12.31 현재
제 50 기 2017.12.31 현재

단위 : 백만원

	제 52 기	제 51 기	제 50 기
매출액	105,746,422	96,812,609	96,376,079
매출원가	88,091,409	81,670,479	78,798,172
매출총이익	17,655,013	15,142,130	17,577,907
판매비와관리비	14,049,508	12,719,965	13,003,240
영업이익	3,605,505	2,422,165	4,574,667
공동기업및관계기업투자손익	542,826	404,541	225,053
금융수익	827,120	823,499	972,943
금융비용	475,218	600,867	1,120,386
기타수익	1,120,958	967,281	1,153,744
기타비용	1,457,425	1,487,037	1,367,471
법인세비용차감전순이익	4,163,766	2,529,582	4,438,550
법인세비용	978,120	884,563	(107,850)
연결당기순이익	3,185,646	1,645,019	4,546,400
연결당기순이익의 귀속			
지배기업소유주지분	2,980,049	1,508,084	4,032,824
비지배지분	205,597	136,935	513,576
주당이익			
기본주당이익 (단위 : 원)			
보통주 기본주당이익 (단위 : 원)	11,310	5,632	14,993
1우선주 기본주당이익 (단위 : 원)	11,355	5,681	15,043
희석주당이익 (단위 : 원)			
보통주 희석주당이익 (단위 : 원)	11,310	5,632	14,993
1우선주 희석주당이익 (단위 : 원)	11,355	5,681	15,043

(현대자동차 2019년 사업보고서)

금융비용
기업이 외부로부터 차입한 자금에 대해 지급하는 이자 부담

주당이익
회사가 발행한 보통주 1주당 얼마나 벌었는지를 계산한 값

영업비용
영업활동으로 지출한 비용으로 매출원가와 판매비, 관리비를 합산한 금액
※ 매출원가 + 판매비, 관리비 = 영업비용

KNOW HOW 재무제표 읽기 3

현금 흐름과 성장동력

: 투자자로서 주주자본에 대한 이익률을 의미하는 ROE가 궁금하다면 역시 재무제표를 살펴봐야 한다.

용어설명 ROE

자기자본이익률(ROE)은 자기자본 총액을 얼마나 효율적으로 활용했는지를 나타내는 지표다. ROE가 동종업계의 다른 기업에 비해 낮다면 경영 효율성이 낮거나 기업의 시장성이 떨어진다는 의미로 해석한다. 특히 ROE는 주주자본에 대한 이익률을 의미한다는 점에서 투자자라면 반드시 확인해야 한다.

재무제표의 기본은 재무상태표와 손익계산서지만 현금흐름표와 주석 역시 투자 결정 때 참고할 내용이 많다. 현금흐름표는 기업의 현금 유입과 현금 유출에 대한 정보를 제공하는 재무제표로 기업이 현금을 어떻게 조달하고 사용했는지를 보여준다. 또 주석은 재무상태표, 손익계산서, 현금흐름표에 표시된 정보 외에 일부 항목에 대해 구체적인 설명이 필요할 경우 좀 더 자세한 정보를 제공한다. 주석에는 배당 등 주가에 영향을 미칠 만한 정보가 의외로 많이 담겨 있다는 점도 유의할 필요가 있다.

현금흐름표는 크게 영업활동과 투자활동, 재무활동으로 구분돼 있다. 영업활동 흐름이 플러스(+)라는 것은 영업을 통해 현금이 들어왔다는 의미로, 기업이 자체적인 영업활동으로 얼마나 많은 현금을 창출했는지 확인할 수 있다. 그만큼 기업의 영업활동이 잘 이뤄지고 있다는 의미로, 만약 이 수치가 마이너스(-)를 나타낸다면 성장동력이 크게 위축될 수밖에 없다.

투자활동 흐름은 건물, 기계장비 같이 기업 활동을 위해 필요한 자산의 취득과 처분 활동을 뜻한다. 투자활동 흐름이 마이너스라는 것은 투자를 위해 현금을 투입했다는 의미로, 통상적으로 성장 중인 기업은 마이너스 흐름을 보이는 게 일반적이다. 반면 투자한 주식이나 부동산을 매각했을 경우에는 투자활동 흐름이 플러스를 나타낸다. 현대차의 경우 지난해 영업활동으로 4200억원가량의 현금이 유입됐으며, 투자활동으로 6조원에 가까운 현금이 유출된 것을 확인할 수 있다. 재무활동 흐름은 영업활동과 투자활동에 필요한 자본의 조달과 환급 및 상환과 관련된 활동으로 이 수치가 마이너스를 나타내면 채무 상환을, 플러스인 경우에는 부채가 추가됐다는 의미다.

재무비율로 적정 주가 판단

한편 일련의 재무제표를 활용하면 재무비율을 통해 현 주가의 적정성 여부를 판단할 수 있다. 가장 대표적인 지표가 자기자본이익률(ROE: 순이익/자기자본×100)로 자기자본 총액을 얼마나 효율적으로 활용했는지를 나타낸다. ROE가 동종업계의 다른 기업에 비해 낮다면 경영 효율성이 낮거나 기업의 시장성이 떨어진다는 의미로 해석할 수 있다.

재무제표 핵심 체크 포인트

현대자동차 현금흐름표

제 52 기 2019.12.31 현재
제 51 기 2018.12.31 현재
제 50 기 2017.12.31 현재

(단위 : 백만원)

	제 52 기	제 51 기	제 50 기
영업활동으로 인한 현금흐름	**419,784**	**3,764,265**	**3,922,421**
영업으로부터 창출된 현금흐름	2,687,314	6,088,686	5,943,229
연결당기순이익	3,185,646	1,645,019	4,546,400
조정	15,145,995	14,036,476	12,781,081
영업활동으로 인한 자산·부채의 변동	(15,644,327)	(9,592,809)	(11,384,252)
이자의 수취	672,283	696,134	517,453
이자의 지급	(2,073,310)	(1,950,392)	(1,746,629)
배당금의 수취	204,455	206,323	852,820
법인세의 납부	(1,070,958)	(1,276,486)	(1,644,452)
투자활동으로 인한 현금흐름	**(5,929,184)**	**(2,415,064)**	**(4,744,413)**
단기금융상품의 순증감	(5,610)	(232,528)	(253,493)
기타금융자산(유동)의 순증감	495,541	2,596,564	64,513
기타금융자산(비유동)의 감소	7,189	141,979	85,667
기타채권의 감소	51,417	79,241	210,881
장기금융상품의 감소	2,861	47	26
유형자산의 처분	85,901	105,116	118,138
무형자산의 처분	2,605	4,714	2,231
공동기업 및 관계기업투자의 처분	1,404		
종속기업의 취득	13,004	5,271	
기타금융자산(비유동)의 증가	(679,741)	(125,123)	(177,382)
기타채권의 증가	(49,631)	(56,755)	(218,411)
장기금융상품의 증가	(18,759)	(16,691)	(20,627)
유형자산의 취득	(3,586,716)	(3,226,486)	(3,055,023)
무형자산의 취득	(1,716,680)	(1,632,711)	(1,463,103)
사업결합으로 인한 순현금 유출			(1,784)
공동기업 및 관계기업투자의 취득	(588,541)	(61,772)	(80,144)
기타 투자활동으로 인한 현금유출입액	56,572	4,070	44,098
재무활동으로 인한 현금흐름	**4,874,926**	**(880,782)**	**2,181,191**
단기차입금의 순증감	1,418,012	2,167,765	1,345,789
장기차입금 및 사채의 차입	25,557,933	18,561,982	28,134,152
종속기업의 증자	4,806	10	75,449
장기차입금 및 사채의 상환	(20,433,457)	(20,228,806)	(26,264,109)
리스부채의 상환	(159,604)		
자기주식의 취득	(458,051)	(454,734)	
배당금의 지급	(1,121,820)	(1,127,452)	(1,138,661)
신종자본증권의 발행	150,323	299,240	
기타 재무활동으로 인한 현금유출입액	(83,236)	(98,787)	28,571
매각예정처분자산집단 대체		(97,050)	
현금및현금성자산의 환율변동효과	202,820	(79,273)	(427,759)
현금및현금성자산의 증가(감소)	(431,654)	292,096	931,440
기초의 현금및현금성자산	9,113,625	8,821,529	7,890,089
기말의 현금및현금성자산	8,681,971	9,113,625	8,821,529

(현대자동차 2019년 사업보고서)

영업활동으로 인한 현금 흐름
기업이 자체적인 영업활동으로 얼마나 많은 현금을 창출했는지 보여준다. 이 수치가 플러스(+)이면 영업활동으로 현금이 유입됐다는 의미고 마이너스(-)면 그 반대를 의미한다.

투자활동으로 인한 현금 흐름
건물, 기계장비 같이 기업 활동을 위해 필요한 자산의 취득과 처분 활동을 뜻한다. 일반적으로 성장 중인 기업인 마이너스(-)를 나타내지만, 투자한 주식이나 부동산을 매각했을 경우에는 투자활동 흐름이 플러스(+)를 나타낸다.

재무활동으로 인한 현금 흐름
자본의 조달과 환급 및 상환과 관련된 활동이다. 이 수치가 마이너스(-)를 나타내면 채무 상환을, 플러스(+)인 경우에는 부채가 추가됐다는 의미다.

KNOW HOW 애널리스트 리포트 읽기 1

리포트 한 곳에서 보는 법

전문투자자가 아닌 이상 기업 하나하나의 재무제표를 분석하는 것은 효율성이 떨어진다. 증권사 애널리스트 리포트는 기업의 가치를 파악하고 투자 유망 종목을 찾는 데 도움이 된다.

용어설명
한경 컨센서스

컨센서스는 여론의 의견 일치, 합의라는 의미로 증권업계에서는 다양한 기관의 다양한 애널리스트들의 의견을 특정한 기준으로 산출하는 값 또는 그 지표를 뜻한다. 한경컨센서스는 국내외 증권사·은행·경제연구소 및 금융유관기관에 소속된 애널리스트의 보고서를 엄선, DB로 구축한 리서치 투자전용 종합 참고자료이다.

애널리스트 리포트는 각 증권사 리서치센터에서 애널리스트에 의해 만들어진다. 애널리스트 리포트는 누구나 쉽게 접할 수 있으며, 대표적으로 증권사 인터넷 홈페이지를 방문하면 볼 수 있다. 혹은 증권사에 계좌를 개설하고, 온라인 거래를 위한 HTS 시스템을 이용하면 애널리스트 리포트를 읽을 수 있다. 여러 증권사의 애널리스트 리포트를 한눈에 볼 수 있는 방법도 있다. 바로 한경 컨센서스 사이트에 방문하는 것이다. 한경 컨센서스는 각 증권사의 애널리스트들이 분석한 리포트와 투자의견, 목표주가 등을 하나로 모아 보여주는 서비스로, 개인 사용자에게 무료로 제공한다. 차트와 각종 도표, 투자의견 등을 통해 투자 판단의 지표로 활용할 수 있다.

애널리스트 리포트 이렇게 구성된다

애널리스트 리포트의 구성은 대체로 비슷하게 흘러간다. 첫 번째 페이지에는 리포트의 종류, 종목명, 종목코드, 목표 주가와 현재 주가 및 투자 의견, 리포트의 제목, 기업의 영업 현황과 관련된 핵심 내용, 주요 투자 정보, 실적 데이터 등이 포함돼 있다.

이 중 제목은 리포트의 방향성을 한 문장으로 요약한 것이다. 수없이 쏟아지는 리포트 가운데 알짜 리포트를 가려내는 첫 번째 방법이 제목을 확인하는 것이다. 개별 기업 분석일 경우에는 기업명을 함께 명시하고 있다. 산업 전망 리포트에서는 해당 업종을 먼저 쓴다. 전자 장비 및 기기, 무선통신, 미디어, 도소매, 호텔 및 레저, 부동산, 금속 및 광물 등과 같이 산업 분류가 이뤄진다.

개별 리포트를 선택해 열람하면 목표 주가와 현재 주가 및 투자 의견이 표기돼 있다. 일반 투자자는 애널리스트 리포트를 읽을 때 목표 주가 부문을 중요하게 볼 수 있다. 매수, 중립, 매도 중 하나를 표기하고 있는데 이때 한 가지 유의해야 할 부분은 애널리스트 리포트는 대부분 매수 의견을 담고 있다는 것이다.

애널리스트들은 여러 이해관계에 따라 매도 의견을 쉽게 내지 않고 있다. 매도 의견은 전체 보고서의 1% 미만에 그친다. 따라서 내용을 중심으로 보고서를 읽는 것이 중요하다. 애널리스트가 분석한 표와 그래프를 참고해 '추세'를 파악하는 게 필요하다.

애널리스트 리포트 핵심 체크 포인트

리포트의 제목
리포트가 어떤 내용을 담고 있는지 한 마디로 정의한 것이다. 리포트의 제목만 보고도 내용을 짐작할 수 있다.

목표 주가와 현재 주가 및 투자 의견
투자 의견은 리포트를 발간한 증권사 리서치센터에서 내놓은 종목투자 의견인 매수, 중립, 매도 중 하나를 담고 있다.

주요 투자 정보
해당 종목의 시가총액, 자본금, 외국인 지분율, 주요 주주 등 기업의 주요 투자 정보를 담고 있다.

기업의 영업 현황과 관련된 핵심 내용 및 추천 이유
종목을 매수 추천한 이유와 그 근거를 제시하는 부분이다. 투자 지표를 보여준다.

실적과 관련된 주요 데이터와 투자 지표
기업의 과거 실적 및 미래 전망 실적, PER, PBR, ROE 등 주요 투자 지표를 보여준다

(이상헌 하이투자증권 애널리스트 2021년 3월 2일 보고서)

KNOW HOW 애널리스트 리포트 읽기 2

목표 주가 확인은 필수

: 애널리스트 리포트는 기업 탐방을 바탕으로 작성된다.
목표 주가란 특정 주식의 주식 분석 결과 도달할 수 있을 것으로 예상한 가격을 말한다.

용어설명

EV
EV(기업의 총가치)=
시가총액+총부채-
현금 및 현금성 자산으로
계산된다.

EBITDA
이자 비용, 세금,
감가상각비 등을 떼기
이전의 이익이라는
뜻으로 편의상
'영업이익+
감가상각비'에 해당한다.

애널리스트들이 목표 주가를 산정하는 데 있어 가장 많이 이용하는 방식 중 하나는 주가수익비율(PER)을 이용하는 것이다. 기업이 벌어들이는 이익과 비교해 주가가 어느 수준인지를 나타내는 지표가 PER이다. 현재 주가를 주당순이익으로 나눈 값으로, 기업이 벌어들이는 이익과 비교해 주가가 어느 수준인지를 나타내는 지표다. PER이 낮을수록 주가는 기업이익 대비 저평가돼 있고, 높을수록 주가가 기업의 실적 대비 고평가 상태라고 볼 수 있다.

애널리스트들이 목표 주가를 산정하는 방법

PER을 이용해 개별 기업의 목표 주가를 산출할 때는 해당 기업의 PER과 그 기업이 속한 업종의 평균 PER을 동시에 비교한다. 가령 A라는 기업의 현재 주가가 1만원이고 PER이 세 배일 때, 해당 업종의 평균 PER이 10배라면, A기업의 목표 주가는 1만원×10/3=3만3000원이 된다. 애널리스트에 따라 해당 종목의 과거 몇 년치 평균 PER값을 기업의 예상되는 주당순이익에 곱해 목표 주가를 계산하기도 한다.

'주가×상장주식 수'인 시가총액은 기업의 총가치를 나타내는 대표적인 지표로 통한다. 시가총액이 주식시장에서 거래되는 기업의 가치를 나타낸다면, 순부채를 반영한 EV는 실질적인 기업의 총가치를 나타내는 지표로 통한다. EBITDA는 일반적으로 기업이 영업활동으로 벌어들인 현금 창출력을 나타내는 지표다. 감가상각비는 현금 지출이 없는 비용으로 영업이익을 계산할 때 반영하지만 기업의 현금흐름표를 들여다보면 감가상각비만큼 현금이 기업에 쌓이고 있다. 따라서 영업이익에 현금이 기업 외부로 빠져나가지 않는 감가상각비를 반영해야 기업이 영업활동으로 벌어들인 진정한 현금창출 능력을 보여준다는 게 전문가들의 주장이다. 즉 EV/EBITDA는 기업의 실제 가치가 영업활동을 통해 기업이 창출한 이익의 몇 배인지를 나타내는 지표다.

주가순자산비율(PBR)도 목표 주가를 계산하는 데 활용된다. PER은 주가를 주당순자산으로 나눈 값으로, 주가가 주당순자산의 몇 배에 거래되고 있는지를 측정하는 지표다. 이 밖에 잔여이익모델(RIM), 자기자본이익률(ROE), 총자산순이익률(ROA), 부분 가치 합산 등을 이용해 목표 주가를 계산할 수 있다.

애널리스트 리포트 핵심 체크 포인트

RIM을 이용한 목표 주가 계산법
RIM을 이용한 목표 주가 계산식을 자주 이용하기 이전에는 현금흐름할인법(DCF)을 자주 이용했다. RIM은 필요수익률을 초과하는 잔여이익 합계의 현가와 이후 영구성장률을 반영한 잔여이익 현가를 기초자기자본에 더해 얻어지는 주주 지분 가치를 총 발행주식 수로 나눠 적정 주당 가치를 계산하는 방식이다.

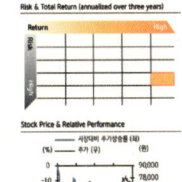

(이창민 KB증권 애널리스트 2021년 3월 2일 보고서)

PER=주가/주당 순이익
PER이 낮을수록 주가는 기업이익 대비 저평가돼 있다고 말할 수 있고, PER이 높을수록 주가가 기업 실적 대비 고평가 상태라고 할 수 있다. 애널리스트들은 예상되는 기업의 '주당순이익 × PER 10배 혹은 12배식'으로 계산해 목표 주가를 산정한다.

EV/EBITDA 이용한 목표 주가 계산법
EV=시가총액+총부채-현금 및 현금성 자산에 해당한다. EBITDA는 일반적으로 기업이 영업활동으로 벌어들인 현금 창출 능력을 나타내는 지표다. EV/EBITDA는 기업의 실제 가치가 영업활동을 통해 기업이 창출한 이익의 몇 배인지를 나타내는 지표다. 비율이 높을수록 기업 가치가 고평가 상태이고, 비율이 낮을수록 기업 가치가 저평가인 상태다. 기업의 실질 가치와 생산성을 보여주는 지표다. 애널리스트가 목표 주가 계산에 EV/EBITDA를 사용하는 이유는 대규모 감가상각비가 기업의 목표 주가를 계산하는 데 반영돼야 한다고 판단하기 때문일 것이다.

KNOW HOW 애널리스트 리포트 읽기 3

신뢰할 만한 리포트 고르기

: 목표 주가를 계속 바꾸더라도 리포트가 수시로 나오는 경우가 있다. 애널리스트가 수시로 리포트를 냈다는 것은 그만큼 기업에 대해 잘 알고 있으며 고민을 많이 했다는 증거다.

용어설명
베스트 애널리스트의 리포트

애널리스트는 모두 전문가지만 그중에서도 '베스트 애널리스트'가 존재한다. 좋은 리포트를 고르는 게 어려울 때 베스트 애널리스트가 작성한 리포트를 참고하는 것도 좋은 방법이다. 베스트 애널리스트는 경제주간지 한경비즈니스에 매년 두 차례에 걸쳐 선정하고 있다. 업종에 따라 그해의 애널리스트를 선정하며, 기사에 해당 애널리스트의 강점과 주요 리포트 등을 자세히 설명하고 있다. 이를 참고해 리포트를 읽으면 된다.

한경 컨센서스에 들어가서 특정 종목을 검색해 보면 수시로 기업에 관해 리포트를 내는 애널리스트와 그렇지 않은 애널리스트를 구분할 수 있다. 같은 종목이라도 증권사와 애널리스트에 따라 표현 방식과 목표 주가에 차이가 있다.

한 기업을 여러 애널리스트가 매수 추천했을 때 매수 추천 사유를 판단하는 것은 투자자의 몫이다. 신뢰할 만한 리포트인지 구별하는 판단 기준은 매수 추천 사유가 객관적이고 충분한 근거가 있는지 여부다.

리포트마다 파악할 요소 다양

이때 한 가지 매수 추천 사유보다는 최소 두 가지 이상의 다른 매수 추천 사유가 있는 리포트에 더 신뢰가 간다. 한 가지 매수 추천 사유가 있는 기업보다는 여러 사유가 있는 기업이 여러 부문에서 실적이 개선되고 있는 것으로 해석할 수 있다. 또한 매수 추천 사유를 현란한 수사로 포장한 것보다 객관적인 근거와 수치로 제시한 경우가 더 신뢰할 만하다고 판단된다.

일반 투자자 입장에서는 심층 리포트를 찾아보는 것도 도움이 된다. 예를 들어 최근 '반도체 슈퍼사이클'이 반도체 업종에서 화제가 되고 있다. 국내 대표 기업인 삼성전자와 SK하이닉스, 그리고 소부장 기업들에 대한 개별 분석에 들어가기에 앞서 반도체산업 심층 리포트를 먼저 본다면 맥락과 흐름을 파악할 수 있다. 연간 전망 리포트도 산업의 흐름을 담고 있는 심층 리포트에 해당한다. 이를 통해 해당 산업이 최근 주목받는 배경과 트렌드, 그리고 최근 밸류체인 등을 확인할 수 있다. 또한 이해는 애널리스트 리포트와 함께 전자공시에 나와 있는 사업 내용을 수시로 읽는 방법을 추천할 만하다.

산업 리포트에는 투자 유망 종목에 관한 힌트가 들어 있다. 개별 종목에 대한 리포트 이상으로 산업 분석 리포트는 많은 정보를 담고 있다. 한경 컨센서스에서 '산업 리포트'를 클릭하면 최신 날짜순으로 발행된 산업 리포트 리스트를 한눈에 볼 수 있다.

개별 종목을 판단할 때는 한 기업에 대해 수시로 리포트를 내는 애널리스트를 알아두는 것도 도움이 된다. 또한 중·소형주의 경우 다수의 업종 담당 애널리스트가 커버하는 종목이 유망한 것으로 판단할 수 있다.

애널리스트 리포트 핵심 체크 포인트

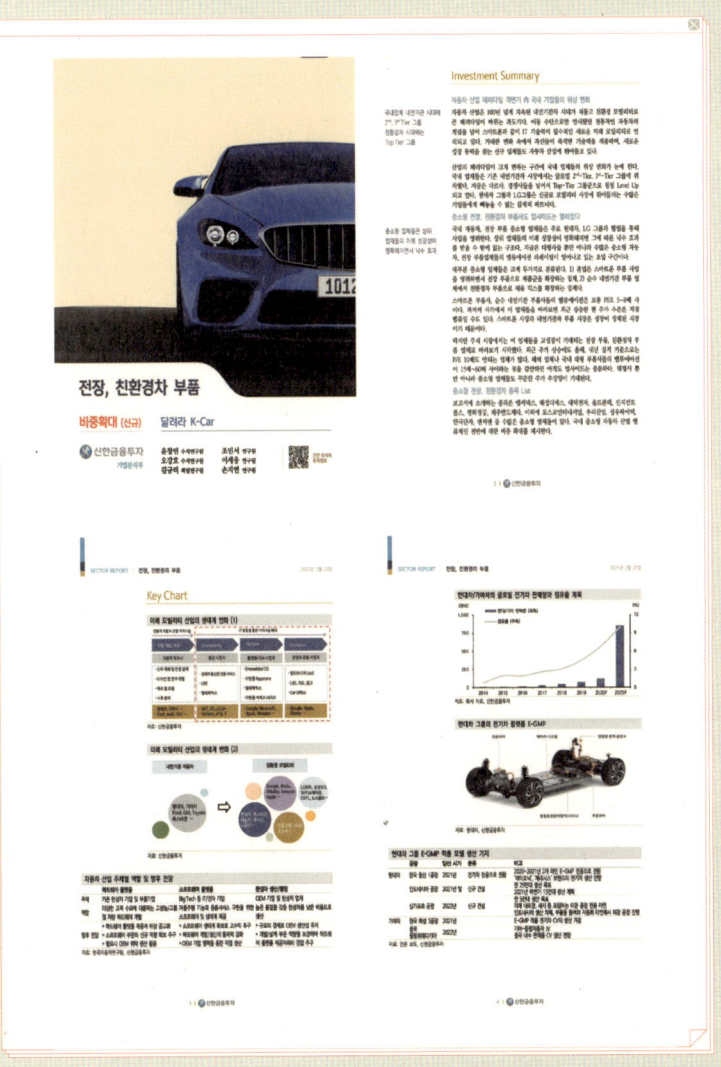

매수 추천 사유 어떻게 볼 것인가
① 객관적이고 충분한 근거가 있어야 한다
② 매수 추천 사유가 많을수록 좋다
③ 구체적인 근거를 가지고 수치를 제시한 리포트가 더 신뢰할 만하다

산업에 대한 분석과 이해가 병행돼야 한다
① 리포트를 읽기 전 산업의 밸류체인을 먼저 이해하자
② 주가의 멀티플(PER)에는 성장에 대한 기대가 녹아 있다

애널리스트 리포트로 '투자 유망 종목 찾기'
① 산업 리포트에 투자 유망 종목에 관한 힌트가 있다
② 애널리스트가 분기 실적을 수시로 상향 조정하는 기업
③ 감가상각비가 대규모로 종료되는 기업을 찾아라
④ 다수의 업종 담당 애널리스트가 커버하는 중·소형 종목이 유망하다

(신한금융투자 2021년 2월 25일 '자동차부품-달려라 K-Car' 보고서)

똑똑한 주식투자를 만든 스페셜리스트

Specialist...

미래에셋증권 리서치센터

이영원 미래에셋증권 VIP솔루션본부 이사
연세대 대학원 경제학과 전공, 푸르덴셜투자증권 및 HMC투자증권에서 각각 투자전략팀장을 거쳤으며 미래에셋증권에서 글로벌주식컨설팅팀장에 이어 VIP솔루션본부 이사로 재직 중. 112~121p 집필.

권영배 미래에셋증권 원아시아 리서치팀장
KAIST 기계공학과 졸업, 전기전자공학 부전공, KAIST MBA 석사를 취득. RBS증권, 한국투자증권을 거쳐 현재 미래에셋증권에서 근무 중. 130~135p 집필.

류제현 미래에셋증권 운송플랫폼·에너지 담당 애널리스트
연세대학교 기계공학과(부: 경영학) 졸업. 미래에셋증권, 미래에셋증권 리저널 리서치(홍콩), KDB대우증권. 2002년 미래에셋증권 리서치센터에 입사, 20년째 기업분석 애널리스트로 활동 중. 홍콩 리저널 리서치 센터에서 한국 증권사 최초의 해외기업 분석 애널리스트로 활동하며, 아시아 탑 애널리스트로 선정된 바 있음. 136~145p 집필.

박연주 미래에셋증권 첨단화학소재·전기차배터리 담당 애널리스트
서울대학교 경영학과 졸업. 2005년 미래에셋증권 리서치센터 입사, IT 산업을 시작으로 배터리·태양광·화학 업종을 15년째 분석 중. 124~129p 집필.

류영호 미래에셋증권 글로벌 테크 담당 애널리스트
이스턴워싱턴대학교 재정학·경제학과 졸업하고 현재 미래에셋증권 글로벌 테크 분석 담당으로 근무중. 146~151p 집필.

이재광 미래에셋증권 첨단금속소재·기계 담당 애널리스트
서강대학교 경영학과를 졸업하고 유진투자증권, KTB투자증권을 거쳐 현재 미래에셋증권에서 근무 중. 130~135p 집필.

정용제 미래에셋증권 글로벌 인터넷 담당 애널리스트
고려대학교 국제학부 졸업하고 미래에셋증권에서 글로벌 인터넷 분석 담당으로 근무 중. 152~157p 집필.

김충현 미래에셋증권 첨단의료기기·디지털헬스 담당 애널리스트
고려대학교 산업공학과·경영학 졸업. 현대캐피탈. 범부처전주기의료기기연구개발사업단·보건복지부·과학기술정보통신부 주요과제 자문위원. 저서(의료기기 산업의 미래에 투자하라) 158~163p 집필.

김수진 미래에셋증권 글로벌 소프트웨어·콘텐츠 담당 애널리스트
이화여자대학교 영문학과 졸업하고, KAIST 금융MBA 석사 취득. 전 조선비즈 증권부 기자로 재직하였으며 현재 미래에셋증권 글로벌 소프트웨어·콘텐츠 담당 애널리스트로 근무. 146~151p 집필.

한국경제신문 증권부

김용준 성균관대학교 정치외교학과 졸업. 산업부 경제부 유통부 정치부 등을 거침. 증권부장.

김동윤 서울대학교 경제학부 졸업. 국제부, 경제부, 중소기업부 등을 거쳐 증권부 차장으로 근무중

조진형 고려대학교 심리학과 졸업. 경제 사회 산업 증권 분야를 거침. 장기간 자본시장 취재.

양병훈 한양대학교 정치외교학과 졸업. 2019년부터 증권부 기자로 일하고 있음. 거래소 팀장.

박재원 한양대학교 미디어커뮤니케이션학과 졸업. 산업부, 중소기업부 등을 거침. 펀드팀장.

오형주 서울대학교 서양사학과 졸업. 사회부 경제부 등에서 일한 후 금융감독원 취재중.

고재연 고려대학교 독어독문학과 졸업. 정치부, 문화부, 산업부 등을 거쳐 증권부 기자로 근무

고윤상 한국외국어대학교 언론정보학과 졸업. 사회부 법조팀을 거쳐 3년째 증권부 기자로 근무.

박의명 고려대학교 노어노문학과 졸업. 중소기업부, 국제부, 정치부를 거쳐 증권부 기자로 있음.

설지연 서강대학교 국어국문학·경제학과를 졸업. 건설부동산부·국제부를 거쳐 증권부 3년차. 펀드팀.

전범진 서강대학교 신문방송학과 졸업. 입사 후 줄곧 증권 관련 취재만 하고 있음.

한경제 고려대학교에서 국어국문학과·경영학 전공. 증권부가 첫 부서임.

최예린 서울대학교 정치학과 졸업. 증권부 기자.

한국경제매거진

차완용 한경비즈니스 취재편집부 부장, 건설·부동산 및 산업 담당.

최은석 한경비즈니스 취재편집부에서 제약·바이오·증권 담당.

이현주 한경비즈니스 취재편집부에서 반도체, IT, AI 등 담당.

김정우 한경비즈니스 취재편집부에서 자동차, 유통 등 담당.

정채희 한경비즈니스 취재편집부에서 산업 담당.

이명지 한경비즈니스 취재편집부에서 물류·해운, 화장품 등 담당.

안옥희 한경비즈니스 취재편집부에서 철강·조선·중공업 등 담당.

김영은 한경비즈니스 취재편집부에서 은행 및 금융 담당.

배현정 한경 MONEY 취재편집부 취재부장.

공인호 한경 MONEY 취재편집부에서 은행 및 금융 담당.

김수정 한경 MONEY 취재편집부, 상속과 라이프스타일 등 담당.

한경 MOOK
제2의 테슬라를 찾아라
똑똑한 주식투자

펴낸날	초판 1쇄 발행 2021년 3월 8일
	초판 3쇄 발행 2021년 3월 17일
발행인	김정호
편집인	유근석
펴낸곳	한국경제신문
기획총괄	박성완
편집총괄	김용준
제작총괄	이선정
글	한국경제신문·한국경제매거진 전문기자
디자인	윤석표·박명규·송영
판매유통	정갑철
인쇄	경성문화사
등록	제 2006-000008호
주소	서울시 중구 청파로 463 한국경제신문
구입문의	02-360-4634
홈페이지	www.hankyung.com

값 20,000원
ISBN | 979-11-85272-52-8(93320)

〈똑똑한 주식투자〉는 한국경제 전문기자들이 2030세대가 바른 주식투자 가치관을 형성하는 데
도움을 주고자 총력을 기울여 펴낸 주식투자 가이드북입니다.

- 잘못 만들어진 책은 구입하신 곳에서 교환해드립니다.
- 이 책은 저작권법에 따라 보호받는 저작물이므로 무단 전재와 복제를 금합니다.